智能网联车辆线控技术

李 永
宋 健
编著

INTELLIGENT CONNECTED VEHICLE
BY WIRE TECHNOLOGY

化学工业出版社
·北京·

内 容 简 介

本书以线控技术与智能技术的有机结合为核心内容，重点围绕智能网联车辆的智能技术进展与线控技术问题展开，阐述了智能网联车辆的线控基础和关键技术，主要内容包括智能网联车辆的概述、线控底盘技术、线控驱动技术、线控悬架技术、线控转向技术、线控制动技术、线控换挡技术及线控传感技术等。本书具有完整的理论体系和思路方法，为智能网联车辆线控技术的发展提供了支撑。

本书可作高等院校人工智能、车辆、机械、力学、机电及宇航等专业的本科生、研究生和教师的教材或教学参考书，也可作相关工程技术人员与研究人员的参考书或工具书。

图书在版编目（CIP）数据

智能网联车辆线控技术 / 李永，宋健编著. -- 北京：化学工业出版社，2024.10. -- ISBN 978-7-122-46138-4

I. U463.67

中国国家版本馆 CIP 数据核字第 2024XZ2919 号

责任编辑：陈景薇　　　　　　　　　文字编辑：冯国庆
责任校对：王　静　　　　　　　　　装帧设计：张　辉

出版发行：化学工业出版社（北京市东城区青年湖南街 13 号　邮政编码 100011）
印　　装：北京瑞禾彩色印刷有限公司
710mm×1000mm　1/16　印张 21¾　字数 416 千字　2024 年 10 月北京第 1 版第 1 次印刷

购书咨询：010-64518888　　　　　　售后服务：010-64518899
网　　址：http://www.cip.com.cn

凡购买本书，如有缺损质量问题，本社销售中心负责调换。

定　　价：128.00 元　　　　　　　　　　　　　　版权所有　违者必究

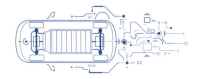

前 言

  智能和网联难题是当今世界车辆行业面临的巨大挑战，也是智能网联车辆产业化落地的关键技术。面对巨大的市场需求与严峻的智能安全之间的尖锐矛盾，研究替代传统车辆的智能网联车辆，发展智能网联技术就显得很迫切。人工智能、网联及线控技术等是智能网联车辆真正替代传统车辆的重要技术及指标。本书介绍了相关的基础原理和关键技术，可以解决读者对网联安全的担忧和对车辆智能的困惑。高效、可靠的网联安全-智能线控技术等，将成为智能网联车辆领域发展的压舱石、稳定器与助推器。

  本书是在笔者近年来对智能网联车辆线控技术系统研究的基础上，经过提炼和总结撰写而成的学术著作。书中既有智能网联车辆较为成熟的技术，也充分融入了国内外该领域研究的前沿成果。本书主要内容包括智能网联车辆底盘、驱动、悬架、转向、制动、换挡及传感等线控技术。智能网联车辆目前已处于商业化的前夜，该领域人才需求量大，需要有智能专业广度、车辆专业深度的多面手，也就是说，相关岗位需要既有车辆知识，又有人工智能、芯片及软件等技术的复合型人才，目前这样的人才相对稀缺。因此，急需加大力度培养人才，使智能网联车辆能够实现产业化落地，造福人类。希望该领域的相关人才通过阅读本书，能掌握线控技术的方法及解决问题的能力。

  本书基于智能网联车辆理论，以线控和智能为抓手，介绍了线控技术，包括实验装置、测试方法、人工智能等。在内容选择上突出工程背景、实用性及新颖性等，力求知识饱满、通俗易懂、深入浅出，以及对读者有所启迪、思考及帮助。

本书由北京理工大学李永、清华大学宋健编著。本书得到了汽车安全与节能国家重点实验室开放基金和北京理工大学科研项目（202020141344A，201720141103，201720141104，20160141090）的资助，在此表示感谢。

本书中引用的文献、报告与资料尽量在参考文献中作了说明，并表示感谢。由于工作量大及有些作者不详，对没有说明的文献作者表示歉意和感谢。

由于笔者水平有限，难免有不足和疏漏之处，欢迎读者不吝指正。

编著者

2024 年处署于北京理工大学

良乡校区北湖之畔

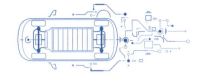

目 录

第1章 绪论

- 1.1 智能网联车辆总体技术沿革及脉络 ………… 001
- 1.2 ICV 的技术逻辑框架 ………… 014
- 1.3 域控制器解决 ICV 软硬件的升级桎梏 ………… 022
- 1.4 基于智能网联功能划分的 EEA 域控制器 ………… 036
- 1.5 集中式 EEA 功能设计 ………… 038
- 1.6 基于 ICV 车载主控芯片的 CPU+XPU 异构多核 SoC 芯片 ………… 039
- 1.7 AI 芯片开启域控制器算力 ………… 041
- 1.8 ICV 信息安全管理策略 ………… 048
- 1.9 ICV 智能座舱的研发与实践 ………… 053

第2章 线控底盘技术

- 2.1 线控底盘技术的概念、定义及功能 ………… 062
- 2.2 CBW 发展沿革及技术支撑 ………… 070
- 2.3 CBW 市场应用和前景展望 ………… 072
- 2.4 CBW 零部件设计的新材料和新工艺 ………… 073
- 2.5 CBW 的结构-功能耦合控制策略 ………… 075
- 2.6 CBW 总线技术 ………… 078
- 2.7 总线数据采集系统 ………… 082
- 2.8 基于域控制器的全栈式解决方案 ………… 085

2.9　线控系统的驾驶风险分析 …………………………………………………… 092

第 3 章　线控驱动技术

3.1　ICV 线控驱动总成 ……………………………………………………………… 096
3.2　新能源汽车是 ICV 载体及动力系统硬件基础 ……………………………… 098
3.3　线控驱动电机技术 ……………………………………………………………… 103
　　3.3.1　永磁电机 ………………………………………………………………… 103
　　3.3.2　轮毂电机 ………………………………………………………………… 105
　　3.3.3　线控电机散热技术 ……………………………………………………… 108
3.4　ICV 线控系统稳定控制的基本原理 ………………………………………… 112
　　3.4.1　线控系统的时域性能 …………………………………………………… 112
　　3.4.2　线控系统的根轨迹 ……………………………………………………… 115
　　3.4.3　线控系统的频域特性 …………………………………………………… 117
　　3.4.4　线控系统的调节 ………………………………………………………… 118

第 4 章　线控悬架技术

4.1　悬架的概念、特点与分类 …………………………………………………… 120
4.2　麦弗逊式悬架 …………………………………………………………………… 124
4.3　多连杆式独立悬架 ……………………………………………………………… 125
4.4　双叉臂式悬架 …………………………………………………………………… 129
4.5　扭力梁式非独立悬架 …………………………………………………………… 131
4.6　整体桥式非独立悬架 …………………………………………………………… 132
4.7　空气悬架 ………………………………………………………………………… 133
4.8　电磁悬架 ………………………………………………………………………… 136
4.9　线控悬架系统 …………………………………………………………………… 137
4.10　线控悬架簧载质量的控制策略 ……………………………………………… 141

第 5 章　线控转向技术

5.1　转向系统的概念、分类及沿革 ……………………………………………… 151
5.2　液压助力转向系统及电液助力转向系统 …………………………………… 155
5.3　电动助力转向系统 …………………………………………………………… 158

5.4 线控转向系统 ………………………………………………………… 159
5.4.1 线控转向系统的工作原理 ………………………………………… 159
5.4.2 四轮独立转向 SBW 系统执行机构动力学模型 …………………… 165
5.5 空间电压矢量脉宽调制 ……………………………………………… 167
5.5.1 两电平逆变器的空间电压矢量 ………………………………… 168
5.5.2 SVPWM 数字化控制算法 ……………………………………… 169
5.6 PMSM 矢量控制 …………………………………………………… 172
5.6.1 PMSM 电流矢量控制策略 ……………………………………… 172
5.6.2 SBW 稳定性控制技术 ………………………………………… 173
5.6.3 电流调节器参数整定 …………………………………………… 174
5.7 电压前馈解耦控制 …………………………………………………… 176
5.8 PMSM 电流矢量控制系统仿真验证 ………………………………… 178

第 6 章 线控制动技术

6.1 线控制动系统基本理论 ……………………………………………… 182
6.2 基于 BBW 的 ICV 稳定性控制中的状态观测 ……………………… 196
6.2.1 考虑轮胎垂直载荷变化和轮胎非线性的质心侧偏角估计 ……… 197
6.2.2 基于 Levenberg-Marquardt 神经网络的轮胎侧偏刚度估计 …… 198
6.2.3 基于时变卡尔曼滤波器的车辆质心侧偏角观测器设计 ………… 204
6.2.4 轮胎侧偏刚度和质心侧偏角的观测效果验证 …………………… 207
6.3 考虑内侧车轮离地工况的侧倾角估计 ……………………………… 219
6.3.1 内侧车轮离地前的侧倾角观测器设计 ………………………… 219
6.3.2 内侧车轮离地后的侧倾角观测器设计 ………………………… 221
6.3.3 极限转向工况下侧倾角观测器的效果验证 …………………… 222

第 7 章 线控换挡技术

7.1 线控换挡系统的结构分析 …………………………………………… 228
7.2 线控换挡系统的控制逻辑 …………………………………………… 233
7.3 基于 SBW 的动力不中断技术及控制器设计 ……………………… 235
7.4 基于 SBW 的整车动力学建模 ……………………………………… 237
7.4.1 动力系统模型 …………………………………………………… 237
7.4.2 传动系统及车身模型 …………………………………………… 238

7.5　动力保持型三挡 AMT 安装前后纯电动客车的加速过程仿真 ………… 240

第 8 章　线控传感技术

8.1　线控传感的基本概念 ……………………………………………………… 246
8.2　超声波技术 …………………………………………………………………… 251
8.3　激光雷达技术 ………………………………………………………………… 252
8.4　毫米波雷达技术 ……………………………………………………………… 256
8.5　ICV 车载摄像头技术 ………………………………………………………… 260
8.6　基于机器学习算法的热成像方法 …………………………………………… 267
8.7　基于 ICV 传感的专用芯片设计 ……………………………………………… 273

附录

附录 A　名词缩写与解释 …………………………………………………………… 276
附录 B　ICV 的特性 ………………………………………………………………… 289
附录 C　基于线控技术的 ICV 氢能系统 ………………………………………… 304
附录 D　基于线控技术的 ICV 固态电池系统 …………………………………… 315

参考文献

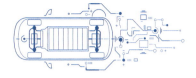

第 1 章
绪 论

1.1 智能网联车辆总体技术沿革及脉络

电动化、智能化、网联化和共享化正在成为汽车产业新的发展趋势，给传统汽车技术带来新的变革。过去，智能网联载体是手机和移动互联网等；未来，智能网联载体将是车辆和机器人等，这是近年头部和独角兽企业纷纷跨界进入汽车产业的根本原因。能源、智能等领域若出现新型颠覆性技术，作用于交通及工业领域，将促使汽车发生变革性生态重构。人工智能时代，随着技术迅猛发展，车辆将越智能，数据越多，算力越快，算法越强。网络与汽车结合不可逆转，网联汽车不仅具备传统汽车功能，还通过互联网实现了车网互联互通，变革出行方式。网联车辆（internet of vehicles，IoV）基于互联网及通信技术，实现车辆与车辆、网络、基础设施等之间的无线连通以及车辆与人、车辆、物等之间的信息和资源共享等。IoV 通过传感器、通信及智能系统等，实现车辆的感知、决策及控制等，提供安全、高效和舒适等出行体验。IoV 感知/定位技术，结合雷达及摄像头等，用于获取车辆周围环境信息和定位数据；IoV 通信/互联技术，结合无线通信网络（如 5G）等，实现车辆之间、车辆与基础设施之间等信息交互共享。IoV 决策/控制技术，结合大数据及精算等，做出驾驶决策。

IoV 是现代通信与现代汽车结合的新型生态产品，正发展成为多源感知、自主决策、安全高效及灵活机动等特色的全自动智能终端。作为高速、开放的运载工具，其运行中的高维非线性、瞬态响应性与极端工况不稳定性等固有属性，无法仅通过智能感知-决策来消除，由此导致的运动局限性和安全性问题，须通过调控车辆的固有属性来解决。掌握固有安全的线控技术，是 IoV 技术创新领域的焦点。线控技术、模块机动灵活性及系统安全冗余等特征将成为底盘的发展趋势。车辆动力学控制，是通过驱动、制动、转向、悬架、换挡及传感等方式间接调控轮胎与路面之间的作用力，改变车辆行驶轨迹和车身姿态。传统汽车具备油门踏板、制动踏板和转向盘等操纵输入，实现车辆纵向和横向相对独立的输入，但制约了车辆的运动维度和多目标优化空间。IoV通过搭载先进传感器、控制器、执行器等装置，运用通信、互联网、大数据及人工智能等技术，由单纯交通工具逐步转变为智能移动空间。IoV用传感器获取车辆周围的环境信息，通过数据做出决策，并控制车辆驱动、制动及转向等。IoV运行的车联网逻辑框架及产品架构如图1.1所示。

目前，随着网联汽车技术的不断发展，智能汽车的技术也发展迅速。智能汽车相对于网联汽车，强调汽车单体智能的发展完善。智能汽车的感知/识别技术用于识别和理解车辆周围的环境信息，包括道路标志、交通信号灯、行人及障碍物等。通过使用图像识别、目标检测和跟踪等技术，智能系统准确地感知和识别周围环境等各种元素。智能汽车的地图/定位技术是实现智能决策与控制的关键基础之一，利用高精度地图和定位系统等，智能系统可以准确地知道车辆的位置和行驶方向，为后续的决策和控制提供准确的参考依据。根据数据分析/预测，智能汽车可以通过对感知到的数据进行分析和建模，并对交通状况、道路条件和其他车辆的行为进行预测，提高行车安全性和效率。交通协同/优化技术涉及与车辆和基础设施之间的交通协同。通过与周围车辆和交通信号灯等进行通信和协作，智能汽车实时感知、分析及调控交通思路，减少交通拥堵和延误。根据对驾驶行为进行分析/安全评估的技术，智能汽车可对驾驶员行为进行分析和评估，检测驾驶中的危险行为或疲劳驾驶等不安全因素，及时采取相应措施，提高行车安全性。通过人工智能和大数据的分析等，车辆能够更智能地感知环境、做出决策及控制行驶，提升安全性、效率及舒适性等。智能汽车的功能及生态空间架构如图1.2所示。

智能网联车辆（intelligent connected vehicle，ICV），依靠人工智能、环境感知、传感、新能源及线控技术等，智能安全地操控汽车行驶。目前车辆发展主流产品方向为ICV等，ICV融合了智能汽车、智能交通与车联网等技术优势及研发特性。车联技术（vehicle to everything，V2X），包括车与X（车、人、路、云等），是ICV和外界进行通信互联的技术。ICV搭载先进的车载传感器、控制器及执行器等装置，并融合5G通信与网络技术，实现V2X信息交换、共享等，具备复杂环境感知、决策及控制等功能，实现安全、高效、舒适及节能的行驶目标，由人机共驾逐步发展，从而实现替代人来操作车辆。ICV复杂环境感知的传感器的技术特性如表1.1所示。ICV以智能网联和线控技术等为抓手，以仿真、台架、整车、道路、外场实验及环境技术等为支撑。ICV的总体技术发展沿革及框架如图1.3所示。ICV集成了车联网、智能交通与智能汽车等系统，以V2X的"两端一云"为主体，路基设施为支撑，实现V2X信息交互，具有智能决策能力，保障车辆道路安全，提高交通效率，实现节能减排。

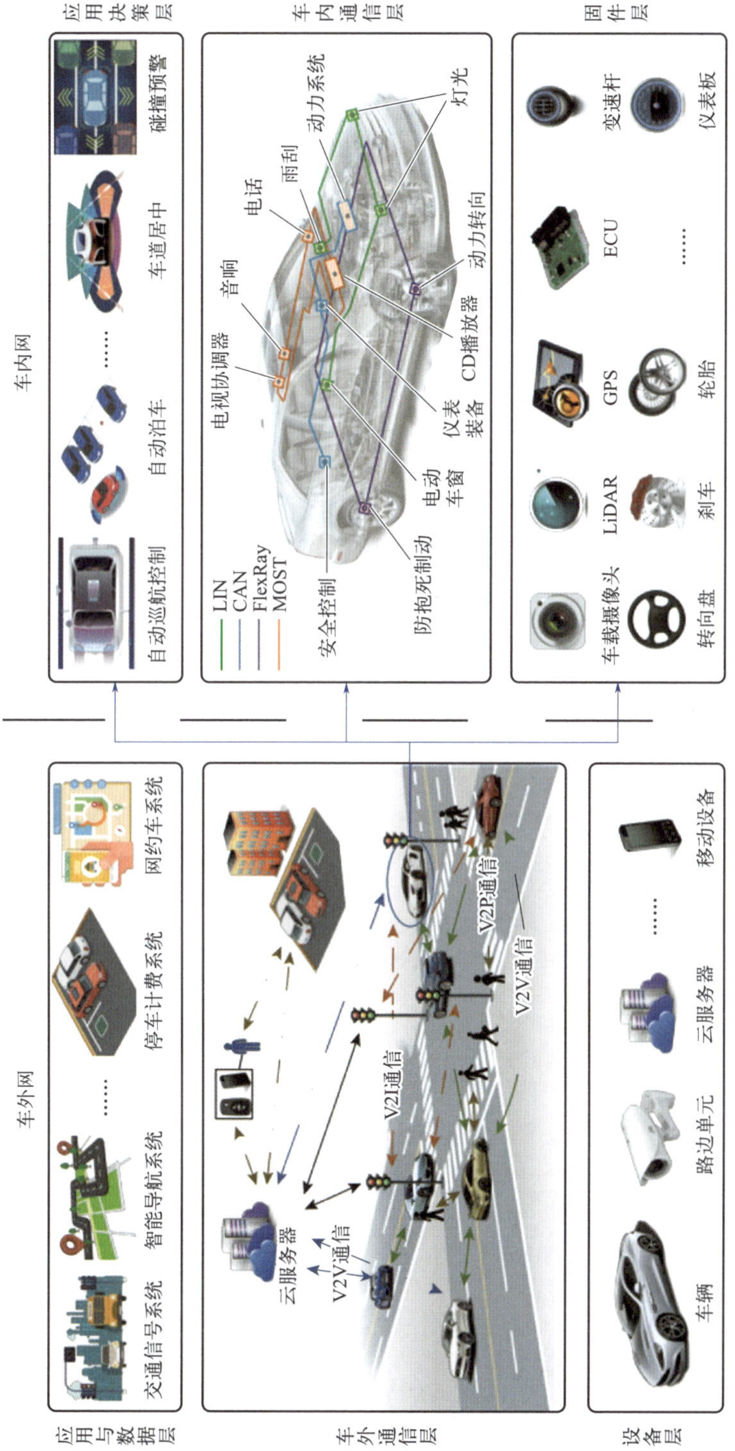

(a) IoV的车内网与车外网逻辑框架

图 1.1

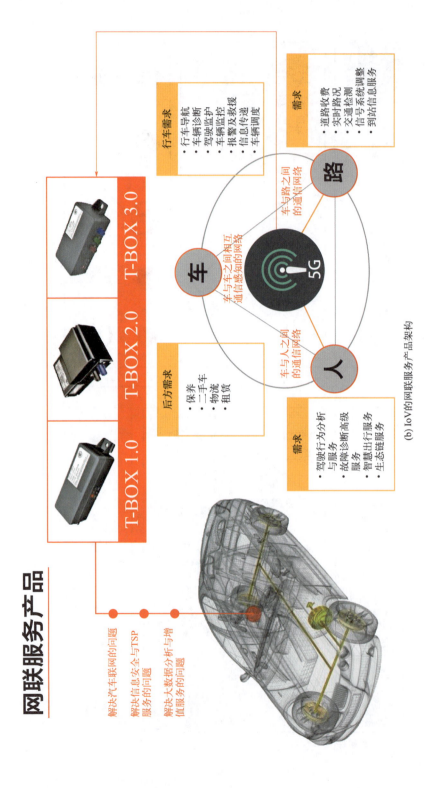

图 1.1 IoV 运行的车联网逻辑框架及产品架构

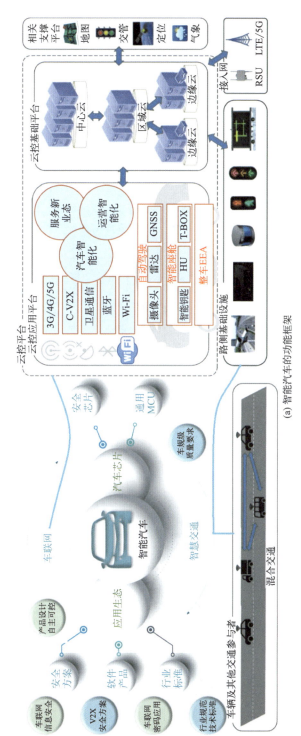

图 1.2 (a) 智能汽车的功能框架

第 1 章 绪论

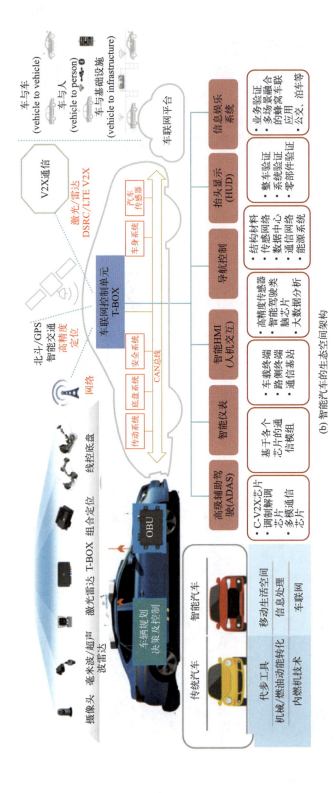

图 1.2 智能汽车的功能及生态空间架构

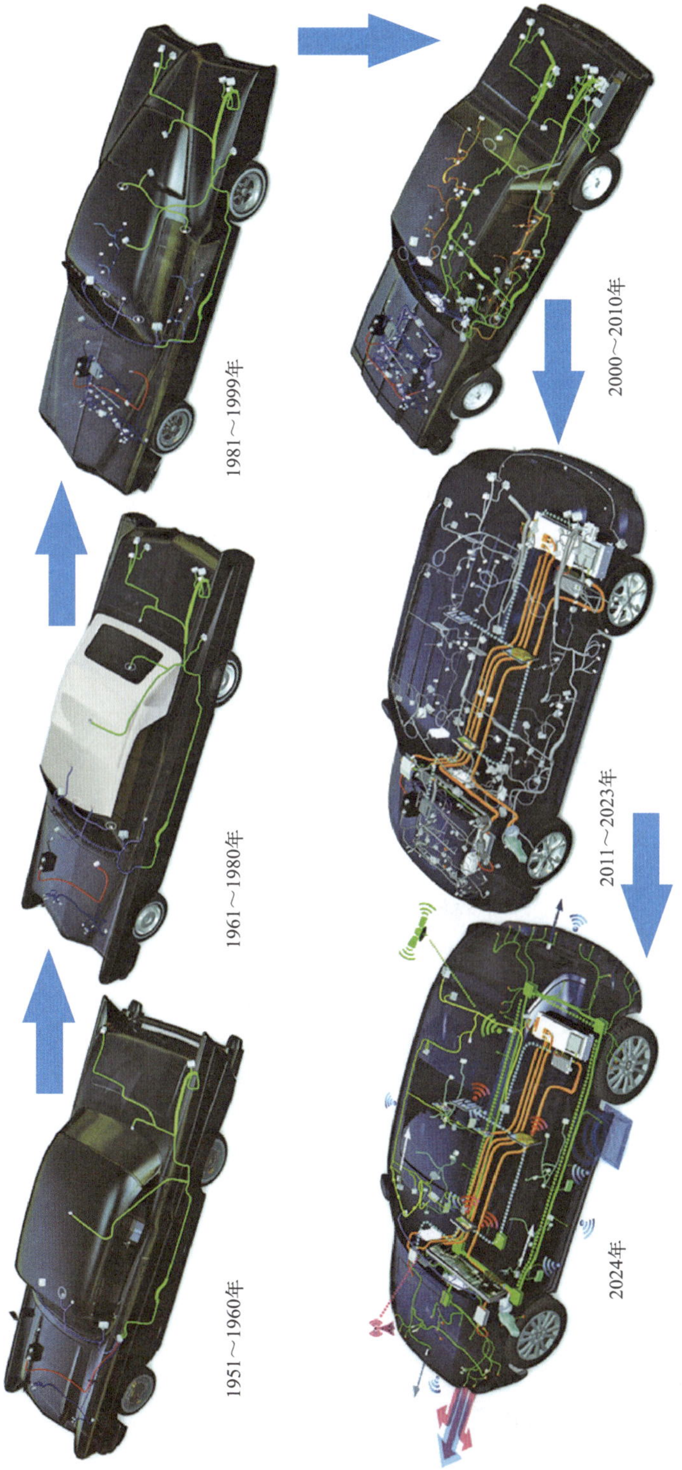

1951～1960年

1961～1980年

1981～1999年

2000～2010年

2011～2023年

2024年

(a) 车辆电子通信系统拓扑架构沿革

图1.3

第1章 绪论　007

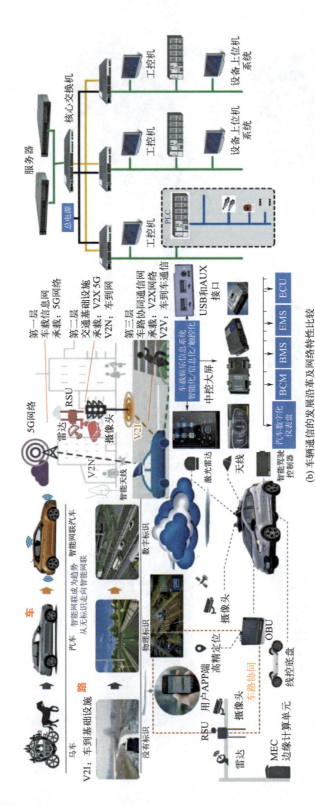

(b) 车辆通信的发展沿革及网络特性比较

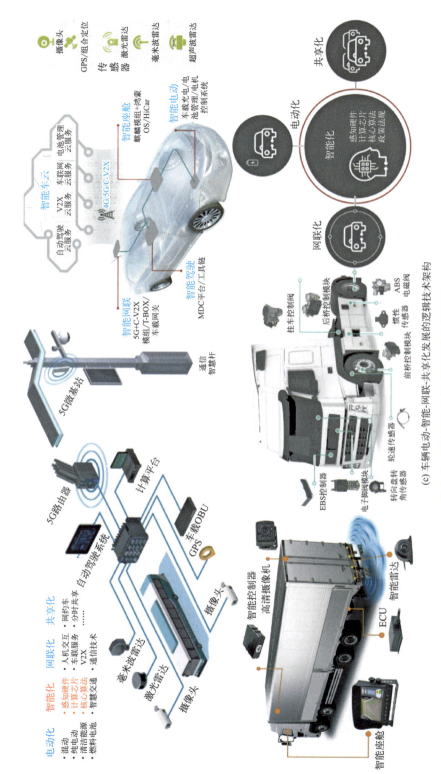

图 1.3 ICV 的总体技术发展前沿及框架

表 1.1 ICV 复杂环境感知的传感器的技术特性

项目	摄像头	毫米波雷达	激光雷达	超声波雷达	惯性导航系统	RTK 差分
探测距离	50m	250m	>100m	3m 内	—	—
精度	一般	较高	极高	高	短期测量精度高	高（厘米级）
功能	利用计算机视觉判别周边环境与物体，判断前车距离	感知大范围内车辆的运行情况，多用于自适应巡航系统	障碍检测，动态障碍检测、识别与跟踪，路面检测，定位和导航，环境建模	探测低速环境，常用于自动泊车系统	弥补 GPS 的定位缺陷，精确感应定位和车姿	辅助 GPS 进行实时测量，获取厘米级的定位精度
优势	成本低，硬件技术成熟，可识别物体属性	全天候全天时工作，探测距离远，性能稳定，分辨率较高，测速精确	测量精度极高，分辨率高，抗干扰能力强，测距范围大，响应速度快	成本低，近距离探测精度高，且不受光线条件的影响	全天候全天时工作，受外界干扰小，短期精度和稳定性好，数据更新率高	定位精度高
劣势	依赖光线，易受恶劣天气影响，难以精确测距	在部分场景下易受信号干扰，无法识别物体属性，探测角度小	受恶劣天气影响，成本高，制造工艺复杂	只适用于近距离探测，只在低速环境下发挥作用，易受信号干扰	成本较高，不能脱离 GPS 长时间工作，需要初始对准时间	需保持接收有效的 GPS 信号
不同类别	包括单目、双目摄像头，按照芯片类型又可分为 CCD 摄像头、CMOS 摄像头	依据测距原理不同可分为脉冲测距雷达和连续波测距雷达	可分为机械激光雷达和固态激光雷达；根据探测原理也能够区分为单线激光雷达和多线激光雷达等	—	—	—

ICV 应用场景包括车联网及服务平台等，考虑车-车、车-人、车-云及车-基础设施等通信场景。ICV 更多考虑"智能""网联"两个方面，当前 ICV 热点是感知及定位技术等，但是对于系统深入"线控技术"相对探讨不多。线控技术与传统驾驶辅助系统不同，它面向智能网联系统，兼顾感知-决策耦合技术，ICV 才能"耳聪目明"。目前 ICV 相当于"蝙蝠飞行"，通过雷达等感知，但要产业化落地，需要更智能的决策及更精细的判断。ICV 感知识别需要线控技术，帮助决策及执行，这就形成了 ICV 技术簇。ICV 技术簇耦合系统-逻辑脉络框架如图 1.4 所示。

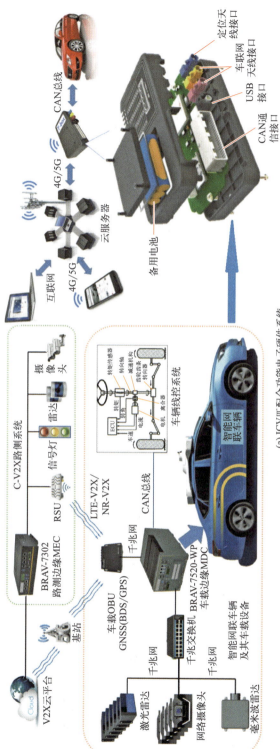

(a) ICV匹配全功能电子硬件系统

图 1.4

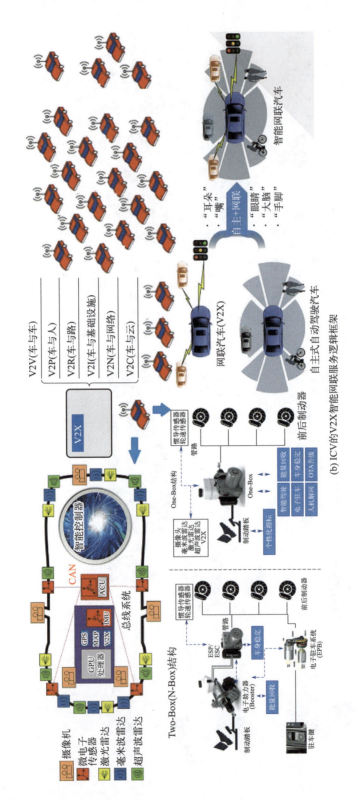

(b) ICV的V2X智能网联服务逻辑框架

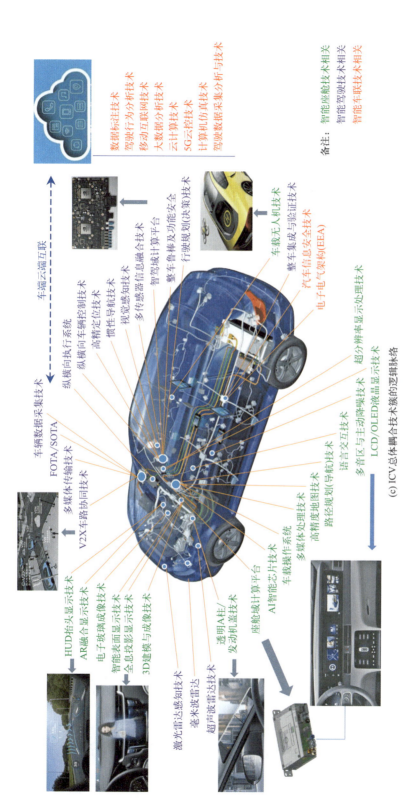

图1.4 ICV技术簇耦合系统-逻辑脉络框架
(c) ICV总体耦合技术簇的逻辑脉络

1.2 ICV 的技术逻辑框架

ICV 是汽车与信息、通信等产业跨界融合的典型应用，是车联网和智能汽车的交集。ICV 带来行业的高度电子化，电子电气架构由分布式走向集中式。ICV 的技术体系包括感知识别、决策判断及线控执行等，这些技术面向智能-安全-节能系统，兼顾场景交互、融合显示等功能。从智能网联角度，多尺度耦合，ICV 的"人脑"-"耳目"-"四肢"耦合技术体系如图 1.5 所示。ICV 的芯片、软件架构及硬件支撑如图 1.6 所示。智能网联车辆不但有总体技术深度，还有总体技术广度，甚至在遥远的火星，也有智能网联车辆，如图 1.7 所示。

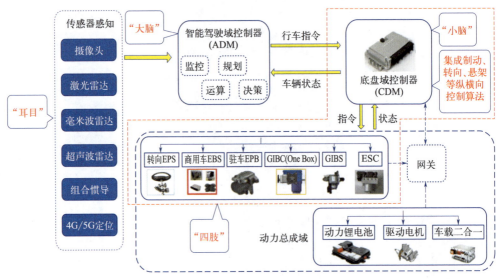

图 1.5 ICV 的"人脑"-"耳目"-"四肢"耦合技术体系

目前，ICV 正站在汽车"新四化"发展的关键节点上，投身车网互动与智慧能源的变革，助力碳达峰与碳中和。在新科技驱动下，ICV 成为创新焦点。当前，ICV 技术在研发中，不能仅仅简单地将驾驶辅助产品集成在车内；而未来随着人工智能、智慧能源及超导技术等的突破，ICV 将出现"机遇窗口"，开始井喷，汽车制造商和科技公司竞相研发 ICV，并逐渐在公共交通、物流、农业及矿山等领域推广应用，如图 1.8 所示。ICV 不再是概念或实验室的系统，"出行即服务"在智能化推动下将变为可能。"软件定义汽车"及"服务驱动变革"等特征日益鲜明，将驱动 ICV 的产业化落地。ICV 将迎来更广阔的空间。新科技变革赋能汽车产业向智能化、电动化升级。

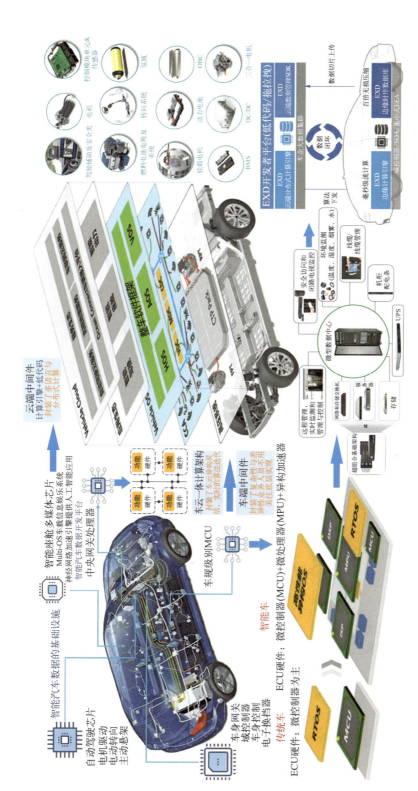

图 1.6 ICV 的芯片、软件架构及硬件支撑技术

ICV 作为万物互联时代不可替代的移动工具和互联终端,将成为人类进入智能时代的重要标志,这正是发展 ICV 的战略价值所在。ICV 发展也并不是终点,发展方向或许是飞行汽车、近空间飞行车辆等。汽车行业发展的质量-内涵已发生深刻变化。从技术层面看,电动化与智联化的融合发展,以客户为中心的个性化定

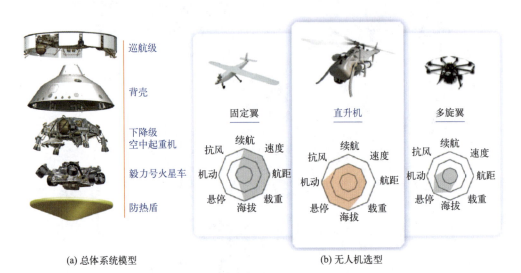

(a) 总体系统模型　　　　　　(b) 无人机选型

(c) 火星无人机结构分析

(d) 智能网联火星车辆与无人机结构尺度对比

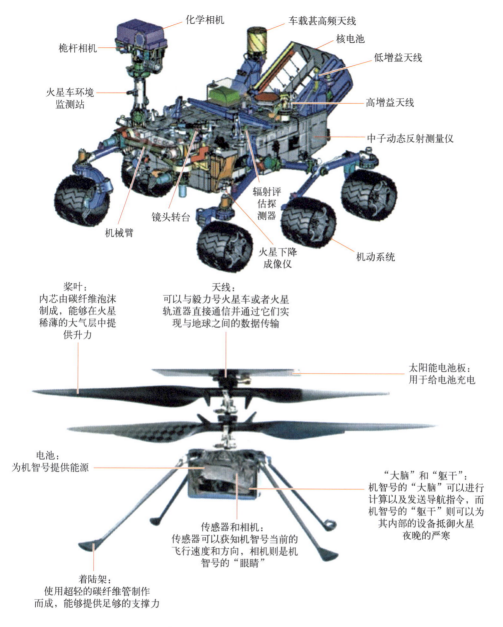

(e) 智能网联火星车辆及无人系统结构分析

图 1.7 智能网联火星车辆及无人系统的尺度对比及结构分析

制,也将成为新的汽车生产模式及生态方式。聚焦软件定义汽车,将成为企业提升市场竞争力的核心能力。ICV 将集成社交休闲、工作出行的智能终端平台,驾乘空间会发生巨大变化,智能座舱或许能成为消费智能终端,产业化落地,使车生活更加丰富多彩,值得盼望,令人有很大的技术期待和科学想象空间。

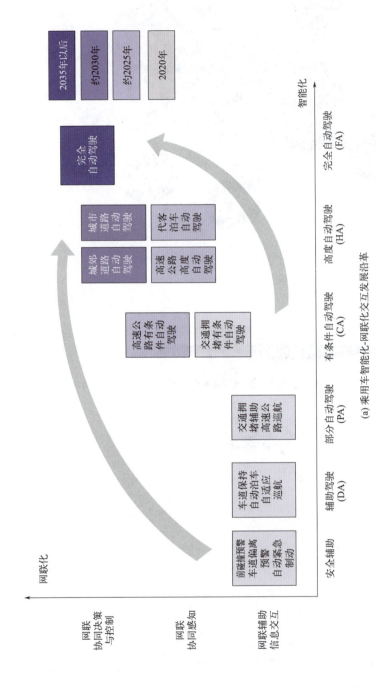

(a) 乘用车智能化-网联化交互发展沿革

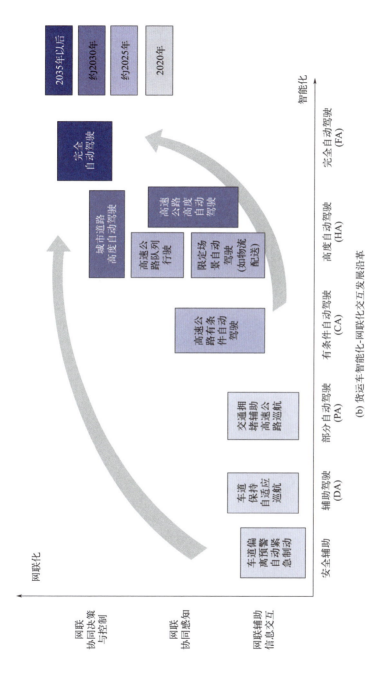

图 1.8 (b) 货运车智能化-网联化交互发展沿革

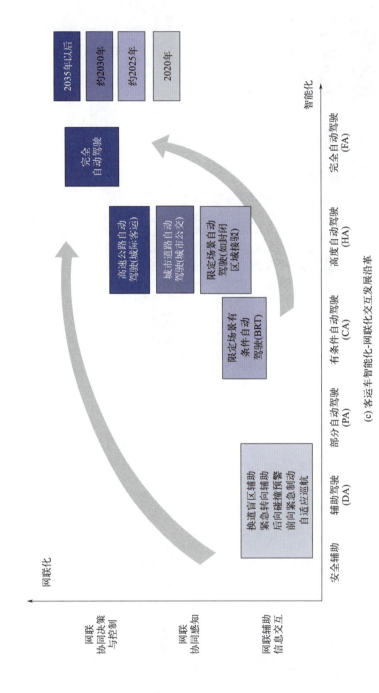

(c) 客运车智能化-网联化交互发展沿革

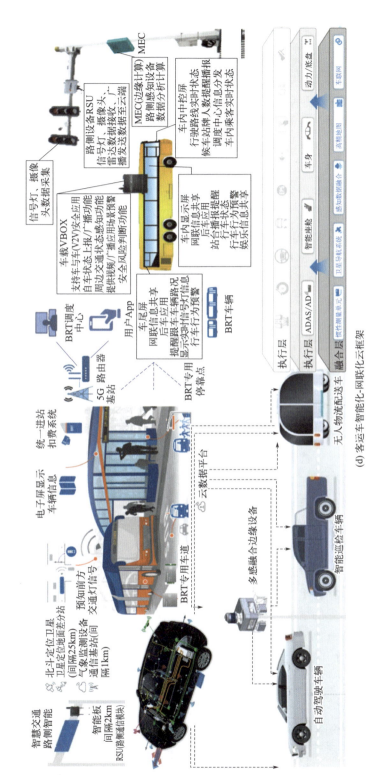

(d) 客运智能化的发展沿革及网联化云框架

图 1.8 典型 ICV 基本运行逻辑框架

1.3 域控制器解决 ICV 软硬件的升级桎梏

传统汽车电子电气架构（electrical/electronic architecture，EEA）采用分布式，功能系统的核心是电子控制单元（electronic control unit，ECU），智能功能的升级依赖 ECU 和传感器数量的累加等。随着汽车智能化的升级，人们推出汽车 EEA 集中化方案，将原本相互孤立的 ECU 相互融合，域控制器也由此应运而生。基于以域控制器为功能中心的集中化 EEA，芯片算力和软件算法等提升，将成为汽车智能化升级的核心。

域控制器架构下，ICV 智能化升级的研发边际成本将显著降低，且智能化升级的边际成本将逐步递减，从而推动智能驾驶的加速渗透。硬件先行、软件赋能等，开启域控制器，域控制器成为 ICV 的运算决策中心。域控制器功能的实现，依赖芯片、软件系统及算法等多层软硬件耦合。可采用异构多核的 SoC 芯片，该芯片的焦点在于智能算法、单元算力、数据算力、能耗及芯片成本等。软件系统对芯片硬件进行合理调配，以保证芯片智能化有序进行。为实现 ICV 智能持续进化，选择硬件、软件迭代升级。域控制器作为 ICV 的"大脑"，以芯片为代表的高能硬件，将率先量产上车，而系统软件等会随算法模型不断迭代，持续更新，逐步释放预埋硬件的利用率，从而实现软件定义汽车。软件定义汽车的技术框架如图 1.9 所示。

对于蓬勃发展的 ICV，海量数据蜂拥而至，尤其是 ICV 的各种应用终端和边缘侧，需要处理的数据越来越多。而且对 ICV 处理器的稳定性及功耗，提出越来越高的要求。因此，传统计算体系及架构短板，就显得越加突出。这些使得计算＋存储＋AI 融合，将发展成为主要方向之一。目前，无论是计算机，还是超算服务器，其处理器和存储芯片都是分离的，这就是冯·诺依曼确立的传统计算架构。但是，随着技术的发展，存储与计算分离的架构瓶颈越来越明显。传统芯片的设计思路是，增加大量的并行计算单元。在传统的计算架构当中，存储一直是有限且稀缺的资源。但随着运算单元的增加，每个单元能够使用的存储器的带宽和大小将逐渐减小，而随着人工智能时代的到来，这种矛盾显得越加突出。

在很多 AI 推理运算中，大部分运算资源都消耗在数据传输的过程中。从芯片内部到外部的带宽以及芯片上的缓存空间，都限制了运算的效率。因此，在产业界和学术界，越来越多的共识认为，存算一体化是未来的趋势，可以很好地解决"存储墙"问题。基于 NOR 闪存架构的存算一体 AI 芯片，利用 NOR Flash 的模拟特性，可直接在存储单元内进行全精度矩阵卷积运算，规避了数据在运算器和存储器之间来回传输的瓶颈，从而使功耗大幅降低，提高了运算效率。Flash 存储单元可

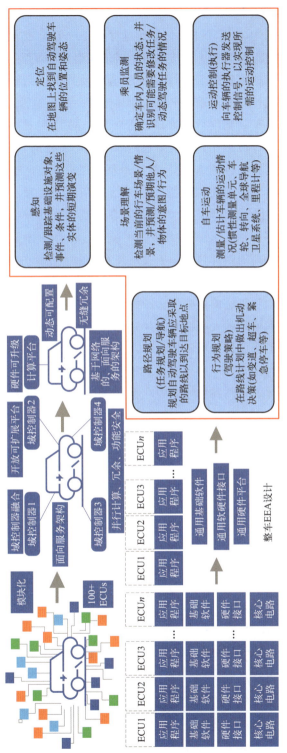

图 1.9 软件定义汽车的技术框架

第 1 章 绪论

以存储神经网络及参数，同时可以完成和权重运算，从而将运算和存储融合到 Flash 单元里面。例如，100 万个 Flash 单元可存储 100 万个权重参数，同时可以并行完成 100 万次乘法运算。相比于传统冯·诺依曼架构深度学习芯片，该芯片的运算效率高，且成本低，因省去了 DRAM、SRAM 及片上并行计算单元，从而可以简化系统设计。传统计算芯片是基于场效应晶体管、数字逻辑运算和冯·诺依曼架构设计的，其优势在于高精度数据处理。近年来，AI 应用对数据计算量的需求呈爆炸式增长，与传统计算芯片算力的渐趋饱和形成了尖锐的矛盾，制约 AI 技术的进一步发展。ICV 运算与存储 AI 芯片发展沿革及逻辑架构比较如图 1.10 所示。

新型存算一体芯片，通过模拟生物大脑的结构和信息处理机制，可显著提升 AI 任务计算效率，弥补传统计算芯片的不足，在终端智能驾驶电子设备和车联网云端服务器等领域，都有巨大发展潜力和应用前景。存算一体是大脑主要特征之一，也是实现高算力、高能效计算的一项关键技术。由于存算一体芯片利用存储器件的模拟特性进行计算，电路中的各类误差给芯片设计带来了巨大挑战。只有通过从器件到电路再到架构和算法的协同优化，才可能使存算一体芯片的计算精度得到保持，同时获得算力和能效的大幅提升。存算一体芯片发展沿革，在器件方面：以忆阻器为代表的神经形态器件在不断优化中，未来将继续提升性能并发展大规模集成技术，实现多种神经形态器件的异质集成和三维高密度集成光电子芯片。芯片方面：小规模的存算一体宏电路在持续完成。在发展存算一体 AI 芯片方面，除了存储和计算技术本身之外，行业相关的接口标准跟进也特别重要，特别是对于以存储为基础的新型应用来说，还需要不断完善生态系统建设，使整个产业发展壮大。适用于 AI 计算的典型芯片见表 1.2。

表 1.2 适用于 AI 计算的典型芯片

芯片类型	灵活性	AI算力	价格	功耗	特点	适用行业
GPGPU	通用型	高	高	中	去除传统 GPU 的图形功能，专注 AI 计算，能效比更高	各种 AI 平台和大模型推理、训练
FPGA/eFPGA	半定制化	高	高	高	可编程，灵活性较高，但整体成本较高	适用任何 AI 系统
ASIC(含 VPU、TPU、NPU)	专用型	高	低	低	算法固化，但算力和功耗都强	针对特定场景的定制化算法
存算一体	通用型	高	低	低	不依赖制备工艺，跳出冯·诺依曼范式，但处于商业化早期，实现方法较多	各种需要高能效比的领域
类脑芯片	通用型	更高	未知	低	高度模拟人脑计算范式，计算效率极高，功耗极低，但处于研究早期	各种需要超高能效比的领域

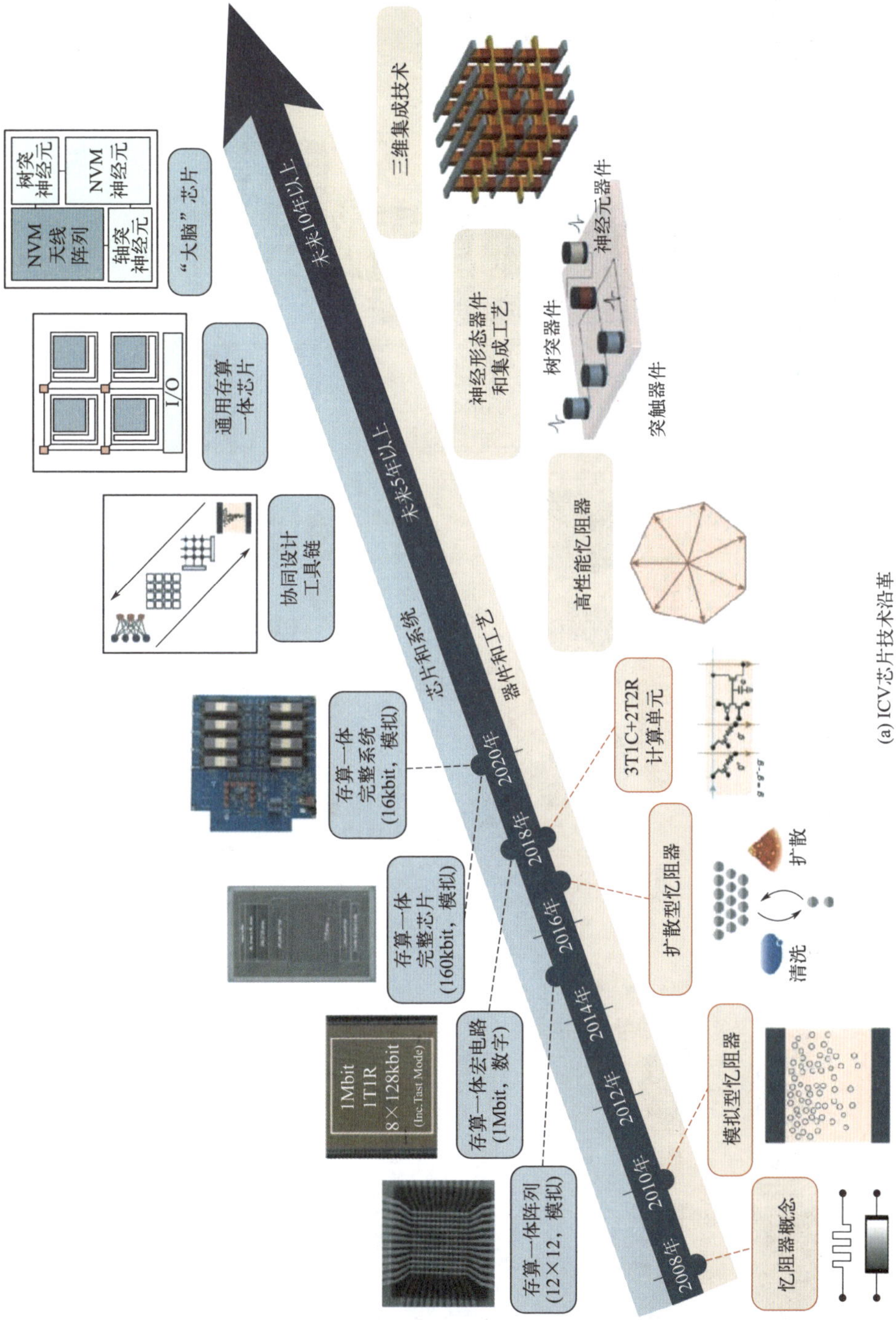

(a) ICV芯片技术沿革

图1.10

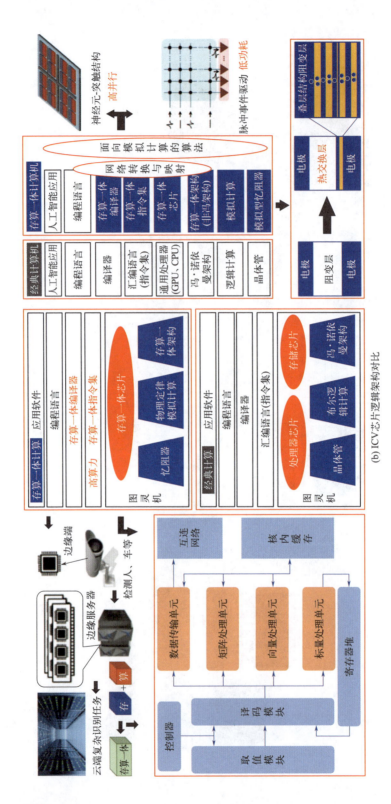

(b) ICV芯片逻辑架构对比

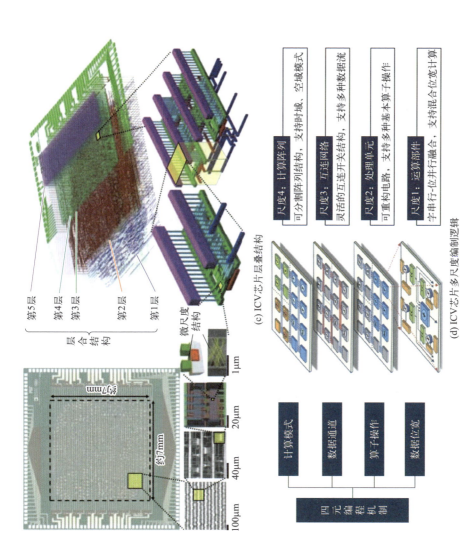

图1.10 ICV运算与存储AI芯片发展沿革及逻辑架构比较

人类大脑活动是复杂而连续的动力学过程，其复杂程度远超当前算力资源所能模拟的上限。类脑计算在于借鉴生物神经系统的信息处理模式或结构，进而构建相应的计算理论、芯片体系结构以及应用模型与算法。类脑计算被认为是后摩尔时代重要的发展方向之一，或有可能成为未来智能计算的突破口。**类脑计算**的描述性定义为"指受人脑信息处理方式启发，以更通用的人工智能和高效智能边缘端/云端为目标构建信息系统的技术总称"。类脑计算希望融合脑科学、计算神经科学、认知科学甚至统计物理等学科的知识来解决现有传统计算技术的一些问题，进而构建更加通用、高效、智能的新颖信息系统。在**类脑芯片**方面，主要关注神经形态芯片如何进行更高效的感知、存储和计算，如何构建融合感知的存算一体化的计算系统。研究更高效的芯片架构、研制更具有类脑元素的芯片功能也是未来发展的重要方向。芯片架构上可以探索类脑芯片的分层存储体系、高效在线学习架构及其与其他硬件平台的高效兼容能力；芯片功能上可以探索如何融入更多的算力，支持比如微分方程、线性方程求解，以及如何在算力层面上支持更类脑的神经元模型和网络结构等。ICV 类脑芯片逻辑结构的总体设计如图 1.11 所示。

根据产业链生态，域控制器产业链：一是以域控制器芯片为硬件基础的全栈式解决方案，凭借技术优势实现从底层硬件到软件架构的全覆盖，具备软硬件一体化的性能优势；二是开放式的供应链生态，由人工智能芯片公司、软件供应商、系统集成商及整车厂组成。其中底层的人工智能芯片公司是域控制器的基础，软件供应商及算法赋能控制器系统由整车厂落地验证。在智能化加速迭代渗透的背景下，域控制器作为智能化的核心系统将发展迅猛。域控制器将解决硬件升级桎梏，开启线控技术赋能 ICV 步伐。

若采用分布式架构，功能升级仅依赖于 ECU 数量的累加，分布式 EEA 系统的核心是 ECU，功能升级依赖 ECU 数量的累加。从用途上看，ECU 为汽车专用微控制器，可在传感器、总线数据流及执行器等配合下，实现对汽车状态的操控。基于云服务的 ICV 的 ECU 拓扑逻辑框架如图 1.12 所示。从架构上看，ICV 的 ECU 的核心是中央处理器 CPU，包括微控制器（MCU）或微处理器（MPU），连接在 CPU 周边的还包括存储器（DDR、Flash）、输入/输出接口（I/O）、数模转换器（A/D）等。

随着单车智能化升级的加速，原有智能化升级的方式面临着研发和生产成本剧增、安全性降低、算力不足等问题，传统分布式架构急需升级。由于 ECU 数量的激增，对汽车线束长度、传输速度等方面都有着更高的要求，这都将为 ICV 研发、生产及安全等多方面带来挑战。具体来看，在 ICV 开发过程中，每个零件都有其对应的供应商，整车厂需要与这些供应商分别沟通协作，甚至合作研发。因此，当单车智能化功能激增时，将使得整个汽车开发周期大幅增长，伴之而来的亦是人力、物力成本的剧增。由于汽车内部的装配空间有限，若 ECU 数量达到 100 个及以上，线束长度将达 5km 及以上，很难实现自动化生产，将更多依赖人工。此外，在智能化时代，ICV 生产已不再是以出厂销售为终点，而是需要连续的整车 OTA 升级。因此，若是在分布式的架构之下，难以做到众多 ECU 之间的快速协同升级。更加智能化实现不仅需要单个 ECU 算力的大幅提升，同时，亦要求各个 ECU 之间可进行高效的信息数据交换，并留有适当的算力冗余，以便应对各类突发情况，保障驾驶安全。而分布式架构下，各个 ECU 之间多通过 LIN/CAN 等总线相连，传输速度本身有限，难以满足 ICV 内部信息高效流转的需求。

面对分布式架构对汽车智能化升级的桎梏，汽车 EEA 由分布式向域控制器/集中计算升级的变革。区域集中式的 EEA 由计算模块、区域控制器构成。由此，不仅实现了不同 ECU 之间的协同控制、统一升级，同时节省算力、降低布线成本。另外，EEA 的集中化，亦将有效降低智能化功能升级的边际成本，从而推动智能化升级的加速。汽车传感器产业链上游包括零部件及外壳材料。零部件有开关接头、信号采集器、电路板、芯片等；外壳材料是塑料以及陶瓷等。在上游中，芯片成本占比高，是汽车传感器的核心部件，技术含量高。电路板使汽车传感器的电路微尺度化，对于传感器的生产和电路优化起重要作用。中游是汽车传感器，属于技术密集型产品，环境感知传感器占比较高。随着 ICV 技术的发展，环境感知传感器（摄像头以及雷达等）的需求增幅明显，目前毫米波雷达和摄像头市场占比较高。毫米波雷达用于先进驾驶辅助系统（advanced driving assistance system，ADAS），具有稳定的探测性能和良好的环境适应性。车载摄像头是 ADAS 的视觉传感器，借由镜头采集图像后，由摄像头内的感光组件电路及控制组件对图像进行处理，并转化为电脑能处理的数字信号。下游是汽车主机厂，在 ICV 高速发展和技术升级推动下，汽车行业的复苏推动上游汽车传感器发展。一方面是 ICV 数量多，对于传感器需求多；另一方面是由于配备不同程度 ICV 升级功能，面对这样的技术要求，ICV 上需要的传感器数量是远高于传统燃油车的，这两个因素叠加，ICV 传感器需求明显上升。越复杂的系统对传感器、ECU 数量的需求越大，如线控底盘、智能座舱、电驱动控制模块及电池管理系统等。

对于 EEA 算力分布模式，无法高效利用 ECU，ICV 中包含至少上百个 ECU，由于线束重量大、数量多，无法支持高带宽通信，后续升级维护困难等，已无法满足需求。集中式电子电气架构应运而生，且可能走向中央计算平台模式。分布式 EEA 下，汽车搭载上百个控制器，且为保证性能稳定性及安全性，每个控制器芯片硬件算力相对其上运行的程序，都有所冗余。这就导致从整车层面，不同控制器的算力并不一致，无法高效协同。而在集中式 EEA 下，算力在行车时为辅助驾驶服务，在驻车休息时可为车载智能提供运行算力。庞大的 ECU 数量，意味着复杂、冗长的总线线束，导致总线负载增加，基本上达到允许上限，这样易导致信号丢帧、总线堵塞等，从而导致安全隐患。

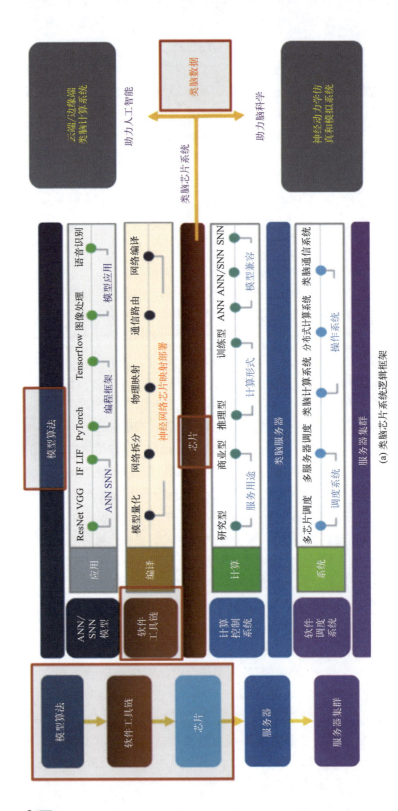

(a) 类脑芯片系统逻辑框架

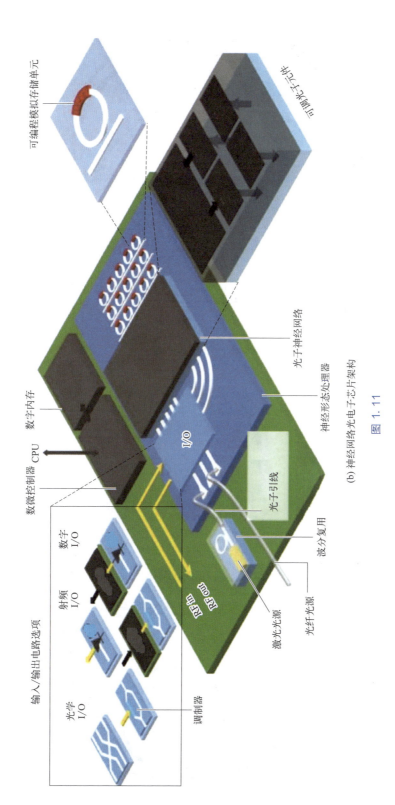

图 1.11 (b) 神经网络光电子芯片架构

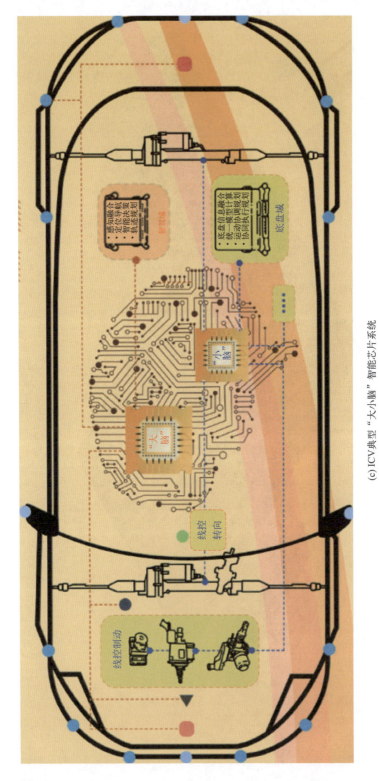

(c) ICV典型"大小脑"智能芯片系统

图1.11 ICV类脑芯片逻辑结构的总体设计

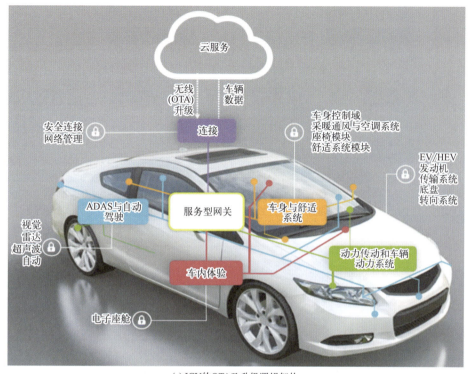

(a) ICV的OTA及升级逻辑架构

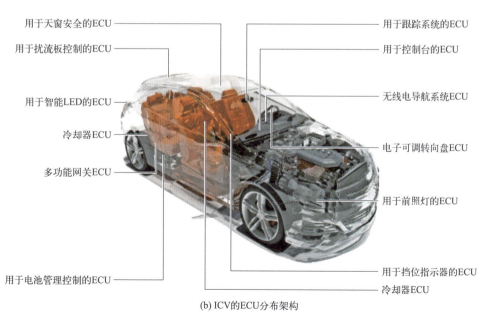

(b) ICV的ECU分布架构

图 1.12

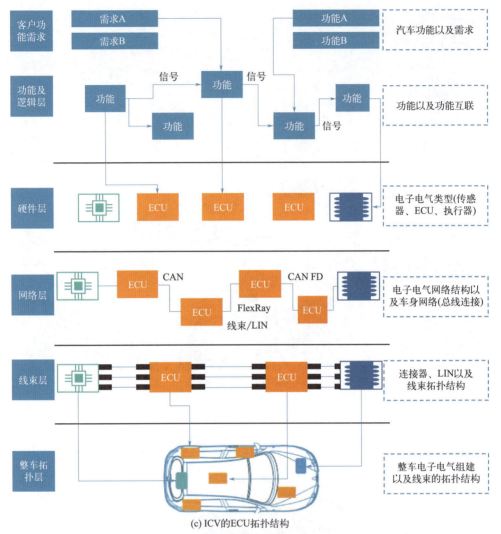

(c) ICV的ECU拓扑结构

图1.12 基于ICV的ECU拓扑逻辑框架

在域控制器时代，高性能、高集成度的异构芯片作为域的主控处理器，域内统一调度控制，域外通过以太网等进行高速通信。目前百兆和千兆的以太网已应用。数据传输速度的制约将使得车载以太网替代传统总线成为必然。同时，在以域控制器为功能中心的集中化EEA下，提升芯片算力和软件算法，成为车辆智能化升级的核心。集中化EEA分为基于车辆功能划分的"域集中/融合"，基于车辆物理空间划分的"车载电脑和分区ECU"。后者的EEA集中化程度要高于前者，后者将向车-云计算阶段发展，如图1.13所示。

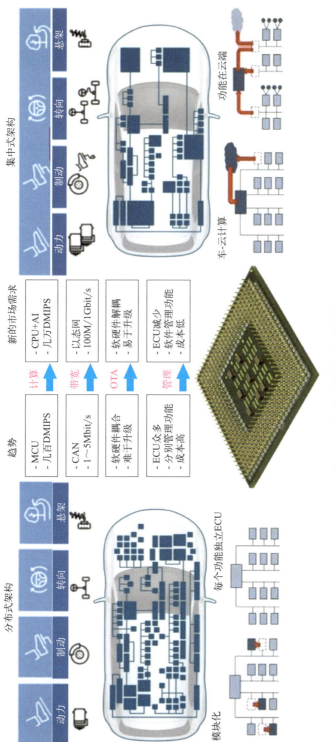

图1.13 车辆计算架构的逻辑框架

1.4　基于智能网联功能划分的 EEA 域控制器

将汽车 EEA 按功能划分为动力（安全）/底盘（车辆运动）域、座舱域（信息交互）、智能域及车身域（车身电子）等区域，每个区域对应推出相应域控制器，通过 CAN/LIN 等通信方式连接至主干线甚至托管至云端，从而实现整车信息数据交互。面向集中域控制的汽车电子电气架构技术研究，随着智能驾驶、车联网、智能交通等技术的不断引入，车载 ECU 单元数量不断增加，基于 CAN 总线通信模式的网络拓扑越来越复杂，对于汽车上新功能的增加及维护造成了较大的困难，传统的整车电子电气架构难以满足汽车新兴业务的快速发展和技术需求。近年来，众多汽车厂商对汽车电子电气架构的升级进行了研究。

在向集中化发展的过程中，面向服务的软件架构（service oriented architecture，SOA）逐渐获得重视。利用 SOA 进行软件设计能使软硬件解耦，促进汽车电子电气架构向集中式发展，同时也能使车载软件向多元化发展。因此，传统 CAN 总线架构的 CPU 资源占用率较高，而 SOA 的资源占用率低于传统 CAN 总线架构。域控制器提供服务数据封装于结构，其网关吞吐量及 CPU 效率更高。基于以太网、域控制器及 SOA 的电子电气架构，在性能上优于传统 CAN 总线架构，在域控制下的服务效率高于传统 CAN 总线架构。SOA 能为车载 CPU 节省更多资源。

车载以太网通过提供服务的方式实现功能，降低通信网络上的负载。服务端将质量、控制信息和其他关于服务的细节打包，为客户端提供服务，客户端在需要此服务的时候才会向服务端请求服务。整车信号矩阵的设计内容较庞大，以车身域为例，选择其中部分功能进行定义说明。客户端发送请求报文至服务端后，服务端将执行服务的结果通过响应报文反馈至客户端。由于车载以太网处于研究阶段，验证电子电气架构功能需要对应的测试平台，因此设计仿真平台进行功能验证及性能测试。仿真平台分为前端汽车模型和后端电子电气架构两部分，搭建通信网关以完成前后端通信。后端能搭建各类电子电气架构，前端能根据通信总线上的报文完成动作显示。通信网关负责完成前后端之间的数据交换，前后端通信内容全部经过通信网关，通信接口预留为统一格式，完成解耦设计。

基于域集中式的电子电气架构设计，功能域的划分应当符合如下原则：①域内信号根据实时性或可靠性，信号相似的服务划分在同一功能域下；②根据车辆现有的 ECU 逻辑功能划分功能域，将功能相近且经常产生信号交互的服务划分在同一功能域下，便于减少域间信号路由，降低网关负载。将整车按功能划分为动力总成域、底盘域、车身域、智驾域和信息域等，其 EEA 如图 1.14 所示。ICV 用以太网将多个功能域与网关连接，功能域内通过域控制器控制其功能，域控制器之间通过网关通信。利用该特性完成域控制器与网关之间的以太网通信，基于 ICV 集中式电子架构设计的逻辑框架如图 1.15 所示。

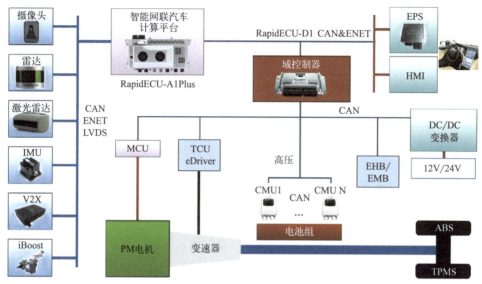

图 1.14　基于解耦设计的智驾域集中式 EEA

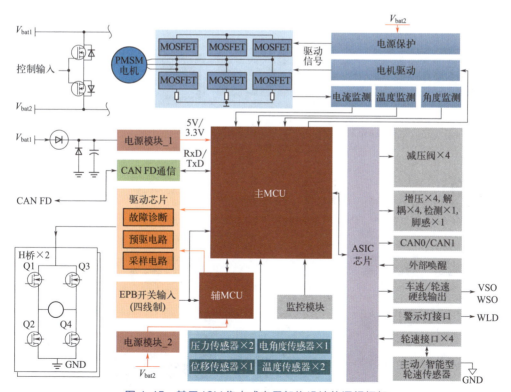

图 1.15　基于 ICV 集中式电子架构设计的逻辑框架

1.5 集中式 EEA 功能设计

智能驾驶域控制器只需请求单个服务,各执行器接收服务请求报文并完成左转向功能。测试所调用的不同执行模块分别属于不同功能域。**动力域控制器**负责动力总成的优化与控制,在 ICV 中指电驱和电控系统的集成化。其中,电驱系统的集成以多合一技术路线为主流,即将电机、电控(逆变器)与减速器集成为多合一电驱总成。电控系统的集成则倾向多合一模块,将变压器、车载充电机及加热器等进行集成,甚至会将整车控制器(VCU)等合并集成。**车身域控制器**负责车身功能的整体控制,是在传统车身控制器(BCM)的基础上,集成无钥匙启动系统及空调控制系统等功能。

随着汽车 EEA 的集中化,有望实现与智能座舱域的融合。算法实现上,ICV通过激光雷达、毫米波雷达及摄像头等感知环境,通过传感器数据处理、多传感器信息融合以及适当的工作模型制定相应策略,进行决策与规划。在规划好路径之后,控制车辆沿着期望的轨迹行驶。域控制器的输入为各项传感器的数据,所进行的算法处理涵盖了感知、决策、控制三个层面,将输出传送至执行机构,进行车辆的横纵向控制。智能域控制器负责 ICV 在智能状态下,底层数据和联网数据的安全保障,推动 ICV 向更智能化发展;与之适应,智能域控制器则需要更强 AI 芯片算力及算法的支持,如图 1.16 所示。

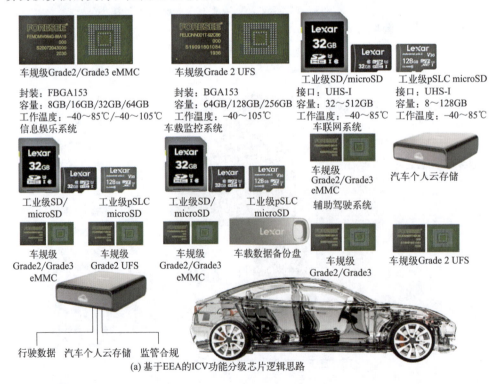

(a) 基于EEA的ICV功能分级芯片逻辑思路

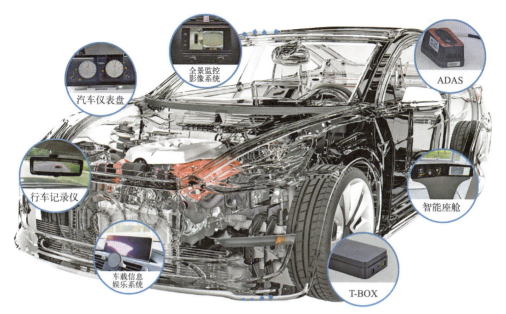

(b) ICV的智能T-BOX及智能座舱逻辑架构

图1.16 车辆的智能系统分析及逻辑架构

座舱域控制器负责智能座舱电子系统功能，汇集集成液晶仪表、中控多媒体及副驾驶信息交互的一体化系统。其发展过程经历由传统的"机械物理按键"到"中控液晶显示屏"，再到"中控+仪表盘一体化设计"的进程。从供应体系上看，在整体EEA集中化的进程中，由中控系统升级而来的智能座舱域，具备较完整的智能系统架构。

1.6 基于ICV车载主控芯片的CPU+XPU异构多核SoC芯片

主控芯片是域控制器中的核心部件，其结构形式正由MCU向异构式SoC芯片方向升级。域控制器实际是此前多个ECU的融合，其目的在于让一个高度集成的主控芯片实现对多个智能化功能的控制。ECU中的主控芯片为CPU，其设计目的是用于逻辑控制，因此其构造中大量的空间用于布置控制单元与存储单元，计算单元的占比少，这就导致在面向智能化功能所需规模运算时，CPU算力难以满足要求。以图像运算为目的开发的GPU拥有更多计算单元，体现出更强算力优势。GPU与CPU并非替代品，而属于共生关系，只是由于内部结构不同，导致其擅长应用领域有所不同。GPU应用场景是视频领域，伴随人工智能在视觉领域应用，基于视觉的ICV方案逐渐变为可能，这就需在汽车中原有主控芯片（CPU）的基础上，加装擅长视觉算法的GPU芯片，从而形成"CPU+GPU"的解决方案。芯片运算单元在设计时，需考虑算力、功耗等问题，因此，应考虑硬件资源优化，将

CPU 和 GPU 集合成为异构多核的 SoC 芯片。单一类型微处理器，无论是 CPU、GPU、FPGA 还是 ASIC，都无法满足更高阶的智能驾驶需求，域控制器中的主控芯片会走向集成"CPU＋XPU"的异构式 SoC（XPU 包括 GPU/FPGA/ASIC 等）。ICV 的运算及储存能力平台的逻辑架构如图 1.17 所示。

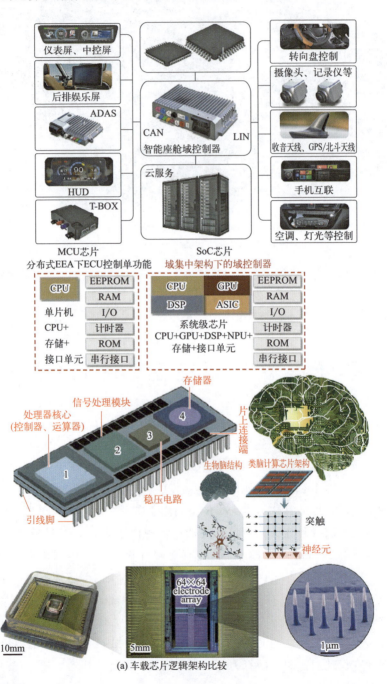

(a) 车载芯片逻辑架构比较

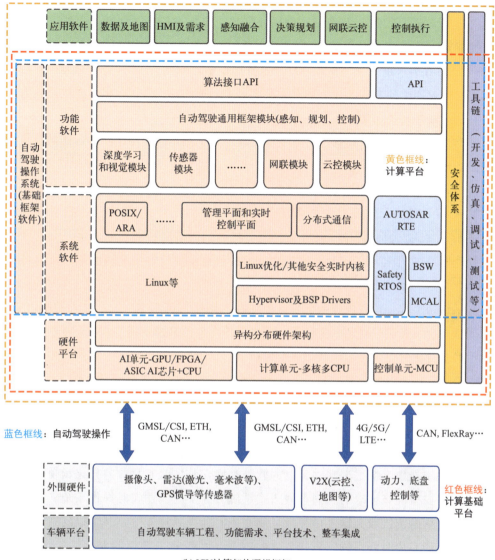

(b) ICV计算架构逻辑框架

图1.17 ICV的运算及储存能力平台的逻辑架构

1.7 AI芯片开启域控制器算力

随着人工智能算法模型在ICV领域中的应用，AI计算单元逐步被集成至主控芯片内，并由此开启车载主控芯片的算力。面向人工智能领域的运算芯片都被称为AI芯片。正如GPU作为专用图像处理器与CPU协同工作一样，AI芯片也将会作为 CPU 的 AI 运算协处理器集成于异构式 SoC 中，专门处理 AI 应用所需要的并行矩阵运算需求，而 CPU 作为核心逻辑处理器，统一进行任务调度。此外，由于人工智能对于运算效率的要求较高，因此 AI 芯片类型包括 GPU、FPGA 和 ASIC 等。AI 芯片需求迸发推动车载芯片竞争格局重塑，新兴 AI 芯片迎来发展机遇。传统汽车产业链中的车载芯片市场份额高度集中，车载芯片需求结构的变化，亦为新兴芯片厂商带来快速切入汽车产业链的机遇。

软件赋能引入嵌入式智能车载系统，软件定义汽车时代加速到来，伴随着域控制器的诞生，汽车软件亦将从简易的裸机程序向更为复杂的嵌入式操作系统升级。早期汽车中使用的机械或液压元件，在该阶段，汽车软件工程师通过直接在 ECU 上写入代码，实现对硬件资源的调用，其优点为功能稳定、运行安全、反应灵敏，其缺点为功能单一且升级复杂。然而，随着域控制器的诞生，急需嵌入式操作系统的引入，实现对主控芯片、传感器等硬件资源的合理调配，协调多项智能化功能。

从结构上看，车载操作系统与其他终端的操作系统基本一致，包含系统内核、中间件、应用算法软件及安全层等。其中系统内核的开发难度大，考虑性价比，目前厂商自行研制很少，因而其行业格局稳定，以 QNX 和 Linux 及相关衍生版本为主。部分软件研发实力强的公司，基于开源的 Linux 内核进行定制化改造，形成具备差异化竞争力的系统内核。中间件是基础软件中的一类，是对底层软件模块的封装和接口标准化，处于操作系统内核和应用层之间，起到承上启下的作用，是实现软硬件解耦的重要部分。整车厂商会从这层开始研发定制化软件架构。应用算法是基于操作系统之上独立开发的软件程序，是各汽车品牌差异化竞争焦点之一。根据安全等级要求的不同，嵌入式系统分为实时、非实时操作系统。实时操作系统是指系统接收到输入信号后，能在短时间内处理完毕，并予以反馈，且其处理任务的完成时间是确定可知的。实时操作系统具备较高的安全性与可靠性，因此，应用于动力、底盘及车身领域等。非实时操作系统则应用于智能座舱等领域，更注重兼容性与开发生态。此类操作系统多以 Linux 内核改造或移植移动端的操作系统。

ECU 的开发由主机厂集成整合，对主机厂集成开发能力及供应商管理能力提出挑战。分布式架构零散 ECU 布局难以支持车载软件在线升级（OTA），加大软件后期维护迭代难度。而软硬件分离的新开发模式等提供了解决方案，即基于软件架构，根据所应用领域的不同使用不同的系统内核，众多互联网或科技厂商，正通过强大的软件研发能力进入汽车产业链，也由此催生了汽车软件市场。ICV 的典型软件逻辑架构如图1.18所示。

在电子化和智能化发展需要下,传统的分布式架构逐渐进化为域集中式架构,"域"和"域控制器"产生。域控制器最早通过用处理能力更强的多核CPU/GPU芯片和引入以太网,将分散ECU集成为运算能力更强的域控制器来相对集中地控制每个域,从而解决分布式架构存在的成本、算力等局限性。在分布式架构中,随着ECU数量增加产生的大量内部通信需求,导致线束成本增加并加大装配难度;而域集中式架构将传感与处理分开,传感器和ECU不再一对一,管理更便捷,有效减小ECU和线束的规模,降低硬件成本和人工安装成本,同时更有利于部件布

(a) 基于域融合/集中化的软件定义汽车

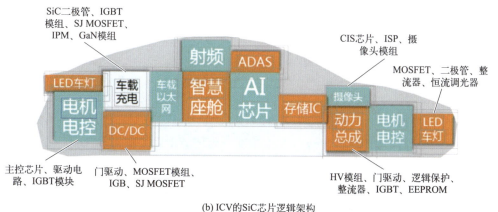

(b) ICV的SiC芯片逻辑架构

图1.18

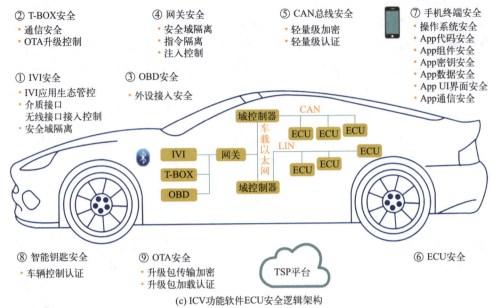

(c) ICV功能软件ECU安全逻辑架构

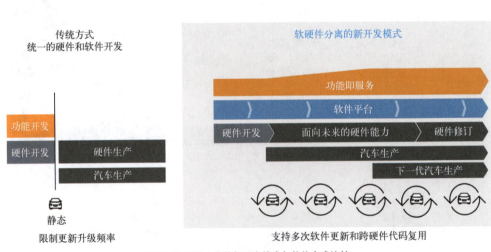

(d) ICV软硬件分离的新开发模式与传统方式比较

图 1.18 ICV 的典型软件逻辑架构

局。分布式架构中,来自不同供应商的 ECU 的软件开发框架和底层代码不同,导致冗余,并提高维护和 OTA 统一升级难度。而域集中式架构对各 ECU 进行统一管理与信息交互,统一软件底层开发框架,便于 OTA 升级和拓展功能的实现。分布式架构中的各个 ECU 之间算力难以协同,相互冗余,产生浪费。而域控制架构中,ICV 将原分散的 ECU 进行算力集中,统一处理数据,减少算力冗余,满足对于算力的高要求,如图 1.19 所示。

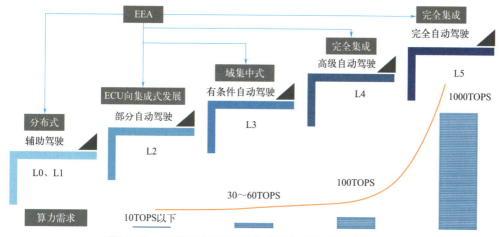

图 1.19　车载电子电气架构与匹配芯片算力提升的沿革

TOPS 为算力单位，全称为 tera operations per second，即每秒万亿次操作

动力域控制器是智能化的动力总成管理单元，借助 CAN/FlexRay 等实现变速器管理及发电机调节等，其优势在于，为多种动力系统单元（电动机、发电机、燃料电池、电池及变速器）计算和分配扭矩，通过预判驾驶策略实现减排、通信安全等，用于动力总成的优化与控制，同时兼具电气智能故障诊断、智能节电、总线通信等功能。驱动系统把发动机的动力传给驱动轮，分为机械、液力和电力等，把汽车各部分连成一个整体，并对全车起支承作用；转向系统保证汽车能按驾驶员的意愿进行直线或转向行驶；制动系统迫使路面在汽车车轮上施加一定的与汽车行驶方向相反的外力，对汽车进行一定程度的制动，其功能是减速停车、驻车制动。

底盘域可在传动系统、行驶系统及制动系统中集成多种功能，有空气弹簧控制、悬架阻尼器控制、后轮转向功能、电子稳定杆功能及转向柱位置控制功能等。若提前预留足够的算力，底盘域将集成整车制动、转向、悬架等车辆横向、纵向、垂向相关的控制功能，实现一体化控制。实现底盘域功能，需要集成底盘域驱动、制动和转向算法。

智驾域所集成的功能基本不涉及机械部件，且与座舱域交互密切，并和智能座舱域一样需要处理大量数据，对算力要求高，需要匹配核心运算力强的芯片，来满足 ICV 的算力需求，提高系统集成度。传统车身控制器包括内/外部车灯、雨刮、车窗、车门、电子转向锁等的控制，通过 CAN/LIN 与各节点通信，节点多，线束设计、软件控制逻辑均复杂。而车身域控制器对车身节点实现了功能和零部件的集成，对于各个车身电子模块进行集中控制，对采集到的信息进行统一的分析和处理，效率更高；技术上，车身域控制器要求开发经验、硬件集成能力、软件架构能力、芯片保供能力与智能座舱域实现融合，如表1.3所示。

表1.3 ICV控制器的比较

域控制器	芯片要求	操作系统	功能安全等级	应用场景	核心壁垒
动力域控制器	MCU芯片，算力要求低	符合CP AUTOSAR标准	ASIL-C/D	对动力系统的相关功能进行控制	(1)硬件集成能力,包括电机/泵/电磁阀/风扇等 (2)制动及转向控制算法能力,包括整车稳定系统 (3)符合AUTOSAR软件架构 (4)通信、诊断、功能安全
底盘域控制器	MCU芯片，算力要求低	符合CP AUTOSAR标准	ASIL-D	对转向/制动/驱动等底盘执行单元进行控制	(1)集成驱动/制动/转向整体控制算法,协同控制能力 (2)软件符合AUTOSAR等架构 (3)通信、诊断、功能安全
车身域控制器	MCU芯片，算力要求低	符合CP AUTOSAR标准	ASIL-B/C	在原有BCM(车身控制器)基础上集成更多的车身控制器功能	(1)有较强的传统车身控制模块开发经验,如车窗模块及空调等模块的开发能力 (2)较强硬件集成能力 (3)软件符合AUTOSAR等架构 (4)通信、诊断、功能安全
智能座舱域控制器	高性能SoC芯片，算力要求(4~20)×10^4 DMIPS①	基于Linux内核定制的专属操作系统	ASIL-B/C	实现一芯多屏等智能座舱功能	(1)CPU芯片及外围电器硬件集成能力 (2)操作系统/中间层软件的开发及应用能力
自动驾驶域控制器	高算力AI芯片，算力要求30~1000 TOPS	基于QNX或Linux实时操作系统	ASIL-D	自动驾驶感知、决策	(1)GPU/CPU/NPU/MCU等多芯片集成硬件能力 (2)实时操作系统/中间层软件的开发及应用能力 (3)通信、诊断、功能安全开发能力

①DMIPS：全称为dhrystone million instructions executed per second，主要用于测整数计算能力。每秒执行百万条整数运算指令，用来计算同一秒内系统的处理能力，即每秒执行了多少百万条整数运算指令。

在汽车整体分布式架构集中化的进程中，由中控系统升级而来的智能座舱域与新兴域的供应体系完整；而其他域则是对传统功能系统的进一步集成，涉及的供应商繁多，且随着电子模组件实现规模生产后的降价趋势，未来价值增量有限。底盘域、动力域、车身域有望集成，按照车身区域进行区域集成，向车辆集中式架构进一步发展。域控制器主要由硬件（主控芯片和元器件等）和软件（底层基础软件、中间件以及上层应用算法）构成，其功能的实现主要来自主控芯片、软件操作系统及中间件、应用算法软件等多层次软硬件之间的有机结合。域控制器硬件包括主控芯片、PCB 板、电阻电容等无源元器件、射频元器件、支架、散热组件、密封性金属外壳等部分，其中主控芯片是核心部件。目前，对算力要求较高的智能座舱域和智驾域所使用的主控芯片普遍由提供控车功能的 MCU 芯片和包括中央处理器（CPU）、图像处理器（GPU）、音频处理器（DSP）、深度学习加速单元（NPU）、图像信号处理器（ISP）、专用集成电路（ASIC）、现场可编程门阵列（FPGA）等部件 SoC 芯片来共同提供所需算力，以支撑各种场景硬件加速需求，如表 1.4 所示。

表 1.4 部分 ICV 芯片处理器及集成电路特性的比较

项目	CPU	GPU	FPGA	ASIC
名称	中央处理器	图像处理器	现场可编程门阵列	专用集成电路
特点	通用处理器	通用处理器	半定制化集成电路	全定制化专用处理器
结构特征	70% 晶体管用来构建 Cache（高速缓冲存储器），还有部分控制单元，计算单元少，适合运算复杂、逻辑复杂但量少的场景，具有不可替代性	晶体管大部分构建计算单元，运算复杂度低，适合大规模并行计算。支持各种编程框架，较 FPGA 和 ASIC 更通用	可编程逻辑，计算效率高，更接近底层，通过冗余晶体管和连线实现逻辑可编程	晶体管根据算法定制，功耗低、计算效能高，计算效率高。为特定需求专门定制的芯片，编程框架固定，更换算法需重新设计
作用	逻辑运算和任务调度	神经网络计算与机器学习任务	硬件加速器，可编程	AI 加速单元，将在自动驾驶算法中凸显价值
开发成本	中	中	较高	较高
量产成本	中	中	较高	较高
算力	较低	较低	较高	较高
能效比	差	中	优	优
适用性	在各个领域具有通用性	广泛应用于各种图形处理、数值模拟、机器学习算法领域	小规模定制化开发测试场景较为适用	主要面向特定用户的需求，适合比较单一的大规模应用场景，在同等条件下运行速度比 FPGA 快
优点	较通用，可计算复杂运算、控制指令，产品成熟	峰值计算能力强，产品成熟	平均性能较高，功耗较低，灵活性强	AI 算力更强，体积更小，重量更轻，性能提高，保密性增强

续表

项目	CPU	GPU	FPGA	ASIC
缺点	计算量小	效率不高,不可编辑,功耗高	量产单价高,峰值计算能力较差,编程语言难度大	前期投入成本高,不可编辑,研发时间长,技术风险大

1.8　ICV 信息安全管理策略

在新科技变革下，ICV 是新技术与汽车产业融合创新的成果。ICV 已不是孤立单元，而逐步成为智能交通-能源-城市系统等的重要载体和节点，被视为可移动智能网络终端。随着人工智能、信息通信技术加速发展和跨界融合，ICV 与外界的交互方式不断丰富，ICV 在积极融入智能时代的同时，也不可避免地面临信息安全问题。黑客利用安全漏洞，实现远程操控，给车载系统发送指令，能够操控车辆进行降速、关闭发动机、突然制动或制动失灵等行为，使车辆驶离道路，这些问题引起人们高度关注。ICV 面临攻击和威胁的概率不断提高，攻击方式和途径越来越难以预测。

ICV 信息安全已经成为汽车产业甚至社会关注的焦点。信息安全威胁不仅能够造成个人隐私泄露、企业经济损失，还能造成车毁人亡的严重后果，甚至带来公共安全问题。随着 ICV 承载的功能逐步增多，操控 App、充电桩等外部生态组件频繁接入车辆将带来新的安全风险。消费者在购买和安装车辆的外部连接产品时，将带来外部病毒入侵攻击的风险。首先，便携设备掺杂仿制、"山寨"产品或恶意代码应用程序等，这些外接设备获取成本低，且防护能力不足。其次，ICV 充电桩存在风险，如充电桩控制模块通过以太网与管理系统连接，网络内部无防护，可通过互联网入侵，控制充电电压等。同时，充电 App 与移动支付相关，现有 ICV 信息安全面临较大风险，现有设计对信息安全考虑不足，汽车企业在 ICV 研发过程中，须重点考虑外接设备所带来的信息安全攻击。

由智能网联引发的汽车信息安全隐患已经得到高度重视，各国和各地区积极推动信息安全相关标准和技术规范制定工作，加快形成 ICV 信息安全管理要求。ICV 产业信息安全意识刚起步，需求不明确，自身安全防护薄弱，ICV 信息安全技术要求和测试评价标准体系不完善，难以对企业形成有效的引导和促进，也难以对产品和服务质量进行有效把控。规范的安全监管标准和测试流程缺失，各企业依据自己理解进行规划和实践，ICV 信息安全管理机制不健全，难以对信息安全风险进行预测、感知、监督、反馈及发布等。

ICV 的发展对信息安全技术提出了新要求。除了要有基本安全需求外，如抵

智能网联车辆线控技术

御网络攻击、检测扫描软件漏洞、防止数据篡改和实时检测异常行为等，还对车辆有特殊需求，包括行驶安全、信息交互及隐私信息安全保证。由于传统车辆是相对封闭个体，因此，车辆功能设计以实时性和功能安全为主，较少考虑信息安全。但随着智能化和网联化的发展，使得信息安全领域衍生出众多与车辆相关的威胁风险。因此，为保障未来ICV信息安全，需要对从基础元件到整个产品，从设计研发到生产整个过程当中，考虑加入信息安全元素，并且建立信息安全闭环，提高ICV信息安全防护能力。

建立ICV信息安全防护体系，支持ICV信息安全技术的研发和推广应用，加强部门进行关键技术研发。基于全生命周期加强ICV信息安全防护，重点加强关键芯片、软件、通信协议和系统应用等创新，提升安全可控水平，研发芯片加密技术、应用软件安全防护技术、安全隔离架构技术、云平台数据加密安全防护技术等。在远程监控平台中，尽快导入信息安全监控模块，对车辆、外部连接设备等安全隐患进行实时监控和预警，压制恶意攻击在系统内部网络的扩散传播，及时上报漏洞或攻击，不仅要在第一时间弥补安全漏洞，更要注重升级自身的安全性，杜绝二次威胁的引入。总结ICV信息安全问题，引导前端企业探索可行的解决方案，同时加强对个人信用记录、违法失信行为等数据的收集与分析，降低攻击发生的可能性。构建ICV基础数据交互管理平台，推动各车企平台、服务提供商平台信息数据的实时接入，进行统一监管，以保证监管和服务的可靠性与稳定性。

由于ICV信息安全属于新兴领域，监管主体、内容、方法、手段需要出台相应的法律法规或规程进行明确。缺乏针对行业细分领域的解读和细则制定，导致监管缺乏一定的法律依据以及规章措施的保护。加强ICV信息安全行业规范工作，明晰信息安全框架下对汽车企业、零部件企业的要求，明确信息安全系统被破坏引发事件的责任判定。跟踪全球ICV信息安全标准化动态，联合标准化机构加快制定信息安全防护标准。制定ICV数据安全技术标准，通过对数据进行分级，确定保护级别，建立"云-管-端-外部链接"数据安全标准框架。

传统汽车更多地聚焦于功能安全，而信息安全逐步成为ICV关注的焦点。通过测试可以有效衡量信息安全保护措施是否符合防护需求，利用测试排查信息安全隐患和薄弱环节，有助于大幅提升安全防护能力。建立健全ICV信息安全技术要求以及测评标准体系，搭建ICV检测和评估平台。依据车辆应用场景，分析车辆的信息安全威胁面、风险等级，建立不同智能化水平下车辆信息安全威胁模型，对产品可能存在缺陷和弱点进行安全检测。高度重视信息安全带来的风险，加快推进ICV信息安全技术的研发及应用、建立标准法规、制定相应的测试规范，有效实现多部门的协同机制，实现全方位的安全防护。ICV面临的信息安全风险来自"车-场-人-网-管",即ICV、场景、人、网络及监管设备,如图1.20所示。

ICV面临的信息安全问题日益增多。随着智能化、网联化水平增加,ICV信息安全风险包括以下内容。

一是系统安全,即一方面是软件系统安全,随着软件在汽车占比中逐步提升,软件安全面临挑战,如主机厂将软件安装包开放下载,易受到黑客攻击;另一方面是硬件系统安全,对于ICV自动驾驶-巡航系统,通过障碍物,干扰毫米波雷达判断,从而逼停车辆或干扰车辆前进,或控制超声波设备发送与ICV相同周期和频率的超声波,干扰ICV等,一旦被攻击,将存在ICV安全事故风险。

二是密钥安全。通常采用数据加密的方式实现保护数据隐私,一旦密钥被泄露,加密数据安全性将荡然无存。如通过在远离汽车时录制汽车钥匙信号,实现一

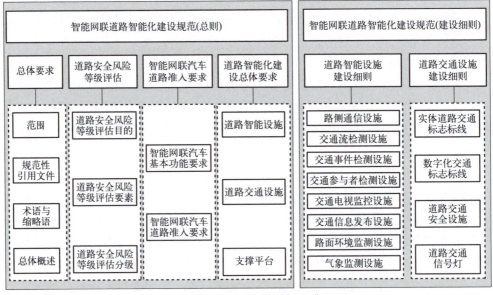

(a) 智能网联道路的智能化建设规范

(b) ICV面临的信息安全风险

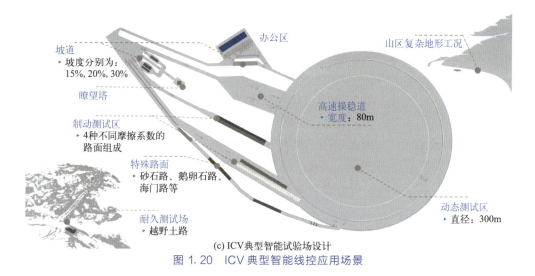

(c) ICV典型智能试验场设计

图 1.20 ICV 典型智能线控应用场景

次性开门以及分析解码后,通过计算使误差永远在合理范围内,实现无限次开门。攻击者通过插桩调试获取控制信息后逆向分析,从而获取控制流程,并用蓝牙控制汽车。

三是架构安全。ICV 内部相对封闭的网络环境也存在可能被攻击的缺口,对于外部攻击的防御能力较弱,如车载诊断系统(OBD)接口、面向媒体的系统传输(MOST)总线、控制器局域网络(CAN)总线、串行通信网络(LIN)总线及胎压监测系统等。ICV 典型智能线控应用场景,如图 1.21 所示。

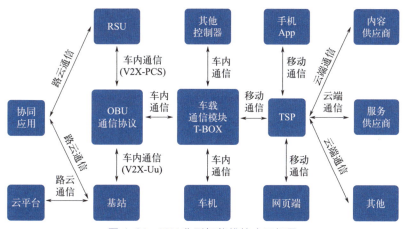

图 1.21 ICV 典型智能线控应用场景

随着科技的飞速发展,ICV 逐渐成为汽车产业的新趋势。这种结合了互联网、物联网及人工智能等技术的汽车,给生活带来极大的便利。近年来,ICV 市场迅速崛起，市场规模不断扩大。各国都在积极推动 ICV 的发展，出台相关政策给予支持。例如，欧洲、美国、中国等均设立与 ICV 相关的研发中心和测试基地，为 ICV 的快速发展提供保障。随着消费者对汽车品质和安全性能的要求不断提高，许多购车者更倾向于购买 ICV，以获得更加便捷、安全的驾驶体验。汽车厂商和科技企业纷纷加大在 ICV 领域的投入，希望通过技术创新和模式创新，在市场竞争中占据优势地位。加强人工智能、物联网、高精度地图等关键技术的研究与开发，提高 ICV 的技术水平。通过各种渠道和方式，提高消费者对 ICV 的认知度和接受度，促进市场的推广和普及。加强产业链上下游企业的合作，共同构建 ICV 生态圈，推动产业健康发展。随着全球城市化进程的加速和环保意识的提高，ICV 产业将迎来更加广阔的发展空间。未来，ICV 将成为交通出行的主要方式，带动汽车产业转型升级。人工智能、物联网及 5G 等技术的不断进步，将为 ICV 带来更多的创新和突破。

　　ICV 的发展将成为汽车产业的重要趋势。当前，ICV 已经在市场上取得了一定的成果，但还需要在技术研发、市场推广和生态建设等方面不断努力。ICV 功能日益丰富，从监督管理、提供场景交互服务、远程诊断故障到远程控制车辆、空中下载技术（OTA）升级等，由提供信息服务逐渐向车辆底层控制深入。网络安全主要包括物理环境、设备主机、接口、数据库、应用程序安全等。网络面临着多种恶意威胁，既有病毒防护、访问控制防护等，也有数据安全防护，尤其是防止云端数据（特别是隐私数据）的丢失和被窃取。目前车联网数据使用分布式技术进行存储，面临的安全威胁包括数据窃取及被非法访问等。通过云平台将实现多种形式的云服务，如跟踪和管理整个车队的车辆等。随着 ICV 持续发展，数据安全、访问控制等方面的威胁也会逐步增多，对于云平台安全风险要予以足够重视。ICV 将在上下游产业和社会价值等方面迎来更加广阔发展前景。ICV 上、下游服务的综合价值如图 1.22 所示。

　　ICV 通信以 V2X 为技术支撑，兼顾 5G 特性，推动了通信技术及标准发展。专用短程通信技术，在 V2X 通信方面具有优势。通信安全包括通信完整性，传输消息不能被非法篡改；防止伪装或攻击，确保消息来自合法发送设备；防止攻击，保证通信性能和可用性。网络传输存在安全风险：一是认证风险，冒充验证者的身份信息；二是传输风险，车辆传输信息在没有加密或强度不够的情况下，易遭受攻击；三是协议风险，通信流程把一种协议伪装成另一种协议。如协议链路层的通信未加密，可通过抓取链路层标识，实现 ICV 定位及跟踪；ICV 按 V2X 通信内容制定行驶路线，控制车辆。将 CAN FD 总线上的数据上传到指定服务器；还支持北斗/GPS 定位，实时记录设备位置信息，同时支持车载以太网和 LIN 总线测试记录，完善车载多总线测试体系。支持北斗/GPS 定位可实时优化轨迹算法，带有特

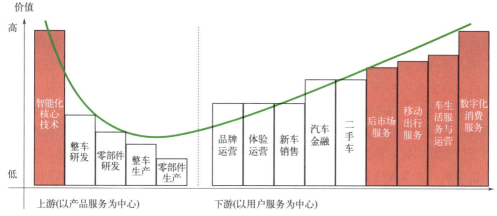

图 1.22 ICV 上、下游服务的综合价值

色的北斗/GPS 定位功能，实时记录设备位置信息并上传到指定服务器。方便用户在需要设备数据时，快速定位设备，分析优化算法数据。

1.9 ICV 智能座舱的研发与实践

座舱发展历程分为：机械仪表阶段；传感器和数字仪表阶段；智能阶段。当前正是第二阶段的普及期，也是第三阶段的导入期。随着智能座舱不断升级，智能驾驶价值逐渐增加，智能座舱的竞争力也由中控平台向智能驾驶转移。座舱的智能化历程，第一阶段：以驾驶和控制为中心、仅包含机械仪表盘以及功放机头的驾驶环境。在这一阶段，汽车是一件没有灵魂的"物"，总是被动地、机械地按照驾驶员的指令执行相关操作，完成特定任务。第二阶段：汽车开始智能化、网联化，更多的传感器和芯片技术，使汽车的感知能力和信息化处理能力有了较大进步。这一阶段的汽车有了灵性。第三阶段：汽车全面智能化，人们期待这样的汽车——融合移动办公、起居室、信息交互等为一体的移动座舱。由此，产生真正的智能座舱：全液晶仪表，车载信息系统，先进驾驶辅助系统（ADAS），语音识别，手势识别，AI、AR、HUD（抬头显示）、氛围灯、智能座椅等，驾驶越来越有乐趣。在成熟的人工智能和 5G 技术加持下，车内乘客可以放心地将驾驶权限交给汽车，此时的汽车从以驾驶人为中心转变为以乘客为中心。智能座舱是用户体验的载体，表现力和内容更丰富的全液晶仪表盘、全面触控的中控设备、先进的车载信息系统、先进驾驶辅助系统（ADAS）、集成 HUD 或增强型现实系统、流媒体中央后视镜、车联网模块、SRV 环视等为驾驶员及乘客在座舱内营造出全新的用户体验。在智能座舱阶段，汽车将成为万物互联的一个重要节点，成为智能服务的一个重要载体。

随着电子技术、汽车技术的发展，智能车舱大致经历整体连接、细分亮点产品（液晶仪表＋HUD＋中控屏等）及各产品的协同融合。如今，互联网、车联网及5G技术使智能座舱发展如虎添翼，释放车内空间；并且空间变化，不断催生新智能化需求、新产品服务理念以及新生态链接。智能座舱具有安全舒适属性、互联便捷属性及高效交互属性等。

随着新四化（电动化、智能化、互联化和共享化）的发展和进化，汽车进入新阶段。汽车已走过机械阶段和电气阶段，目前刚好站在智能阶段的门槛上，ICV为智能出行工具，在智能变革中，智能座舱贯穿始终。如果机器有人的部分智能，则机器至少要具备感觉、运动和思考等要素。在汽车内与人相关的空间里，对语音语义的识别和理解，对车辆周围及环境和乘员状态的感知做出相关智能判断，并为每个乘员提供专门服务，形成智能座舱系统。智能座舱域将HUD、仪表、车载信息等座舱电子集成，实现"一芯多屏"。智能座舱的构成部件包括全液晶仪表、大屏中控系统、车载信息系统、抬头显示系统及流媒体后视镜等，座舱域控制器通过以太网/MOST/CAN，实现抬头显示、仪表盘、导航等部件的融合，不仅具有传统座舱电子部件，而且进一步整合智能驾驶ADAS和车联网V2X系统，从而优化智能驾驶、车载互联及信息等功能。智能座舱域实现"感知识别"和"交互迭代"，甚至具有"认知"的能力。车内交互方式从仅有"物理按键交互"升级至"触屏交互""语音交互""手势交互"等并存状态，体验感更好。提供服务包括智能出行、视频会议、购物、学习、睡眠休息及医疗诊断等。

ICV感知层传感器包括车载摄像头、毫米波雷达、超声波雷达、激光雷达、智能照明系统等，车辆自身运动信息主要通过车身上的速度传感器、角度传感器、惯性导航系统等部件获取。一方面，车辆具有感知能力。智能座舱通过感知层，能得到足够感知数据，如车内视觉（光学）、语音（声学）及转向盘、制动踏板、驱动踏板、挡位及安全带等数据，利用生物识别技术（车舱内是人脸识别、声音识别等），来综合判断驾驶员（或其他乘员）的生理状态（人像、脸部识别等）和行为状态（驾驶行为、声音、肢体行为等），随后根据具体场景推送交互请求。另一方面，车内多模交互技术（"触屏交互""语音交互""手势交互"等），通过融合"视觉""语音"等模态感知数据，做到更精准、更智能交互。

智能座舱域控制器旨在集成信息交互、仪表板、多模显示、HUD、ADAS和网联系统。它具有很高的扩展性和网络安全的程度，可实现独立的功能域。集成驾驶舱控制器（integrated cockpit controller，ICC）支持多个高清显示器，可扩展。ICC改进了图形和计算的能力，ICC使用芯片计算平台驱动驾驶舱仪表、HUD和中央堆栈等。智能座舱作为ICV的重要组成部分，为乘客提供了更加舒适、安全和便捷出行体验，旨在提高乘坐舒适度、提供信息服务、保证乘客安全及促进工作和休闲平衡。智能座舱通过采用人体工学设计原理,提供更加舒适的座椅和乘坐环境。座椅可以根据乘客的身体尺寸和姿势进行调整,以提供最佳的支撑和舒适度。还可以感应乘客的体温等,并自动调节座椅和空调系统,以提供适宜的乘坐环境。智能座舱为乘客提供丰富多样的社交和信息服务。乘客通过触摸屏或语音控制系统,访问互联网、听音乐等。智能座舱还可实时提供交通信息、天气预报和新闻资讯,使乘客时刻与外界保持联系。

  智能座舱在保证乘客安全方面起到重要的作用。它通过各种传感器和摄像头,实时监测车内和车外的情况。当发生紧急情况时,智能座舱可以自动采取措施,比如自动制动、触发安全气囊或发出警报等以保护乘客的安全。此外,智能座舱还可以通过人脸识别和声纹识别等技术,确保只有授权人员才能使用车辆,并防止盗窃和未授权驾驶的情况发生。智能座舱提供理想的环境,使乘客能够在工作和休闲之间取得平衡。乘客可利用智能座舱中的工作空间,处理电子邮件、参加会议或完成其他工作任务。同时,智能座舱也提供了放松和休闲的选择,如放松音乐和沉浸式虚拟现实体验等,为乘客提供全方位舒适体验。

  智能座舱利用传感器和摄像头等设备,对乘客和环境进行感知与识别。例如,通过人脸识别技术,座舱系统可识别乘客的身份,并自动调整座椅、音乐和温度等设置。通过环境感知,座舱系统实时监测车内外温度、湿度、光线等,提供适宜的乘坐环境。人工智能和机器学习技术在智能座舱中发挥着重要作用。座舱系统可以通过学习乘客的偏好和习惯,为其提供个性化的服务。例如,根据乘客的音乐喜好,系统可以自动播放其偏好的音乐列表。此外,人工智能还可以实现语音助手和智能推荐等功能,为乘客提供更加智能化的服务。虚拟现实和增强现实技术为智能座舱带来新体验。随着智能座舱的发展,数据安全和隐私保护也成为重要因素。座舱系统需要保护乘客的个人信息和行车数据不被未授权访问。用加密技术、安全认证和权限管理等措施,确保数据安全性。

  虽然智能座舱所需的技术已经存在,但其稳定性、可靠性和安全性仍需要进一步提升,需要更多的研发和测试工作,以确保座舱系统在各种条件下都能正常运行。目前,智能座舱的成本相对较高,使用大量的传感器、摄像头和计算设备等价格较高的组件。随着技术的发展和规模效应的实现,预计智能座舱的成本将逐渐降低,使其更加普及。增强现实技术将为乘客提供更加智能化的导航和信息服务,使驾驶过程更加便捷和安全。通过自然语言处理和人工智能技术,乘客可以通过语音指令与座舱系统进行交互,获取信息、控制设备、使用语音助手等。座舱系统与城市交通系统、智能家居等无缝衔接,实现智能化的出行体验。同时,通过车辆之间的通信和协同,座舱系统可提供实时的交通信息和预警,使驾驶更加安全和高效。智能座舱作为ICV的重要组成,为乘客提供舒适、安全和便捷的出行体验。它融合人机交互、感知识别、人工智能、虚拟现实等技术，为乘客提供个性化服务。智能座舱功能研发与实践，如图1.23所示。

　　智能座舱交互方案，需结合车外环境、车内视觉、语音识别、手势识别、多维度传感器、AR等多种感知手段。ICV基于智能数据、算法、算力等，结合软件定义汽车，智能控制汽车硬件，将车辆打造成智能"管家"，全方位提升乘员体验。例如，AR导航与传统导航相比，展示的细节更多（车辆、车道线和行人等），且需要车外视觉感知输入；ICV通过雷达及摄像头等传感器，精准识别-认知场景及物体等，融合手势、视觉及语音等。传感器技术、摄像头技术、语音识别技术、图像识别技术、存储技术、大数据分析技术、人工智能技术及软件技术等构成ICV发展的技术支撑，ICV智能化的重要标志是车更懂人，这也是提升用户体验的关键点。

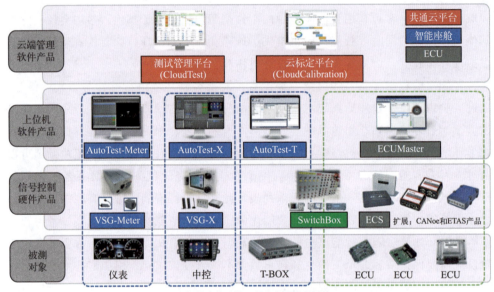

(a) 智能座舱功能匹配与实现逻辑模块

(b) 智能座舱环境模型

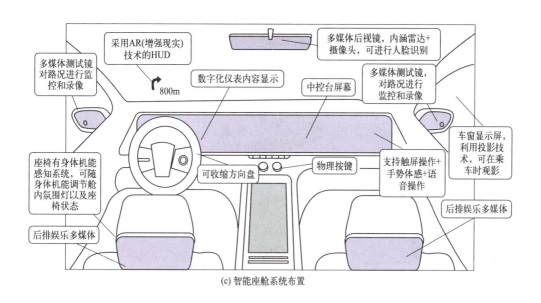

(c) 智能座舱系统布置

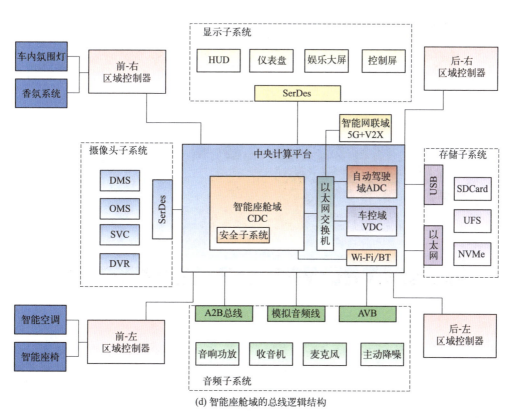

(d) 智能座舱域的总线逻辑结构

图 1.23

(e) 载货卡车的智能座舱域控制器逻辑结构

(f) 智能座舱的逻辑拓扑架构

图 1.23　ICV 智能座舱总体设计思路

ICV 整合多维度感知-认知能力，催生智能认知-决策技术至关重要。在大数据、云计算及边缘计算等基础上，提升 ICV 的数据库和知识库等，加强 ICV 设计开发能力，不断提升用户体验。ICV 的总体智能-网联技术簇逻辑框架、ICV 的车载网络逻辑架构及技术对比、ICV 的车载无线通信技术特征及应用对比，分别如图 1.24～图 1.26 所示。

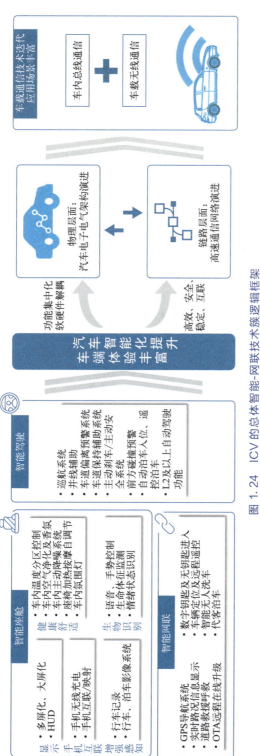

图 1.24 ICV 的总体智能-网联技术簇逻辑框架

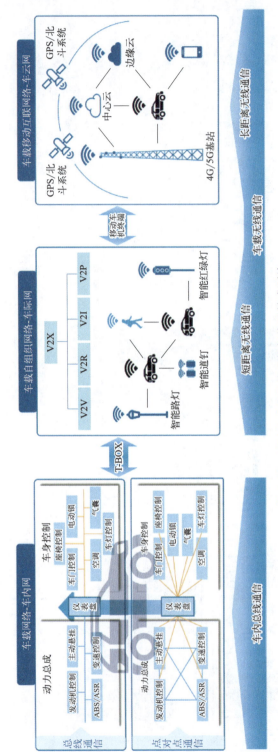

图 1.25 ICV 的车载网络逻辑架构及技术对比

短距离无线通信

名称	特性	应用
LTE（通用移动通信）	包含TDD(时分双工)和FDD(频分双工)两种主流制式，FDD-LTE在国际中应用广泛，中国常用TDD-LTE	车机与交通其他参与方的联系
Wi-Fi（无线局域网）	约覆盖100m，安装于T-BOX中，传输速率快，覆盖范围广，但功耗较大	车辆定位、车机互联以及为车载娱乐系统提供互联网服务
BT（蓝牙）	经典蓝牙可分为传统蓝牙和高速蓝牙，低功耗蓝牙更便宜，但传输速度较慢，覆盖范围较小	车载音响与手机之间的连接与传输，地下车库等4G网络不佳远程寻车或解闭门锁
NFC（近场通信）	由非接触式射频识别(RFID)及互联互通基于移动终端实现解锁等场景，通信距离通常不超过10cm	车门解锁、无钥匙进人等
UWB（超宽带无线通信技术）	系统结构实现较为简单，数据传输速度较快、功耗低、定位精确，具有天然的安全性	车辆定位、数字钥匙、车内活体检测、后备厢感应开启等
DSRC（专用短程通信技术）	专为汽车设计的短距离无线通信技术，传输速度快、安全性高、可靠性强，但需要建立专门的基础设施	车辆之间的通信和与道路基础设施之间的通信
SparkLink（星闪）	时延更低，更可靠	无钥匙进人、车机互联等

长距离无线通信

名称	特性	应用
4G/5G（第四/第五代移动通信）	传输速率快、覆盖范围广、稳定性好，但成本较高	为导航、接打电话等智能驾驶舱服务提供支持，适用于车载互联网接入和高清视频流媒体服务

图1.26 ICV的车载无线通信技术特征及应用对比

第1章 绪论　061

第 2 章
线控底盘技术

2.1 线控底盘技术的概念、定义及功能

随着 ICV 技术的快速发展,电子化及智能化的程度也越来越高。对应 ICV 的线控模块的数量不断增多,同时,其功能也越来越复杂。ICV 内部有大量 ECU,且这些 ECU 与汽车的安全性、舒适性以及汽车的其他性能息息相关,比如防抱死制动系统、自适应巡航系统、牵引力及稳定控制系统等,这些系统不仅会在 ICV 上产生更多的通信数据,而且会对整车控制系统的实时性提出更高要求。线控技术(x-by-wire,XBW)促进 ICV 产业发展,该技术用电子控制方式,取代各系统的液压装置和复杂机械连接,有利于整车轻量化,减少汽车零部件占用空间。底盘是指除发动机、车架等之外所有零部件的组合,包括驱动、转向、制动、悬架及换挡系统等,如离合器、缓速器、变速器、车轮、制动盘、转向机等,都属于底盘组成部件。底盘技术发展从简单到复杂,且复杂到一定程度,人们就会另辟蹊径,寻找新的技术亮点。线控底盘技术(chassis-by-wire,CBW)就是技术创新的亮点。

汽车行业正在经历技术变革,电动化和智能化是两大发展方向,而底盘作为汽车的核心部件,也在不断地适应和引领变革。从传统机械底盘到电子底盘,再到 CBW,底盘的发展不仅提升了汽车的性能、安全性和舒适性,也为汽车的智能驾驶、智能座舱、动力系统等提供了承载平台和协同支持。当底盘系统复杂到一定程度时,其可靠性就受到了挑战。在底盘结构设计基础上,人们对驱动、悬架、换挡、转向及制动系统等进行深入调控,目的是匹配各底盘部件,使其具有相关性和整体性。底盘调校是复杂技术,并非只是在制造成型后的修修补补,而是在汽车设计与制造过程中的全程考虑。根据车型定位、使用环境、目标客户使用习惯等来设计并调整各系统的参数。

CBW 优化细节设计是在量产车锁定前，对影响底盘性能的关键特性进行再设计。汽车是运动物体，车身零件从四面八方相聚，组装成整体，要让它按照驾驶员意图运动，就需通过底盘设计，使车辆各部件匹配，使其具有相关性和整体性。底盘设计是基础，底盘特性越好，底盘调校潜力越高。人们不断挖掘底盘潜力、提升性能、定位市场、评估整车信息等，确定底盘总体目标，明确设计方向，并将总体目标分解成各零件设计要求。底盘设计复杂精细，其中驾驶者感受明显的是悬架系统、制动系统和转向系统等。因为，调控这些系统，车辆动力学参数将发生显著变化。

　　底盘作为汽车关键执行系统，目前由传统机械底盘发展为 CBW。CBW 以电气连接取代机械结构，以电信号控制驱动、制动、转向及悬架等系统动作，具有精度高、轻量化、不依赖助力真空源等特点。这是 ICV 创新线控技术的"基本盘"。线控是指通过传感器采集驾驶员的制动或转向等意图，并由智能系统综合决策后，将控制指令以电信号的形式输入给执行机构。线控是用电线替代传统机械液压连接。

　　汽车在诞生之初，其制动、转向等方面的原理和自行车差不多，都是单纯地利用机械方式传递能量。但是汽车质量、行驶速度都远大于自行车，紧急制动和转向时，机械制动还是需要消耗驾驶员颇多力气，制动、转向的效果及安全性很难保证。制动系统的发展史是漫长的，开始是纯机械的制动系统，再慢慢发展成液压制动的系统，转向及制动等系统开始出现真空、液压及电动助力等。目前线控制动系统使开车与乘车的舒适性都大大提升。线控用电线替代传统的机械液压连接，线控制动系统体积轻巧、反应灵敏且工作稳定。

　　线控制动是 CBW 中的关键技术，线控制动系统按照结构的不同，可分为电子液压制动（electro-hydraulic brake，EHB）系统和电子机械制动（electro-mechanical brake，EMB）系统等。在技术层面，与传统机械制动方式相比，线控制动的特点：反应更快，能在更短时间内制动；结构更简单，重量更轻；能量回收能力强，将制动过程中摩擦产生的能量有效利用，延长续航里程，有备用制动系统，提供冗余功能。CBW 技术的发展沿革、智能底盘功能升级的发展沿革、ICV 典型三向一体底盘域的线控技术思路、ICV 典型三向一体底盘域的运动学技术思路、CBW 动力学控制的逻辑拓扑架构分别如图 2.1～图 2.5 所示。

　　CBW 包括线控驱动、线控换挡、线控悬架、线控转向、线控制动等。线控驱动和线控换挡已在主机厂逐渐得到应用。随着智能化相关功能配置率的提升，线控换挡渗透率也会加速，线控悬架目前的渗透率也处于逐步提升阶段。**线控制动和线控转向**因起步较晚，且技术门槛较高，目前渗透率在缓慢提升，但这两个系统都是电动化及智能化发展关键技术，科技附加值含量较高。基于电动化-智能化的 CBW 解耦逻辑架构、基于 CBW 的底盘控制典型逻辑架构分别如图 2.6 和图 2.7 所示。

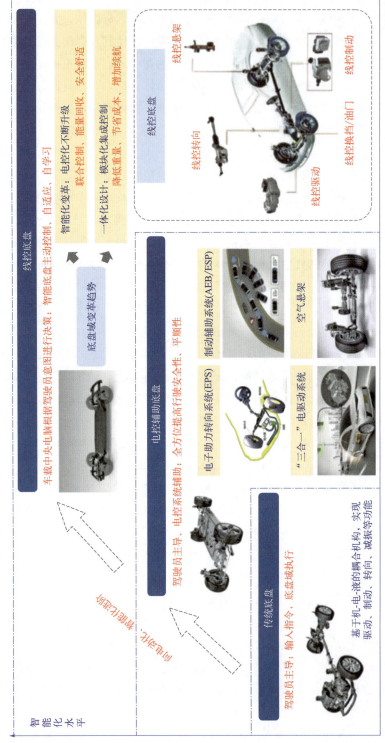

图 2.1 CBW 技术的发展沿革

		智能底盘1.0	智能底盘2.0	智能底盘3.0
底盘构型	驱动构型	前/后桥单电机驱动，前后桥双电机集中驱动	单电机驱动、前后桥双电机驱动、三电机驱动、四电机驱动	高度集成化轮端驱动构型(轮毂电机)、智能轮胎技术应用
底盘构型	线控制动/转向	普及ESC、eBooster、EPS，具备OTA功能	ESC、eBooster、冗余EPS、RWS、DAS、IBS、RBU、EMB，支持OTA、底盘信号集中域控、执行器冗余备份	支持OTA、底盘信号集中域控、执行器冗余备份、主干网络通信速率、网络安全、电气系统构架
底盘构型	电控悬架	空气弹簧在乘用车上的批量应用；实现电控减振器关于零部件国产化、标准化	实现国产化多腔气囊和连续阻尼可变减振器的批量应用；产品达到批量装车水平	主动悬架国产化，产业链生态完善
底盘构型	线控化程度	*X*、*Y*方向实现部分线控化和协同控制	*X*、*Y*、*Z*方向实现三方向线控化和协同控制	智能底盘具备主动控制、自适应、自学习能力
底盘控制关键技术	EEA	复杂动力学模型精确计算；高带宽、高速、严实时(100Mbit/s左右，以太网)的车载总线技术，CAN FD、FlexRay	高带宽、高速、严实时(≥100Mbit/s，以太网)的车载总线技术	以太网
底盘控制关键技术	域控技术	驱制动一体化控制，域控制系统，智能驾驶统一接口	实现底盘一体化域控，实现软件定义底盘；智能底盘统一接口	实现四轮驱动汽车底盘的高度集成域控制(4WD+ESC+EPS+空气悬架)，支持软件定义底盘，OTA升级等
底盘控制关键技术	电控系统功能安全	完善智能底盘功能安全设计流程，建立预期功能设计安全分析流程；构建智能底盘信息安全防护体系	实现功能安全与预期功能安全标准在智能底盘上的示范应用；实现信息防护体系落地实施	全面实现功能安全标准和预期功能安全标准的应用；信息安全防护体系全面实施

图 2.2　智能底盘功能升级的发展沿革

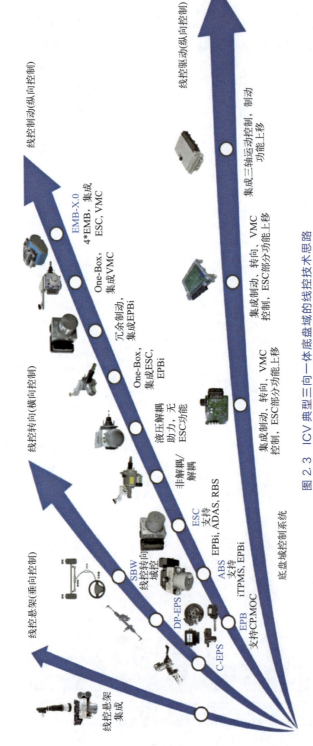

图 2.3 ICV 典型三向一体底盘域的线控技术思路

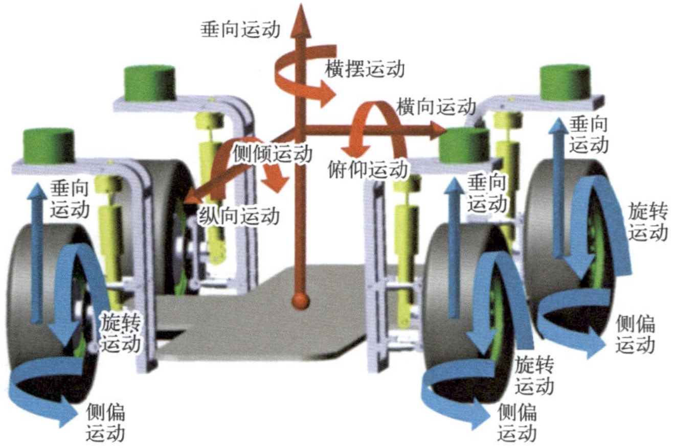

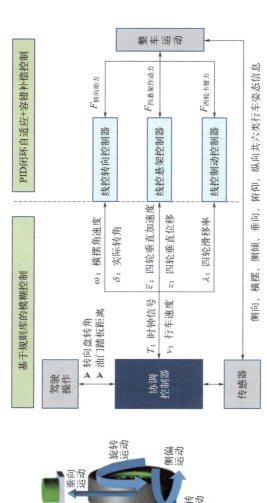

图 2.5 CBW 动力学控制的逻辑拓扑架构

图 2.4 ICV 典型三向一体底盘域的运动学技术思路

第 2 章 线控底盘技术　067

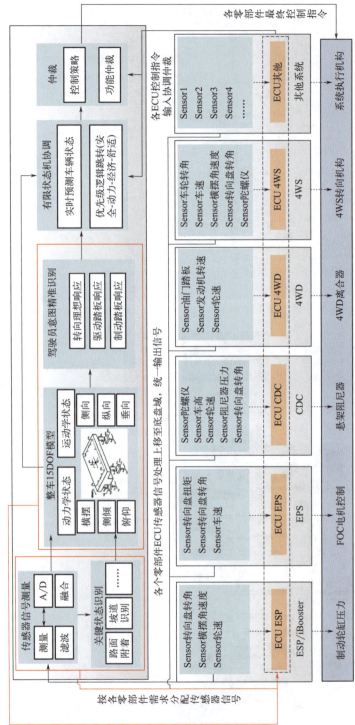

图 2.6 基于电动化、智能化的 CBW 解耦逻辑架构

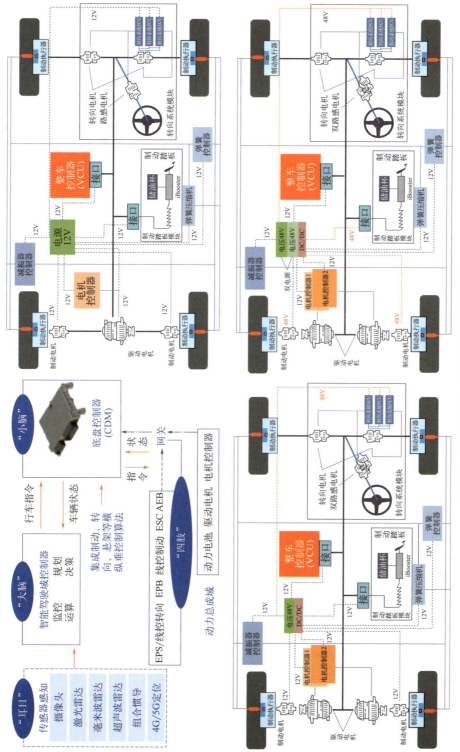

图 2.7 基于 CBW 的底盘控制典型逻辑架构

2.2　CBW 发展沿革及技术支撑

底盘是汽车核心部件之一，其承载汽车的驱动、换挡、转向、制动及悬架等系统，决定汽车的运动性能、稳定性和安全性。随着汽车工业发展，底盘系统经历了从机械到机电混合，再到智能时期的演变。在机械时期，底盘系统由机械结构组成，驾驶员通过转向盘和踏板直接控制轮胎，从而改变车辆的自由度。该时期的底盘系统简单可靠，但也存在响应速度慢、控制精度低、驾驶负荷大等缺点。在机电混合时期，底盘系统引入控制技术，如液压转向、液压制动、电子稳定性控制等，通过传感器感知车辆状态，并通过电控单元控制执行机构提供助力或修正，提高车辆燃油经济性、安全性和舒适性。但是该时期的底盘系统仍依赖机械或液压系统作为执行层，功能控制受到彼此的制约，没有实现真正协同控制。

目前，底盘系统将实现线控化，即将传统的机械或液压执行机构替换为电控执行机构，并将各子系统集成在域控制器内，进行协同控制。以实现对底盘系统特性的灵活调节，满足不同客户个性化需求，且可支持远程升级和深度学习。CBW 也为座舱、动力等系统提供承载平台，具备认知、预判功能，控制车轮与地面间相互作用，管理自身运行状态，实现智能行驶任务。

线控技术正逐步成为企业关注的焦点。线控技术的发展关系着 ICV 能否落地，是 ICV 技术发展无法绕开的关卡，是 ICV 真正实现落地的前提。线控技术起源于飞机的电传操纵系统，飞行员不再通过传统的机械回路或者液压回路来控制飞机的飞行姿态，而是通过安装在操纵稳定杆上的传感器检测飞行员施加的力和位移，将其转换为电信号，且用 ECU 将信号处理，传递到执行机构，从而实现飞机控制。这项技术迁移到了汽车上面。线控技术是将驾驶员的操纵动作，用传感器转变为电信号，通过电缆承载电信号，传输到执行机构的技术。

目前线控技术通过分布在汽车各处的传感器，实时获取驾驶员的操作意图和汽车行驶过程中的各种参数信息，传递给控制器，控制器将这些信息进行分析和处理，得到合适的控制参数，传递给各个执行机构，从而实现对 ICV 的控制，提高车辆的转向性、动力性、制动性及平顺性等。在 ICV 上，转向杆、真空助力器和加速踏板等可能将不再保留，ICV 智能感知单元通过线束将指令传递给转向或制动系统等，实现 ICV 的操控，因此线控转向和线控制动是 CBW 中至关重要的技术。ICV 的总体智能逻辑架构如图 2.8 所示。

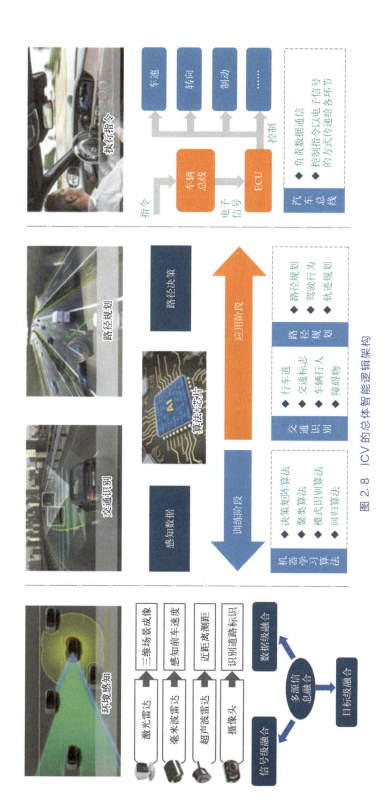

图 2.8 ICV 的总体智能逻辑架构

2.3 CBW市场应用和前景展望

底盘技术的发展是伴随着汽车行业的进步而不断发展的，对CBW的分析，可从驱动、制动、悬架及转向系统等入手。驱动系统负责把发动机的动力传给驱动轮，分为机械式、液力式和电力式等，其中机械式驱动系统由离合器、变速器、万向驱动装置和驱动桥组成；液力式驱动系统由液力变矩器、自动变速器、万向驱动装置和驱动桥组成；悬架系统把汽车各部分连成整体，并对全车起支承作用，如车架、悬架、车轮、车桥都是其零部件；转向系统保证汽车能按驾驶员的意愿，直线或转向行驶；制动系统使路面在汽车车轮上施加与汽车行驶方向相反的外力，对汽车进行制动，其功用是减速停车、驻车制动。制动系统包含防抱死制动系统（ABS）、电子稳定控制系统（ESP）等。ABS包含轮速传感器、电子控制单元等部件；ESP控制车轮纵向力大小及匹配情况，实现对汽车横摆运动的控制，以保证汽车操纵的灵敏性、灵活性与方向稳定性；ESP需要更多传感器，以便在汽车运行中，通过传感数据采集，精准控制汽车实际状况。

CBW中的悬架系统、制动系统及转向系统等相互耦合，并与信息技术、网络技术等有机结合，实现多层面的精准控制。CBW通过设置更加多元、更高层面的底盘线控单元，实现对ICV的有效控制。CBW对驾驶员的驾驶习惯、驾驶意识等进行识别，且监督CBW各子系统运行，全面协调控制单元运作，保证ICV运行安全性，提升ICV运作灵敏性。通过CBW高度有机结合，促使ICV在运行安全性、舒适性及鲁棒性方面得到延伸，利用网络化技术提升性能。目前，CBW与ICV运行安全性、稳定性、舒适性密切相关，加强线控转向、制动及悬架系统的研究，对于提升ICV整体性能有积极意义，可有效指导汽车发展方向。CBW也将促进汽车产业链协同创新，形成更多跨界合作和共享，是汽车电动化和智能化的融合载体。CBW系统的线控架构安全设计沿革如图2.9所示。

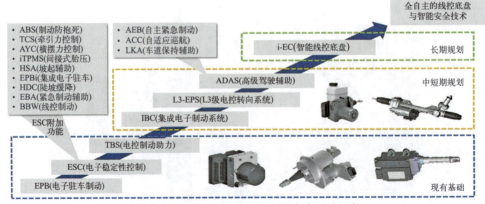

图2.9 CBW系统的线控架构安全设计沿革

2.4　CBW 零部件设计的新材料和新工艺

CBW 设计须满足 ICV 整车性能的各项指标。汽车具备的性能概括为动力性、经济性、制动性、操稳性、平顺性、安全性及耐久性等。底盘悬架要足够牢固，而其设计是否到位，直接影响车架车身的受力，同时底盘设计也和耐久性相关。CBW 发展方向之一便是轻量化，对于高强轻质复合材料的需求量将会大大增加。底盘上对于复合材料的应用也越来越多；高强复合材料需求量呈增长态势。良好加工性及环保性复合材料工艺得到长足的发展。CBW 复合材料跨尺度结构分析及实验装置如图 2.10 所示。CBW 复合材料结构分析与力学特性如图 2.11 所示。

(a) 基于复合材料基础轻量化设计的线控系统

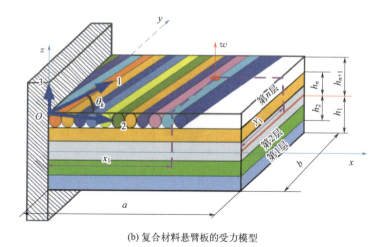

(b) 复合材料悬臂板的受力模型

图 2.10

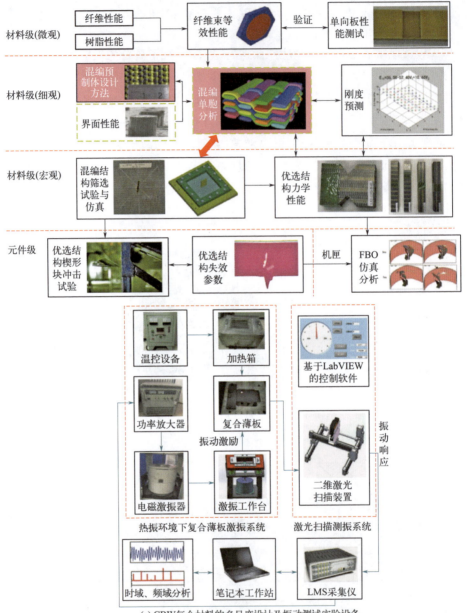

图 2.10 CBW 复合材料跨尺度分析及实验装置

x,y,z—构成悬臂板的坐标轴的三个方向；a—悬臂板长度；b—悬臂板宽度；h_n—悬臂板第 n 层的层板厚度；n—悬臂板层数；w—转矩；θ_k—复合材料纤维主轴与偏轴的夹角；x_1—纤维单层板的长度；y_1—纤维单层板的 1/2 宽度

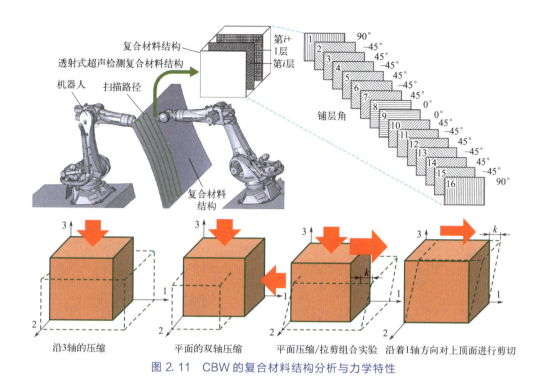

图 2.11 CBW 的复合材料结构分析与力学特性

2.5　CBW 的结构-功能耦合控制策略

底盘设计平台的应用，即在底盘设计中，包括底盘设计的构架以及其子系统都需要保持不变。底盘布局会随着子系统采用的新的设计方案而改变，保证悬架系统安全系数。调整悬架系统的任务工作，分析 ICV 的前轴荷的分布情况以及后轴荷的分布情况，确定好悬架四轮定位参数，与实际相结合，这样可以有效节省开发周期，减少成本开发。ICV 保持承载式车身，由于副车架并不能够承担车身质量的相关功能，因此，在动力总成部件的设计上，需要将悬架点确定下来。车身悬架设计中，要对车身进行量化分析，在一定程度上，避免由于悬架设计空间不规范而导致的总体布设困难。若 ICV 车身采用非承载式设计，由于底盘可形成比较大的框架，而使得底盘的承载力增强，其中可布置全部的动力系统。在 ICV 设计时，要规划好部件，不仅可提高总体布置的轻量化程度，且车身重心降低可使车身整体轻量化。

在线控转向上，基于耦合 EPS，ICV 在底盘之间能实现耦合控制策略。如果是非耦合系统，这时就难以使 EPS 助力电机再去驱动前轮转向，还需多个输入，变成多变量控制，也就无法获得收敛效果。无论是 CBW 线控技术的发展趋势，还是客户不断提高的驾乘需求，都需要将任务分解到整车层面，然后再把它分解到底盘方面，就是纵向、垂向和侧向的控制。这三个方向的控制又落实到制动、转向、悬架上面。比如，在 EPS 和 ESP 之间的耦合控制，车辆动态控制逻辑中，车辆出现不足转向或过度转向时，只有 ESP 介入，如图 2.12 所示，右侧是 ESP 控制模型。它是根据前轮的转角以及车身的侧向加速度，再结合前后轮的侧偏角，通过侧向加速度以及前轮转角计算出车辆应该有的横摆值，再将理论横摆值与实际横摆值做一个对比。形成方案之后，还需要考虑如何落地。研发一体化的耦合控制器，控制器和子系统之间通过 AT 指令通信，具体还需各控制器来执行。

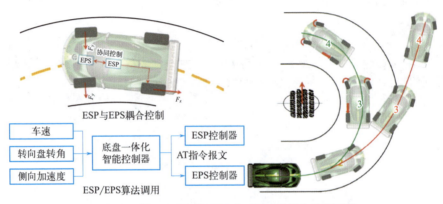

图 2.12 基于 CBS 的 ESP 与 EPS 的耦合控制思路

汽车产业发生变革，可归纳为两条并行发展直线，一条是从燃油车向电动车的转变，另一条是从功能车向智能车的转变，这两条线交会，形成 ICV。传统底盘形态发生变化，电动车底盘更标准化和通用化。新线控底盘设计理念是，把转向、制动、电池包、悬架模块等都集中在底盘上，再基于该底盘平台打造，以适应不同的车型，包括乘用车和商用车等。线控底盘的研发，降低了车型开发周期，节省成本。结合不同应用场景，把车辆打造成个人工作空间或个人信息空间，真正把 ICV 打造成"第三生活空间"。底盘系统的发展沿革如图 2.13 所示；典型线控底盘的对比如图 2.14 所示。

ICV 底盘和传统底盘相比，有两个变化：一是电动驱动系统代替燃油车里面的离合器、变速器、驱动轴等核心部件；二是线控制动或转向系统代替燃油车里面由发动机提供真空助力的制动系统。相比于传统底盘，CBW 具有响应快、控制精度高、能量回收强等特点。因此，CBW 是发展 ICV 的承载基础，CBW 将具备主动控制及自适应学习等能力。例如，通过摄像头扫描道路情况，让 ICV 调整其悬架状态，驶过不平坦路面时，可自如应对。一是需在采用高带宽、高传输速率的通信架构基础上，整个底盘要实现底盘域的高度集成化，实现软件定义底盘。二是有电动化、智能化的发展对汽车底盘系统产生了巨大的冲击,在汽车从传统燃油车辆到智能网联车辆的演化过程中,底盘形态也随之发生了改变,集成化程度越来越高

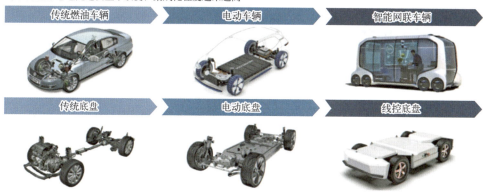

图 2.13　底盘系统的发展沿革

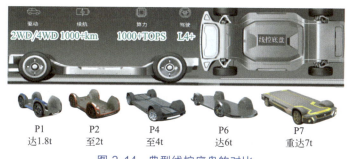

图 2.14　典型线控底盘的对比

足够的安全冗余,保证车内乘员的生命财产安全,这对于整个行业来说也是巨大的挑战,也是 ICV 产业化落地的难点和瓶颈。所以,对于底盘需要建立更加完善的功能安全体系,保证车辆能及时应对各种突发或者极端的挑战。

随着 ICV 底盘技术的发展,使得路面动力学信息及车辆状态观测技术成为 CBW 域的关键。同时,路面信息作为车辆外部核心输入,其对车辆悬架安全性、操纵稳定性、乘坐舒适性等底盘关键性能,以及道路维修保养、数据信息管理、交通运输道路管理均具有举足轻重作用。CBW 控制算法及系统优化如图 2.15 所示。

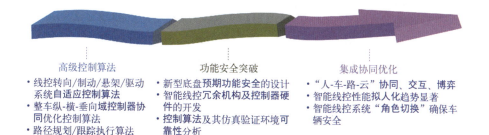

图 2.15　CBW 控制算法及系统优化

由于 ICV 搭载各类传感器，不同传感器的性能和功能较传统汽车有很大区别，且各类型传感器之间在功能上互相补充；ICV 外界感知的信息量及控制算法相对传统传感器发生根本性的变革，性能表现和功能可靠性都与传统传感器有很大区别。在此背景下，如何更好地利用这些信息，使底盘更加智能，是目前需要解决的难题。目前难点，一是动力学耦合机理及精细化建模。无论是车辆动力学开发，还是底盘开发，都是问题。由于其输入条件不同，所以对应的非线性耦合条件也不尽相同。二是路面和车辆信息一致性精确观测。即使路面本身估计较准，车辆本身估计也较准，但是底盘作为整体的系统，必然不可能孤立存在，而是相互联系的，如何使路面和车辆状态更好地匹配，服务于 CBW，是需要解决难点。三是路面及车辆观测信息高效验证技术，更好地验证本身的技术和方法的有效性。针对以上难点，对应研发人员所需做的工作，首先是精细化建模，因为精细化是相对的，底盘动力学控制器和传感器很复杂，精细化是针对不同的传感器、控制器和执行器之间的匹配度来建模，进一步分析模型里面的耦合关系。其次是一致性估计，一是对本身路面和车辆状态有很好的估计，二是进行匹配，从原始理论到工程应用，再到工程实践，形成研发闭环。

CBW 是软硬结合的产物，不能孤立来做。CBW 集成趋势会越来越明显，不仅仅是驱动/制动，更多可能是驱动转向或悬架本身的集成式开发。通用化平台也会日益明显，集成化、模型化形成趋势，并与车路云协同。软硬件解耦趋势也会日益加强，CBW 更安全、更高效、更舒适。软件的比重在后续发展中也会越来越大，这也是行业所提的软件定义汽车的原因。

在传统底盘技术中，当驾驶者做出踩下制动踏板/驱动踏板、转动转向盘或踩下离合器踏板并拨动挡位操纵器等动作时，力通过机械连接装置传导到执行机构，在液压/气压等装置的辅助下，车辆完成相关动作；CBW 系统的差别在于当驾驶者做出以上相关动作时，各个位移传感器将力信号转化为电信号，传导至 ECU 后计算出所需要的力，然后由电机驱动执行机构完成相关动作。CBW 系统取消了大量的机械连接装置及液压/气压等辅助装置，一是有助于车辆提升安全性，具备响应速度快和控制精度高的特点；二是减少了力在传导过程中能量的损耗；三是减少了磨损部件维护成本。同时，CBW 的发展将大幅提升汽车能量利用效率，提升 ICV 的续航能力。基于 ICV 专用平台的底盘经过创新设计后，可以更好适应各线控装置布局和更高的电气化水平，有效支撑 CBW 系统的正常运行。

2.6 CBW 总线技术

目前 XBW 技术正在被应用于汽车系统，如线控制动系统（brake-by-wire）、线控转向系统（steer-by-wire）、线控悬架系统（suspension-by-wire）。上述汽车 ECU 的个数剧增及 XBW 的应用，使 ICV 通信数据增加，同时，对通信的实时性和安全性提出更高要求。目前，用于 ICV 网络总线协议，包括局域互联网（local interconnect network，LIN）、控制器局域网（controller area network，CAN）及多媒体网络（media oriented system transport，MOST）等。但是，随着对汽车通信系统的安全性以及实时性要求的增加，传统汽车的主干网络 CAN 总线将不能满足这种实时性要求和高冗余要求的传输。以开发面向车内高速控制的通信技术，来提高汽车的安全性、可靠性和其舒适性为目标，制定出下一代的汽车总线标准，来满足车载网络对于数据的传输速度、容量以及数据的安全冗余方面的要求，总线系统备受业界看好。新一代总线系统在总线市场中将有更广阔前景。基于总线的节点单元开发，显得尤为重要，在开发过程中迫切需要总线的通信数据来分析控制效果，比如当前基于总线的控制单元，用测试设备及配套软件来采集数据，并进行仿真和分析。开发基于总线的数据采集与分析系统，以实现对总线上的数据进行采集，同时作为一个数据采集系统平台，兼顾总线数据采集功能，并且根据动力学控制过程中的数据需求，能够提供 ICV 垂向加速度、横向加速度、纵向加速度、横摆角速度、俯仰角度以及侧倾角度信号等功能的数据采集与分析系统。

作为车载网络标准之一，总线特点为：①快速性，传输速度快，带宽可达 10Mbit/s，可达到传统带宽的 10～20 倍，可满足未来分布式控制的实时性需求；②确定性，其媒体访问机制是基于时间触发的，各节点信息传输时间是可提前预知的，能满足系统的实时性要求较高的场合；③可靠性，总线提供两路通信通道，用来进行信息冗余设计，使得系统的可靠性得到保证，同时，总线监护器也可进一步保证传输可靠性；④系统设计灵活性。总线的突出特点便是其灵活性，体现在以下几点：可进行多样网络拓扑结构的设计；可对报文长度进行灵活配置，节点的具体数据载荷长度可根据其实际需求来设定；总线的双通道模式，该模式不仅可以用来进行冗余传输，还可以用来成倍增加传输速率；可根据具体的应用来设定静态段和动态段对应的具体传输时间。CBW 总线技术架构如图 2.16～图 2.19 所示。

总线的网络拓扑结构分别为总线型拓扑、星型拓扑以及混合型拓扑等。另外，由于总线节点具有选择使用单通道或者双通道的功能，使得其网络拓扑形式多样。如图 2.20(a) 和 (b) 所示分别是单、双通道节点的总线型拓扑结构，这种结构连接形式简单，较为容易使用，而且可以实现让节点充分利用双通道，从而实现通信的冗余，提高通信的可靠性。如图 2.20(c) 所示是一种星型拓扑结构，该结构虽然复杂，但是其对各个节点之间提供了点对点的连接，实现了故障的隔离，比如总线型拓扑中的信号线如果短路，系统将不能运行，但是该系统则不然，只会影响到

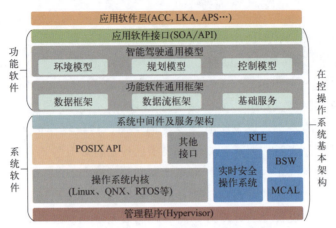

图 2.16 基于 CBW 的总线逻辑软件架构

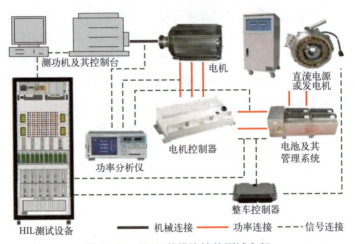

图 2.17 CBW 总线连接的测试台架

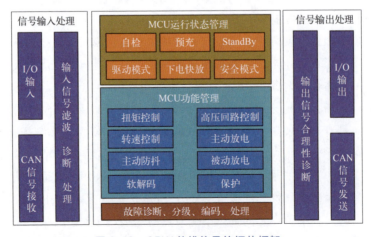

图 2.18 CBW 总线信号的拓扑框架

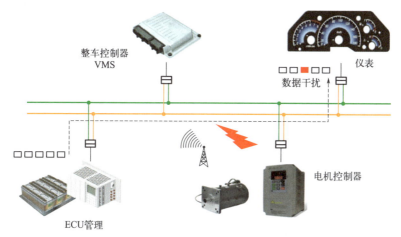

图 2.19　基于总线的整车控制器结构

局部节点，并不会影响到其他节点的信息传递，使得通信系统更加可靠。如图 2.20(d) 所示是一种混合型拓扑结构，该设计结合了总线型拓扑结构和星型拓扑结构的特点，具有两者共同的优点，但也增加了设计复杂度。总线网络设计，汽车上的网络使用层级以及使用对象差别很大。汽车产业对于价格比较敏感，将高性能的网络系统用于要求比较低的网络环境中，将会导致成本的增加。因此汽车上会使用多个不同特点的汽车总线协议，表明汽车上的网络将呈现出多层网络共存的架构。

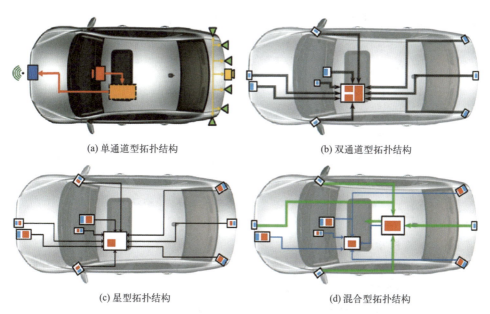

图 2.20　ICV 总线系统的拓扑结构

2.7 总线数据采集系统

目前针对总线的数据采集系统的研究与开发总体现状为国外设备商技术较为成熟，并且推出了相应的产品，而国内目前的相关设备产品则较少。基于总线的数据采集系统，是基于总线设计和总线数据采集卡，以板卡形式插在机箱预留好的插槽里面进行工作。同时，基于 LabVIEW 进行图形化的编程，实现实时显示的功能。总线系统的组件较多，功能较强，若只用于采集数据和分析，未免浪费资源。另外，总线设备较复杂，适合台架实验的数据采集，不适合实车测试的数据采集。对于总线数据采集系统，将总线采集功能和以太网数据采集功能集成，其总线节点构成通信控制收发器。基于数据的总线采集系统如图 2.21 所示。

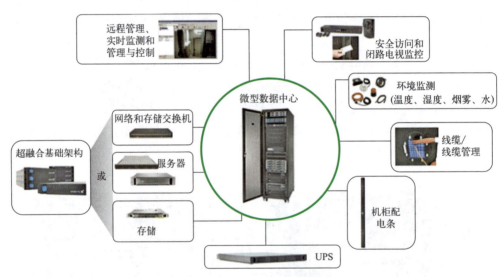

图 2.21 基于数据的总线采集系统

总线系统数据采集节点涉及唤醒和启动等过程，为便于总线节点的启动，该系统采用两路控制器，且在不同芯片之间使用到 SPI 总线来完成数据传输，还使用到缓存以及高速 USB，完成数据向上位机发送，这在数据采集系统的设计中尤为重要。ICV 总线系统的信号采集架构如图 2.22 所示。ICV 总线控制器局域网的总线框架如图 2.23 所示。

用总线的快速性和实时性实现对目标数据的高速采集，以满足在电机控制器开发过程中提供更加完整的数据的要求。同时作为数据采集系统，集成 CAN 总线数据采集功能，采集汽车加速度、横摆角速度、汽车的俯仰角度以及其侧倾角度等信

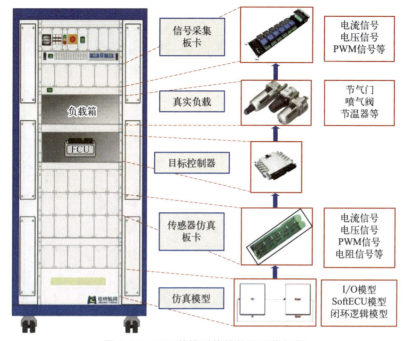

图 2.22 ICV 总线系统的信号采集架构

号,并针对具体的功能进行实车实验来验证设计效果。对总线的协议进行解析,并根据对协议的理解进行实际的时序分析,对总线的数据解析等工作具有指导意义。实现大数据存储,以及数据从底层的采集卡到上位机的传输过程中,无数据的丢失或覆盖。

数据采集系统有硬件设计和软件设计:硬件部分作为采集总线及 CAN 总线的硬件节点,同时集成了汽车加速、横摆角速度、俯仰角度以及侧倾角度传感器用来产生系统所需要的相应信号;软件部分包括嵌入式底层软件设计和上位机采集软件设计等。首先通过对系统硬件资源的分析,选择合适的主芯片和驱动芯片,利用电路设计软件 Altium Designer 完成硬件的电路设计,同时利用 Solid Works 设计整个系统的封装外观,并明确各接口设计和接插件位置确定,从而确定最终的数据采集系统的硬件设计。然后根据硬件设计中所应用的主芯片的嵌入式底层的设计需求,用对应的嵌入式开发软件,比如 CodeWarrior 以及 Keil 来完成嵌入式底层的软件开发,结合数据采集系统的上位机需求,利用 Labwindows/CVI 完成数据采集系统上位机设计,并将整个系统进行实车验证实际效果。具体为:总线协议解析以及通信参数设计和采集系统方案设计,总线作为新协议,在使用之前对其协议进行有侧重点的解析,重点放在总线节点的唤醒和启动,在掌握协议的基础上,结合实际的采集需求,完成总线节点的参数设计。

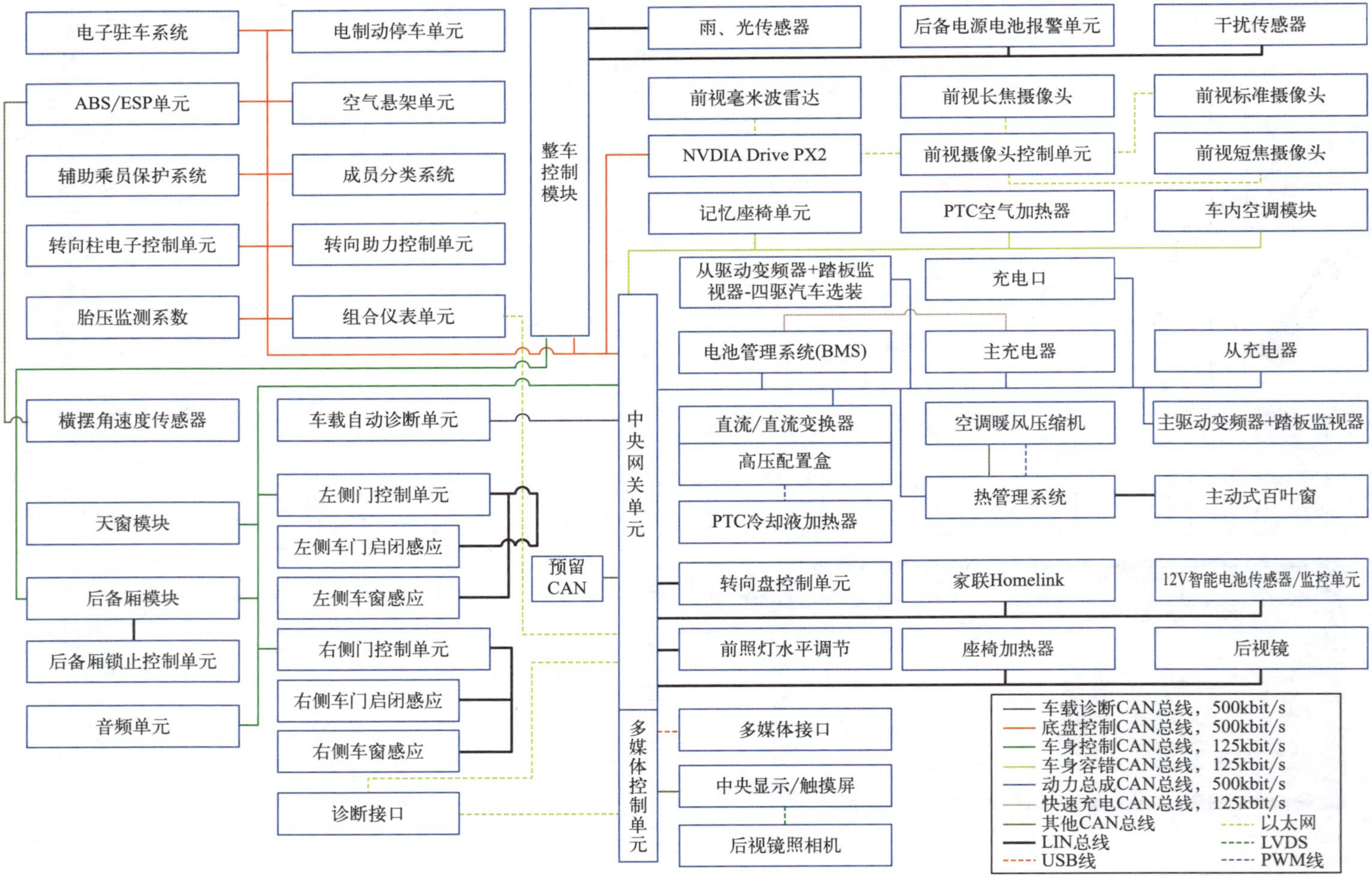

图 2.23 ICV 控制器局域网的总线框架

2.8 基于域控制器的全栈式解决方案

全栈式解决方案实现从底层硬件到软件架构的全覆盖，具备软硬件一体化的性能优势。而开放式的供应链生态，由 AI 芯片公司、软件供应商、系统集成商和整车厂组成。其中底层 AI 芯片公司是域控制器的基础，软件供应商和算法提供商赋能，系统集成，由整车厂落地验证。在智能化加速渗透背景下，域控制器作为智能化核心零部件将受益。由于线控系统的可靠性、容错技术、生产成本、传感器精度、电池电压和功率等因素的影响，线控系统目前还只能在小范围内应用。但随着电子产品成本的降低，底盘控制技术的逐步完善，汽车开发的节能、环保和安全要求强烈，以及对纯电动汽车和人工智能的深入研究，XBW 在 ICV 领域应用将逐步实现。ICV 线控底盘-车身系统的总线逻辑框架如图 2.24 所示。随着车载 ECU 的倍增及处理器运算能力高速发展，连接 ECU 的网络需要更大的带宽，这一需求远超 CAN 等传统车载网络的容量极限。由于车载以太网具有高带宽、低延迟、低成本的特性，在新一代整车架构中将替代 CAN 总线成为优选网络架构。如图 2.25 所示，以车载以太网作为骨干网络，将核心域控制器（动力总成、车身、智能座舱等）连接在一起。各个域控制器实现专用控制功能，同时提供强大的网关功能。各部件之间通信是通过 CAN FD 来实现数据共享的，其中车窗、车灯以及天窗是通过 LIN 总线进行数据传输的。这种基于域控制器的总线架构，改变传统的车载网络中从 ECU 到 ECU 的点对点通信方式。ICV 线控的底盘-车身系统的总线、稳定性、逻辑框架及 Onebox 技术等，分别如图 2.24~图 2.28 所示。

ICV 覆盖车载以太网及总线系统等，在车辆测试阶段，尤其是路试阶段，工程师需要对大量的测试数据进行分析来判定车辆运行情况或者排查故障。同时，面对不同的车辆总线，需要不同的测试记录方法来获取报文，这给工程师带来困扰。如果可以本地或者远程记录并获取总线及车载以太网的数据，将降低汽车整体架构测试周期，降低工程师获取测试数据难度，有助于后续车辆故障排查。基于数据的 ICV 底盘模块架构，ICV 底盘数据模型及架构，分别如图 2.29 和图 2.30 所示。

十年前，汽车专业聚焦于汽车的设计、制造和维修等。那时，对于汽车的理解，仅局限于传统机械工程领域，人们对汽车的认识仅停留在"四轮运输工具"的层面。近十年来，汽车专业已从单纯的机械工程，逐步转变为涵盖计算机科学、数学、人工智能等多学科交叉的专业。汽车不再是简单的交通工具，而是正在逐步转变为智能系统或智能终端，具备了自我感知、决策和控制的能力。该转变要求汽车工程师不仅能理解汽车的结构和原理，更需要具备编程、数据分析及机器学习等技能。

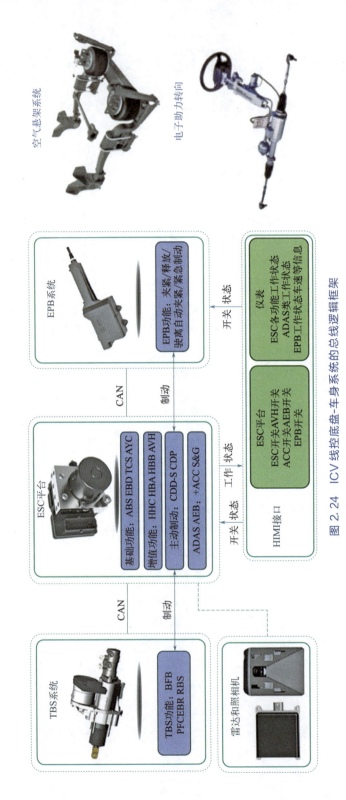

图 2.24　ICV 线控底盘-车身系统的总线逻辑框架

图 2.25 ICV 智能线控的车辆稳定性零部件

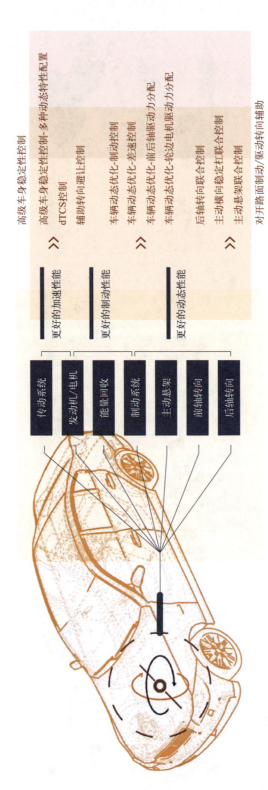

图 2.26 ICV 智能线控稳定性框架

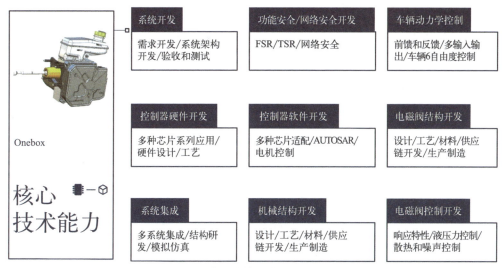

图 2.27 ICV 典型线控制动 Onebox 技术路线

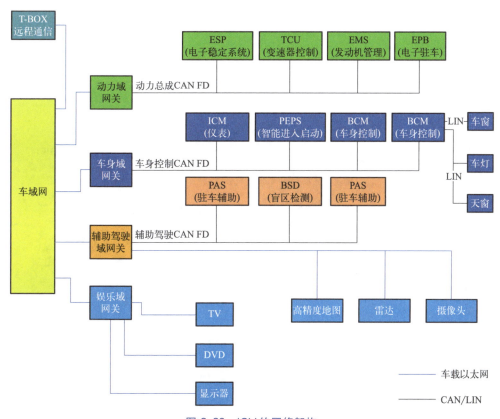

图 2.28 ICV 的网络架构

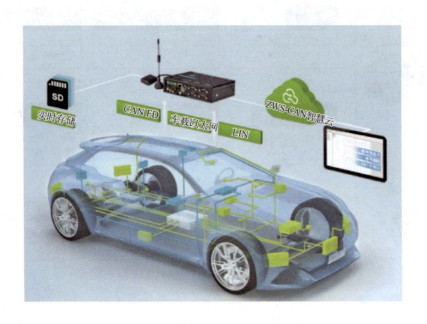

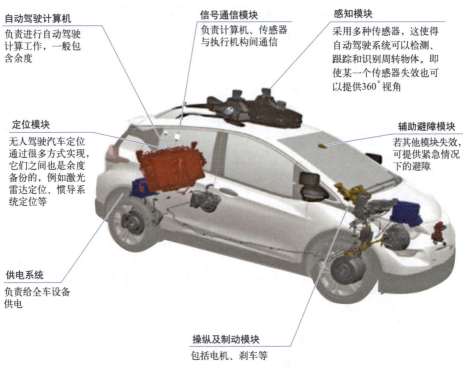

自动驾驶计算机
负责进行自动驾驶计算工作，一般包含余度

信号通信模块
负责计算机、传感器与执行机构间通信

感知模块
采用多种传感器，这使得自动驾驶系统可以检测、跟踪和识别周转物体。即使某一个传感器失效也可以提供360°视角

定位模块
无人驾驶汽车定位通过很多方式实现，它们之间也是余度备份的，例如激光雷达定位、惯导系统定位等

辅助避障模块
若其他模块失效，可提供紧急情况下的避障

供电系统
负责给全车设备供电

操纵及制动模块
包括电机、刹车等

图 2.29　基于数据的 ICV 底盘模块架构

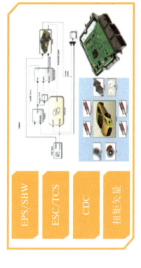
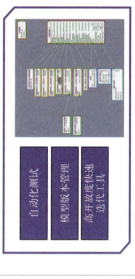

关键底盘电控单元集成
- EPS/SBW
- ESC/TCS
- CDC
- 扭矩矢量

模型数据管理
- 自动化测试
- 模型版本管理
- 高开放度快速迭代工具

驱动/制动建模
- 油门踏板特性/换挡特性
- 制动系统外特性

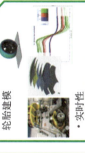

轮胎建模
- 实时性
- 基于结构的建模
- 3D路面兼容
- 轮胎包容特性(约50Hz)

高精度系统级建模

高级转向建模
- 精准描述非线性摩擦/阻尼特性
- 支持精准手感建立模拟

衬套/悬置建模
- 高度参数化
- 刚度和阻尼滞回
- 适用于橡胶和液压衬套

悬架系统建模
- 0~30Hz动态频率特性
- X、Z向传递函数辨识

高精度部件建模

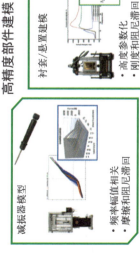
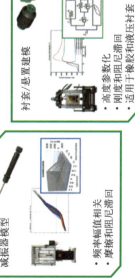

减振器模型
- 频率幅值相关
- 摩擦和阻尼滞回

图2.30 ICV底盘数据模型及架构

在智能化的浪潮下，智能车辆与智慧交通的融合已成为汽车行业的重要发展方向。利用大数据和云平台等先进技术，实时监控和分析城市的交通状态，以实现智能调度和优化路线。此外，基于车联网和人工智能的 ICV 技术，也正在逐步推动交通出行的方式向更安全、高效、舒适的方向转变。当下的车辆和交通已经融为一体，数学和人工智能在其中扮演着重要角色。在智慧交通的推动下，进一步推动科技发展。汽车专业也将更多地涉及环保和能源管理等领域，推动汽车行业向环保、低碳方向转型。以大数据、云计算、人工智能等为引擎的科技，将推动汽车专业和智慧交通的进一步发展。十年前，汽车底盘仍以传统机械底盘为主，系统重量大、结构复杂、响应延迟高、控制精度低等问题在过去并不凸显。但在 ICV 蓬勃发展的趋势下，汽车逐渐由交通运输工具发展为智慧绿色、舒适安全的综合出行终端，传统机械底盘无法满足需求。如今，CBW 行业的发展迎来了春天。例如，线控制动解决 ICV 缺乏助力真空源的难题，进行能量回收，提高 ICV 的续航里程，线控转向支撑 ICV 的落地。CBW 已成为汽车智能化、电动化的关键，为汽车产业升级提供坚实的技术保障。

随着 ICV 市场占有率提高、质量提升，未来 CBW 的发展空间更广阔。汽车传感器指汽车计算机系统的输入装置，由敏感元件、转换元件、变换电路和辅助电源的组成。在汽车运行中，汽车传感器能采集车身状态（如温度、压力、位置、转速等）和环境信息，并将采集到的信息转换为电信号传输至汽车控制单元，具有高适应性、稳定性以及精确性等特点。传感器根据信息内容的不同，可分为车身感知传感器和环境感知传感器。车身感知传感器是指分布于汽车的动力系统、传动系统、底盘及安全系统及车身舒适性系统等子系统中，用于获取汽车车身信息的基础传感器。环境感知传感器是指通过采集、输出汽车周围环境信息以协助汽车实现智能驾驶的汽车传感器。

2.9　线控系统的驾驶风险分析

当紧急制动无法避免碰撞时，线控系统就会执行紧急转向的措施进行避撞，且线控系统将规划避撞路径和紧急制动，车辆成功地超过障碍车辆并进行并道，车辆完成避撞过程。碰撞风险是存在的，若采取紧急制动措施来避撞，车辆仍可能发生碰撞，此时，算法可能采用紧急转向来避免碰撞，系统规划防撞路径，并进行跟踪。算法集成转向系统和制动系统以及防撞操作，如碰撞警告、紧急制动和紧急转向，这些算法是根据不同的风险级别采取的，提高系统的横向可操纵性。当线控系统转向避障时，规划算法考虑车辆的可行驶区域，通过求解多重约束的优化问题，生成运动轨迹。避撞决策算法在典型危险交通场景下，快速做出正确操作；规划模块生成平滑的无碰撞轨迹，该轨迹适用于复杂交通情况下的变道机动，且跟踪控制模块能准确、稳定地完成跟踪控制任务；可应用于真实交通环境下的动态预测模块。在主动紧急防撞过程中，移动障碍物的位置会随时间变化。这种情况将导致障碍物的位置约束不能满足实际的防撞要求。在主动紧急防撞路径规划过程中，将移动障碍物的位置转换为碰撞风险时刻相应的位置约束，然后修改初始位置的约束。在不同障碍物运动情况下，建立有碰撞风险时刻的安全边界及位置约束，如图 2.31 所示。

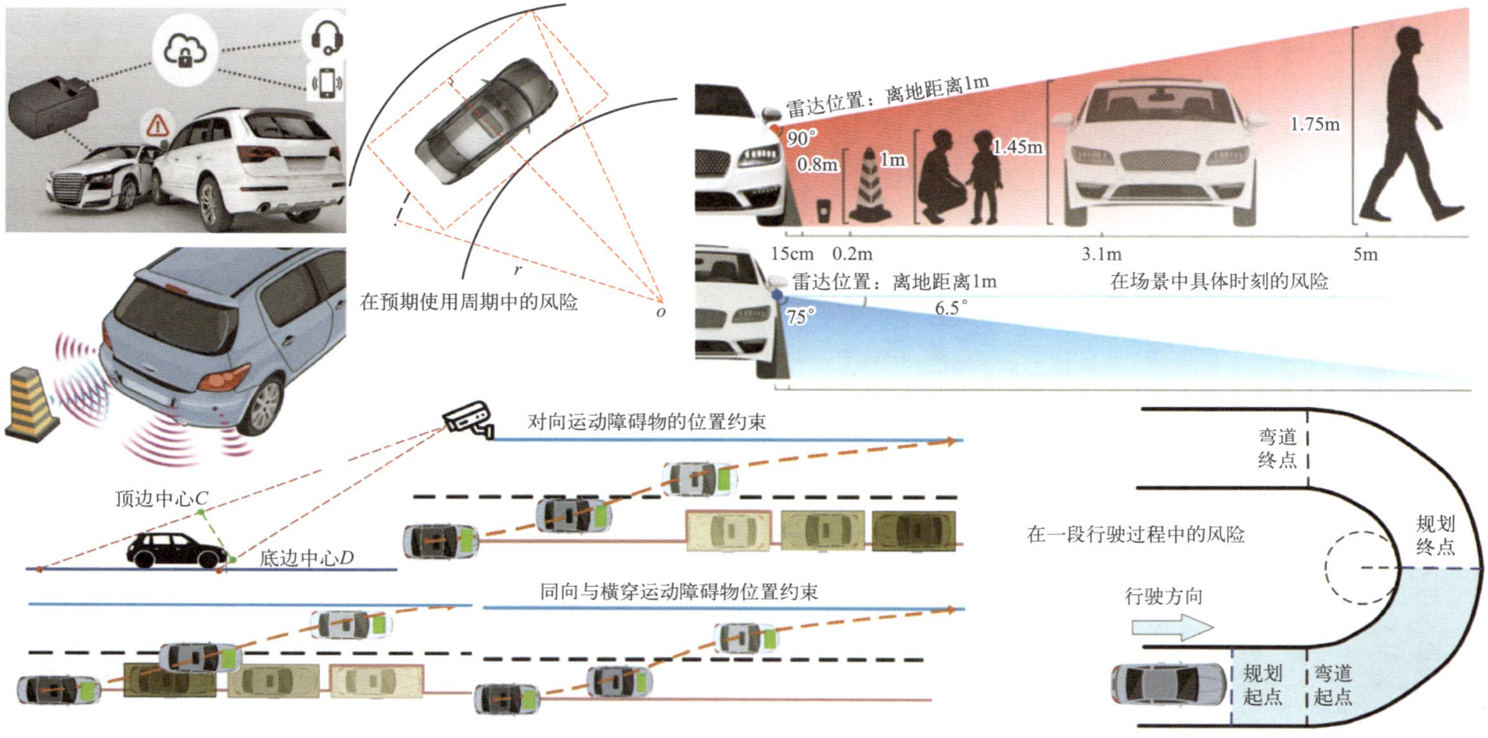

图 2.31 ICV 状态安全边界及风险位置约束

第 2 章 线控底盘技术

风险是碰撞可能性和碰撞严重度的组合。其中，碰撞可能性用于表征车辆行驶过程中与周围的交通参与者或障碍物发生碰撞的可能性；碰撞严重程度用于表征碰撞对驾驶员、乘客及其他交通参与者造成伤害的严重程度。在 ICV 系统研发过程中，要考虑系统运行时能否有效避免碰撞，保证安全。系统在预期使用周期中的风险，包含了系统在整个生命周期中可能出现的不同场景下的风险。系统在一段行驶过程中的风险，为系统在某个特定场景中的风险。系统在场景中具体时刻的风险，为系统在行驶过程中所处场景的具体时刻下的风险。现有的行驶风险评估方法主要通过对主车及其他交通参与者进行运动学或动力学建模并引入一定程度的假设以预测车辆的轨迹、覆盖区域等信息，基于此计算主车和其他交通参与者碰撞的可能性并作为风险评估的依据。

面向 ICV 目标物的评估方法分为确定性评估方法和概率性评估方法。确定性评估方法是忽略交通参与者运动不确定性的风险评估方法，该方法常利用简化物理模型来描述交通参与者的运动并选取某种指标来表征风险，当指标计算结果超过某一阈值时便认为存在风险。概率性评估方法用概率模型来描述交通参与者的运动，进而评估风险。概率性评估方法可以分为基于驾驶行为不确定性和基于运动控制参数不确定性的评估方法等。驾驶行为不确定性是指，因无法直接确定驾驶行为而产生的不确定性，例如车辆行驶时无法直接确定周围车辆是否会变道。运动控制参数不确定性是指因无法直接确定输入车辆的运动控制参数（例如横纵向加速度）而产生的不确定性。

计算实时性用于表征风险评估方法计算速度的快慢，计算实时性好的风险评估方法能快速计算并得出风险评估结果，给 ICV 系统留出足够的时间进行决策。**结果时效性**用于表征风险评估结果有效时间的长短，结果时效性好的风险评估方法能预测未来更长一段时间内的风险，输出的评估结果能在更长一段时间内有效。**应用可行性**用于表征风险评估方法在实车上应用的难易程度，应用可行性好的风险评估方法一般需要的输入参数较少或需要的输入参数在实车上容易获取。**内容充分性**用于表征风险评估方法的评估内容对场景中各种风险来源的覆盖程度，内容充分性好的风险评估方法能尽可能全面地考虑场景中不同的场景元素带来的风险，包括车辆、行人等带来的风险。**场景泛用性**用于表征风险评估方法在不同场景下的适用程度，场景泛用性好的风险评估方法应适用于 ICV 汽车在行驶过程中可能遇到的所有场景。ICV 风险评估方法分析与比较如图 2.32 所示。在实际交通场景中，由于传感器性能局限和视野盲区等情况存在，使 ICV 系统较难准确获得目标物信息，进而较难准确评估场景风险。但未来可借助智能网联技术，获取更全面、更准确的场景信息用于风险评估。

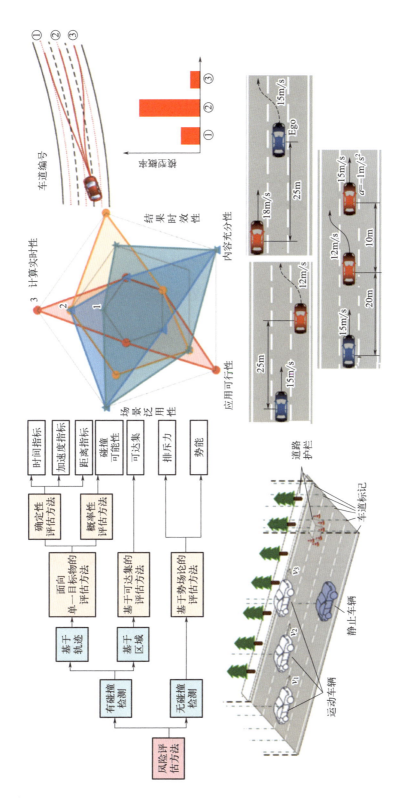

图 2.32 ICV 风险评估方法分析与比较

Ego 是以车辆为参考物的坐标系建立的坐标系，也称为局部坐标系

第 2 章 线控底盘技术　095

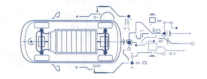

第 3 章
线控驱动技术

3.1 ICV 线控驱动总成

在"双碳"目标下和新型电力系统的建设背景下,电网运行方式急需由"源随荷动"向"源荷互动""源网荷储一体化"模式转变。用车网互动(vehicle to grid, V2G)技术,把 ICV 当成"移动充电系统",通过充换电设施与电网能量-信息互动,既可满足用户充电与出行需求,又能用车载储能实现削峰填谷及需求响应等辅助服务,支持电力系统稳定经济运行。ICV 还能在车网互充及交通专业网等场景,充分发挥灵活移动能源载体的属性,实现分布式资源真正互联互通,缓解用电压力。如何聚合与优化调动海量的分布式资源,形成能源物联网,推动各种资源(光风电、固定式储能及可调负荷等)的高效协同发电、储存与利用,将是智慧能源变革的重点,也将成为能源转型升级关键。**线控驱动**取消了机械连接,实现精准控制。线控驱动通过用导线来代替拉索或拉杆,由驱动踏板位置产生的电信号给 ECU,控制动力输出。取消踏板和节气门之间的机械连接,通过检测驱动脚踏板的位移,该位移信号传递给 ECU,计算处理得到最佳节气门开度,再驱动电子节气门控制动力输出。

目前处于技术变革期,ICV 发展带动的不仅是汽车业,也带动相关能源、化工、交通、装备、建筑及信息产业全方位发展,是技术发展的"火车头"。从总体技术方面,是电机、电池与线控等技术。线控油门由油门踏板、踏板位移传感器、电控单元、数据总线、伺服电机和节气门执行机构组成;线控驱动系统由 ECU、功率转换器、驱动电机、机械传动系统及驱动轮等组成。充电慢和充电难目前是电动车面临的难题,而高电压平台技术和与之配套的充电桩,则是目前被看好的解决方案之一。

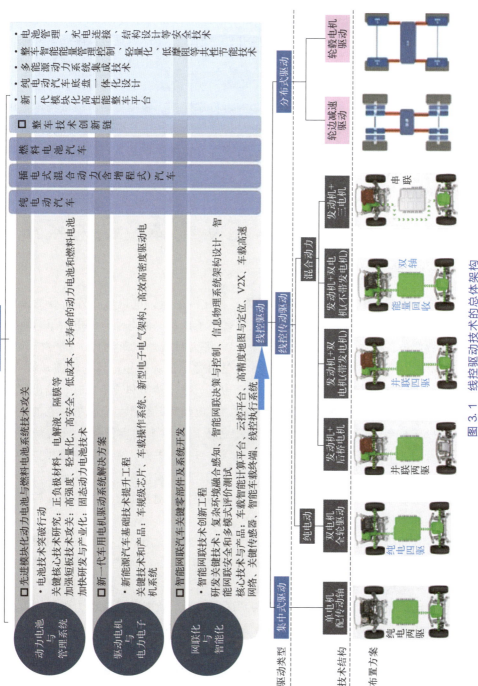

图 3.1 线控驱动技术的总体架构

线控驱动总成由高压分配单元（PDU）、驱动电机、减速器、驱动电机控制器（MCU）、DC/DC高低压直流转换器、车载充电器（OBC）和其他控制模块等组成。在ICV领域，线控驱动总成在ICV中的地位，相当于发动机在传统汽车中的地位。线控驱动优点为降低成本，缩短开发周期，提高动力总成系统功率密度；具有标准化和模块化能力，研发生产同平台等。其缺点为集成度高，功率器件多，热损耗大，散热难；高低压耦合，易产生电磁干扰；随着高压平台应用，考虑高压对继电器、熔断器、薄膜电容等器件的影响，可靠性差。**线控驱动总成**按技术发展趋势分为部件、机械、控制及功率集成等，目前处于机械集成阶段，后续将进入控制集成＋功率集成阶段。将电路部分与逆变器部分功率器件共享，随电子电气架构的发展，朝功率密度、集成化程度、高效率、安全性及智能化发展。线控驱动技术的总体架构如图3.1所示。

3.2　新能源汽车是ICV载体及动力系统硬件基础

　　新能源汽车是**ICV的动力平台载体**，相比内燃机，电机可实现指令的瞬时响应，更适合于ICV；燃油车难以支撑大功率电子设备，而电动车的电力平台可支撑更多的智能设备荷载。从技术需求看，ICV将大幅增加汽车动力，而传统动力架构不能够满足需求。电机几乎从启动开始就可输出最大转矩，伴随转速逐渐升高，转矩反而呈衰减趋势，故电机在达到额定功率（额定转速和转矩）时，输出转矩也就不再改变。如果继续增大转速，电机的"逆电动势"会产生电流抵消它的输入电流，所以转矩会进一步衰减。内燃机与电机不同，在于内燃机起步只能输出小转矩，随着转速上升，转矩逐渐增加，它们成大致正比关系。考虑涡轮增压技术，输出转矩上升至最大值时，在一定转速范围内保持恒定输出，只有转速继续升高，转矩才会出现衰减。ICV动力与传统动力的结构与特性对比如图3.2所示。传统的动力载体实验架构分析如图3.3所示。

　　增程式混动模式通过发动机在高效区发电给电池充电，让车辆在纯电模式下行驶，也可直接通过燃料驱动车辆，但驱动执行结构为电机，如图3.4所示。增程式混动车辆驱动模式包含纯电优先、油电混动、燃油优先、弹射起步等。从使用上看，该技术与插电式混合动力技术相似，但两者区别在于：插电式混合动力可使用发动机直驱；插电式混合动力充分考虑燃油经济性。与油电混动不同，该技术以电为主，油为辅，搭载大容量电池，能满足在大部分城市工况下的纯电行驶，在高速工况下由发动机直接驱动，车辆制动时通过能量回收向电池充电。插电式混动车在日常使用时可通过充电枪给车辆补电，也可加油使用，而新能源平台为ICV提供了更好硬件基础。

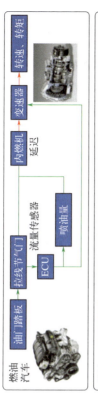
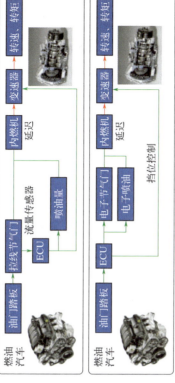
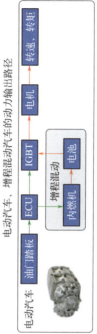
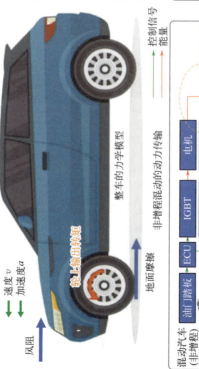

图 3.2

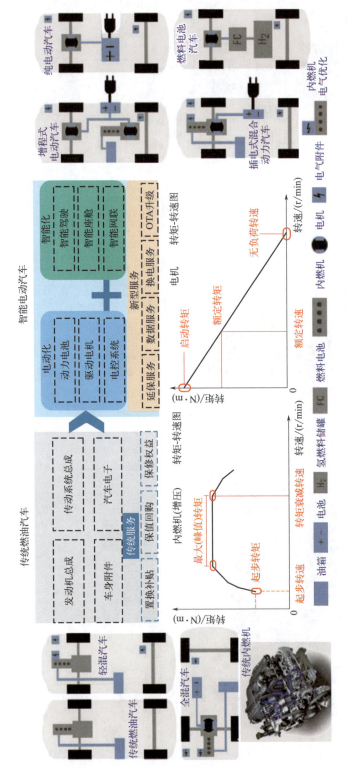

图 3.2 ICV 动力与传统动力的结构与特性对比

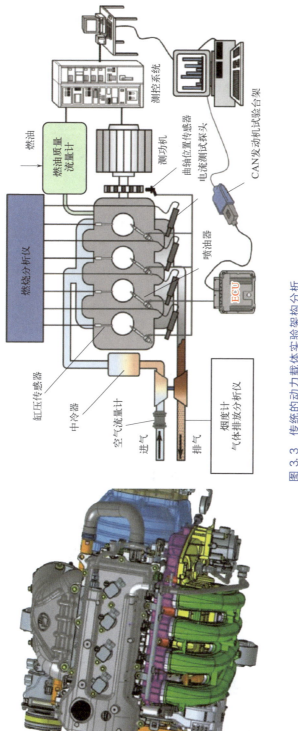

图 3.3 传统的动力载体实验架构分析

第 3 章 线控驱动技术

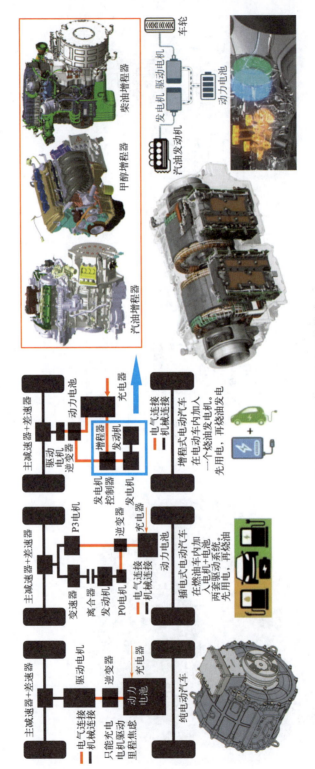

图 3.4 ICV 的典型动力驱动模式

新能源汽车对于新电子电气架构的需求更迫切，同时新能源汽车平台在电信号的反应速度与控制难度方面，对于 ICV 亦具有更好适应性。双电机驱动是指在 ICV 系统中安装双电机，采取不同方案驱动，从而达到更高效率和更好的控制。双电机驱动相对于单电机驱动，多了电机和控制器。其优点在于实现更高功率、更高效率和更好控制。双电机驱动结构由双电机和相应控制器组成。其中一个电机为主驱动电机，另一个电机则为从驱动电机。主驱动电机由控制系统提供信号控制运动和方向，而从驱动电机接收主驱动电机的运动信息，以实现协调运动。双电机驱动用于需要高功率、高效率和高精度运动场景。双电机驱动的控制方法包括独立控制、同步控制和矢量控制等。独立控制是指两电机不协同工作，工作独立；同步控制是指两电机协调运动，配合执行；矢量控制是指通过调整电机输出特性以实现更好的效果。随着智能与网联信息技术加速融合，智能化浪潮来临，汽车作为单纯移动工具的属性逐步向作为移动智能终端的空间转变。

3.3 线控驱动电机技术

电机效率与转速和转矩相关，市区工况中出现的频繁启停工况属于低转速高转矩工况，而这正是圆线电机的低效率区间。理论上，由于圆线电机截面为圆形，在导线间存在不规则缝隙；而扁线电机间的间隙更小，扁线电机在该工况下的转换效率更高；因扁线相对圆线更为紧密的接触，散热性提升。电机绕组在热传导能力上具有各向异性。在更低的温升条件下，整车可以实现更好的加速性能，整车更安静。扁线电机导线的应力比较大，刚性比较大，电枢具备更好的刚度，对电枢噪声有抑制作用。空间降低，可实现电机轻量化。扁线电机规模应用需克服一些缺点，如良品率低、转速低、标准化难以及专利壁垒等。在 ICV 中为满足高性能，搭配扁线电机数量由单电机增到双电机，甚至部分车型会搭配三合一或多合一驱动总成。ICV 典型电驱动总成的基本技术架构如图 3.5 所示。

3.3.1 永磁电机

车辆传统典型异步电机结构如图 3.6 所示。目前，ICV 使用的永磁电机得益于高性能稀土永磁发展，磁力传动技术引起人们关注。永磁齿轮电机（permanent magnetic gear motor，PMGM）采用齿啮合结构，如渐开线、涡轮蜗杆及斜齿型（与机械齿轮原理类似）等。PMGM 采用磁场调制原理，实现对永磁转子磁动势的调制，使两个不同极对数和转速的永磁转子的气隙磁场耦合。PMGM 同心式结构，使全部磁极参与传动，永磁体利用率高，从而提升电机系统的转矩密度，如图 3.7 所示。PMGM 由永磁转子及磁调制环等组成。这两个旋转部件分别作为输入和输

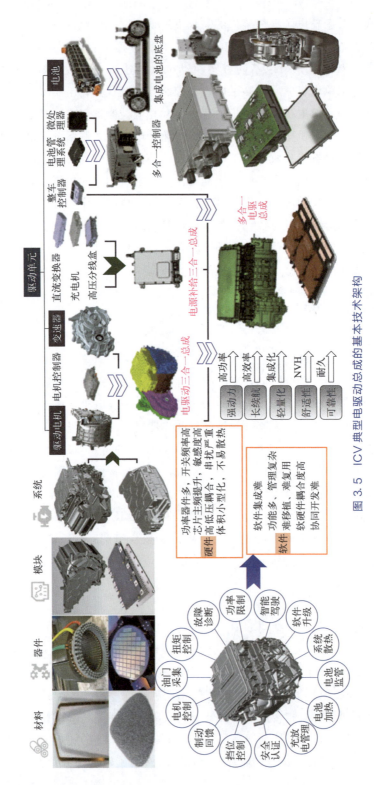

图 3.5 ICV 典型电驱动总成的基本技术架构

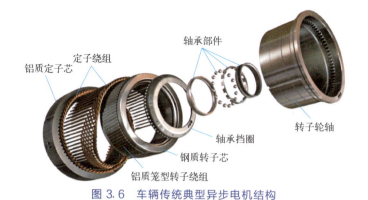

图 3.6 车辆传统典型异步电机结构

出轴，实现稳定变速传动。PMGM 磁力齿轮优势：寿命长，减少传动对电机冲击，无接触密封传动，可靠性高，振动噪声低，还可减少摩擦损耗，提升系统效率等。相较于机械齿轮，磁力齿轮的劣势在于减速比和转矩密度较低。将磁力齿轮与永磁电机这两种电磁装置结合，即为磁齿轮复合电机。当作为电机使用时，电机电枢通入正弦交流电流驱动永磁转子旋转，通过轴连接或转子复用等方式带动磁力齿轮的少极转子旋转，借助磁场调制效应，电磁功率经磁力齿轮的调制环或多极转子减速输出，成倍放大输出转矩，降低转速并提升输出转矩密度，适合低速、大转矩直驱应用。

磁力齿轮传递转矩是制约磁齿轮复合电机输出转矩的因素，该传递转矩大小与磁力齿轮的减速比的选取有关。磁力齿轮作为变速机构，实现变速传动或转矩放大等作用。径向磁力齿轮与径向永磁电机的轴向串联，是机械耦合-磁路独立型的典型拓扑。轴向串联的缺点在于外壳及电磁结构部分未能实现复用，加之磁力齿轮的转矩密度小于机械齿轮，因此，小体积场合需轻量化设计。通过轴向磁通永磁电机与轴向磁力齿轮的径向机械耦合，实现同心式结构的轻量化。轻量化解决了机电耦合转矩密度低的问题，通过将轴向盘式磁齿轮与径向永磁电机串联，实现复合同心式结构。该结构的电机磁场与磁力齿轮磁场耦合，在高速永磁转子铁芯上存在高磁饱和。轴向串联结构磁力齿轮和外转子永磁同步电机，共用外壳和轴，能减少电机系统重量和体积，实现轻量化设计目标。

3.3.2 轮毂电机

自磁齿轮复合电机体积小、振动噪声低，使其在轮毂电机上应用得到关注。轮毂电机-减速器总成结构分析及轮毂电机与传统驱动总成制动力分配对比如图 3.8 所示。以磁力齿轮复合电机为核心的无级变速-电机系统，如何降低轮毂电机簧下质量以及降低电驱动系统的体积和成本是产业界重点关注的问题，PMGM 将在轻质化和低成本上不断发展，实现对传统机械传动及动力分配装置的替代。由于具有

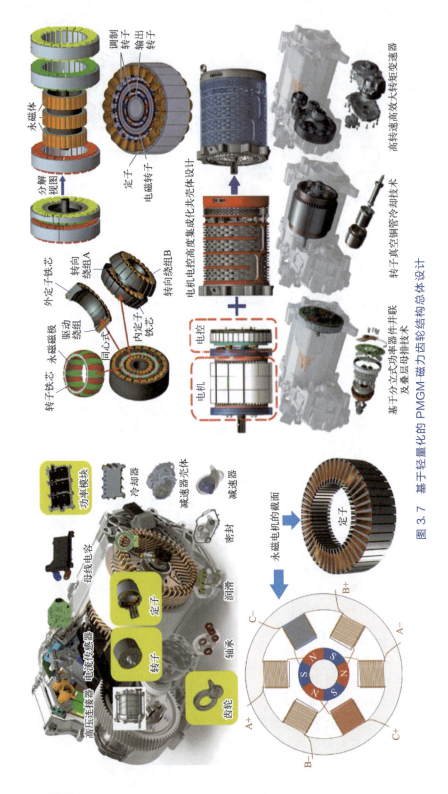

图 3.7 基于轻量化的 PMGM-磁力齿轮结构总体设计

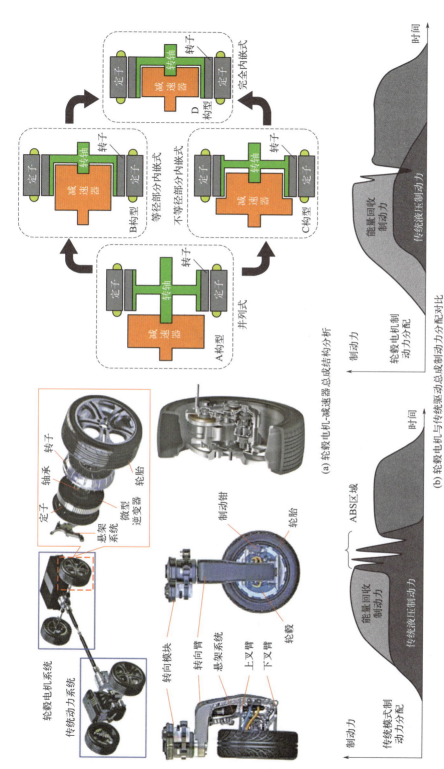

图 3.8 轮毂电机-减速器总成结构分析及轮毂电机与传统驱动总成制动力分配对比

多层永磁结构,且磁力齿轮需较厚的永磁体以提升传递转矩,PMGM 的永磁体用量较高,其制造成本高于永磁电机。永磁体利用率是指单位体积永磁体产生的转矩大小。交替极永磁结构能够在磁齿轮及磁齿轮复合电机中起到增加永磁体利用率、减少永磁体用量的效果,交替极结构能产生较高磁阻转矩;在磁阻型磁力齿轮及其复合电机方面,指出少极转子磁阻型磁力齿轮及其复合电机系统能够减少磁钢用量,且较传统电机更适合高速旋转,降低电机体积,提升电机系统功率密度。轮毂电机的驱动系统通过电机及减速器组合对驱动轮单独驱动,且电机不集成在车轮内。电机与固定速比减速器安装在车架上,减速器输出轴通过万向节与车轮半轴相连驱动车轮。轮毂电机驱动系统分内转子式与外转子式,外转子式采用低速外转子电机,无减速装置,车轮转速与电机相同;内转子式则采用高速内转子电机,在电机与车轮之间配备固定传动比的减速器。

3.3.3 线控电机散热技术

电机向高精度、高功率密度、小型化、轻量化和机电一体化等方向发展,带来电机内部发热量急剧增加、有效散热空间严重不足等问题,因此散热问题成为电机系统向高功率密度方向发展的瓶颈。电机内部温升过高,不仅会缩短电机内部绝缘材料的寿命,而且会降低电机的运行效率,使得发热量增加,造成电机温度进一步上升,形成恶性循环,严重影响电机寿命和电机运行安全性。部分永磁电机失效是由电机温升过高引起的,因此,采用高效的散热系统抑制电机温升是电机向高效率、高稳定性和高可靠性方向发展的关键。风冷、液冷和蒸发冷却等散热系统被电机采用。

风冷散热系统凭借成本低、可靠性高和安装方便等优势在小功率电机散热领域得到了广泛应用。相较于风冷散热系统,液冷散热系统具有极高的散热效率,其散热效率高,适用于电机发热量大、热流密度高的散热场合。然而液冷散热系统需额外循环液路与密封系统,增加电机系统的成本和复杂性。蒸发冷却散热技术在大容量发电机组的散热系统中得到应用,原理是利用工质气液相变循环实现对电机的高效冷却。蒸发冷却技术可有效降低电机运行温升。高效化是电机散热系统发展的重要方向,优化电机散热系统结构参数是提高电机冷却效率的手段。

近年来,通过在电机关键发热部件与冷却壳体之间构建额外热路,提高电机散热效率的额外热路,增强型电机散热方案得到应用。利用导热树脂、导热胶和导热陶瓷等导热绝缘材料,在电机端部绕组与机壳之间构建额外热路的散热方案应用较多。采用铝片、铜棒和热管等高热导率传热器件,充当额外热路的增强型电机散热方案也逐渐得到应用。额外热路增强型电机散热方案,是解决电机关键发热部件散热难题的有效手段,同时,也提供了提高电机散热系统效率的新思路。

电机作为多物理场、强耦合的能量转换系统,其能量转换效率有限,在将电能

智能网联车辆线控技术

转换为机械能的过程中会损失部分能量，这些损失能量部分转换为热能引起电机发热。电机内部的损耗由绕组线圈的电阻、磁性材料的磁阻和电机各部件间的机械摩擦等造成，包含绕组铜耗、定子铁耗、转子铁耗和机械损耗等。电机绕组、定子和机壳等关键部件的接触面之间存在绝缘漆、绝缘层和空气等热导率极低的材料，增加电机各部件间的接触热阻，可降低电机关键部件的散热效率。永磁同步电机内部的关键发热部件与机壳之间的传热路径长、接触热阻大，电机工作过程中产生热量，不能及时传递至外部，引起电机内部温度升高。电机温升过高将威胁电机绝缘寿命、运行效率和可靠性。

定子铁芯、永磁体等磁性材料的性能，随电机温度上升而下降，增大电机铁耗，降低电机工作效率，组成电机材料的硬度、强度及其他力学性能，会受电机温升的影响而逐渐下降，威胁电机运行安全。当电机工作在大转矩、高转速等极限工况，电机发热量将急剧增加，如不能将电机内部的热量快速传递至外部，甚至会造成电机内部磁性材料永久退磁、烧机等。用高效可靠的散热系统将电机运行过程中产生热量快速传递至外部，避免热量在电机关键部件积聚，保证电机始终工作在合适温度，对电机寿命、效率和安全性具有重要意义。ICV 线控驱动系统散热结构布置如图 3.9 所示。

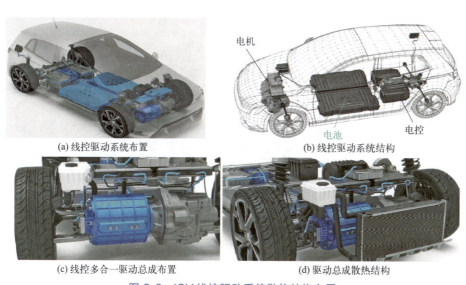

(a) 线控驱动系统布置　　(b) 线控驱动系统结构

(c) 线控多合一驱动总成布置　　(d) 驱动总成散热结构

图 3.9　ICV 线控驱动系统散热结构布置

绝缘车规级 ICV 用扁线对耐热性要求高，采用耐温聚酯亚胺漆包线漆、聚酰胺酰亚胺漆包线漆、聚酰亚胺漆包线漆等耐高温绝缘材料。聚酯亚胺漆具有较好的电气性能和机械强度，且耐热冲击和耐软化击穿。聚酰胺酰亚胺漆耐热性好，不仅漆膜硬度和非软化性很大，而且对导体黏合力较高。用于耐高温电机电气电子元件的线圈绕组，被用作电磁线的绝缘涂层。ICV 线控多合一电驱系统绝缘及散热结构布置如图 3.10 所示。

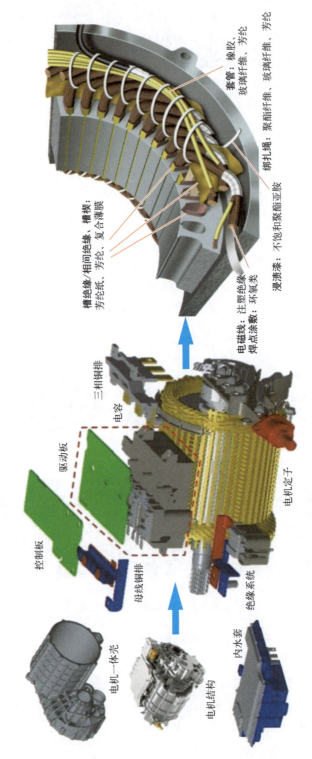

图 3.10 ICV 线控多合一电驱系统绝缘及散热结构布置

电机冷却方式有自然冷却、风冷和液冷等。在电机须封闭防护或无强风应用环境中，采用油冷方式，如高速电机用定子槽内油冷方式。有些电机采用绕组喷油冷却＋定子油冷＋转子油冷等，如图 3.11 所示。对于油冷方式，若电机及冷却系统处于较低温度，则冷却泵不工作。当温度上升后，冷却泵开始工作。电机-控制器及冷却系统，依靠冷却泵带动冷却液，在冷却管道中循环流动，通过在散热器的热交换等，冷却液带走电机与控制器产生的热量。为使散热器热量散发更充分，还在散热器后方设置风扇。工作时，电机总有部分损耗转变成热量，并通过电机外壳及周围介质散发热量，进而冷却电机。若水道截面尺寸增大，其冷却水流速将下降，水道对流传热系数也将减小，受冷却水套机械强度的限制，水道截面尺寸不能无限制增大；若水道截面尺寸减小，冷却水流速将增加，其对流传热系数增大，但流动阻力也将增大。在设计冷却水套时，除了工艺实施性和造价因素之外，更需要考虑包括冷却水套水头损失分析、水道内的对流传热分析及整个水套的机械应力分析与计算。

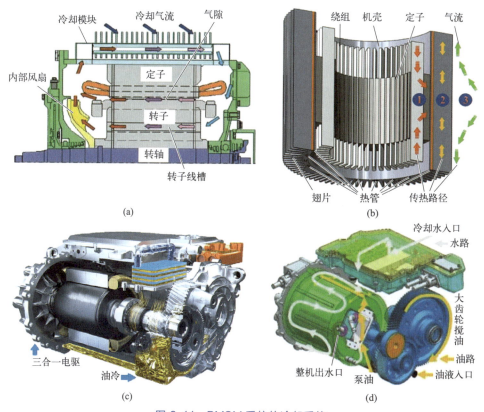

图 3.11　PMSM 系统的冷却系统

将风冷散热系统和水冷散热系统结合应用，将封闭式内通风散热系统和冷却水套结合应用于电机散热系统，电机内部产生的热量在轴端风扇的作用下进入通风管道，并与循环水套内冷却水进行热交换，实现良好散热效果，如图 3.11(a) 所示。内部通风散热系统的冷却气流可以与电机内部的发热部件直接接触，其散热效率高于外部通风散热系统。如图 3.11(b) 所示为采用封闭式内部通风散热系统电机的截面图，如图中箭头所示，电机轴端的扇叶驱动气流在电机定子、转子间隙及转子通风道中流动，如图 3.11(c) 所示，并通过机壳表面散热翅片与外界进行热交换，冷却后的气流进入电机内部下一循环，如图 3.11(d) 所示。针对 ICV 用永磁同步电机绕组发热量大、散热环境恶劣和温升过高的问题，开发基于 3D 相变热管的水冷电机散热方案，将 3D 热管的蒸发段通过绝缘纸与电机端部绕组绑接在一起，冷凝段嵌装在水冷机壳中。因风冷电机机壳中部与定子铁芯直接接触，而机壳的热导率和风冷系统的散热效率相对较低，造成热量在机壳中部大量聚集，故机壳中部温度明显高于两端温度。针对该问题，利用热管极高的热导率将机壳中部的热量快速传递至机壳两端，避免机壳中部温度过高，提高机壳的均温性，有效降低电机额定工况下的绕组温度，分别延长电机在高速和高转矩工况下的运行时长。高效可靠散热系统是抑制电机温升、提高电机运行效率和功率密度、提高电机运行稳定性和延长电机寿命的重要基础。风冷、液冷、蒸发冷却和额外热路增强型散热系统在各自的应用领域发挥着重要的作用并取得了显著的降温效果，针对电机应用场景、发热功率和生产成本等因素选取恰当的散热系统实现电机高效散热。电机散热系统随电机逐渐向高效化、高可靠性和高集成化方向发展。采用导热绝缘材料、相变传热器件在电机发热部件与散热系统之间构建高效热路是提高电机散热效率的新方向。在电机设计阶段充分考虑额外热路对电机温升的抑制效果，调整电机电磁方案以提高电机功率密度，优化电机结构以提高导热胶、相变器件与电机的集成化程度，提高相变强化散热系统的可靠性，推动相变强化电机散热系统的产业化应用。

3.4　ICV 线控系统稳定控制的基本原理

3.4.1　线控系统的时域性能

ICV 线控系统加入典型输入信号后，分析其输出响应特性的动态性能和稳态性能，研究其是否满足过程对线控系统的基本性能要求。

(1) 线控系统的性能指标

线控系统的性能指标如图 3.12 所示。

① 动态性能指标：最大超调量 $\sigma_p\%$；上升时间 t_r；峰值时间 t_p；调整时间 t_s。

② 稳态性能指标：稳态误差 e_{ss}。

输出响应的稳态值与希望的给定值之间的偏差，是衡量系统准确性的重要指标。

（2）二阶系统的数学模型和动态性能指标计算

① 二阶系统的闭环传递函数。

$$G(s)=\frac{C(s)}{R(s)}=\frac{K}{Ts^2+s+K} \quad (3.1)$$

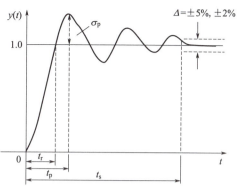

图 3.12　线控系统的性能指标

$y(t)$—超调量；Δ—超调误差；t—时间

式中，T 为受控对象的时间常数；K 为受控对象的增益；$C(s)$ 为控制函数；$R(s)$ 为受控函数；s 为控制变量。

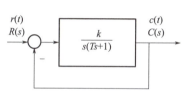

图 3.13　二阶系统闭环模型

二阶系统闭环模型如图 3.13 所示。

式（3.1）可改写成标准形式。

$$G(s)=\frac{\omega_n^2}{s^2+2\xi\omega_n s+\omega_n^2} \quad (3.2)$$

式中，ω_n 为无阻尼自然振荡频率，$\omega_n=\sqrt{\frac{k}{T}}$；$\xi$ 为阻尼比，$\xi=\frac{1}{2\sqrt{TK}}$。

② 二阶系统动态性能指标的计算（$0<\xi<1$ 的欠阻尼情况）。

上升时间为

$$t_r=\frac{\pi-\theta}{\omega_d} \quad (3.3)$$

式中，$\theta=\tan^{-1}\frac{\sqrt{1-\xi^2}}{\xi}$；$\omega_d=\omega_n\sqrt{1-\xi^2}$。

峰值时间为

$$t_p=\frac{\pi}{\omega_d}=\frac{\pi}{\omega_n\sqrt{1-\xi^2}} \quad (3.4)$$

超调量为

$$\sigma_p=e^{-\frac{\pi\xi}{\sqrt{1-\xi^2}}}\times 100\% \quad (3.5)$$

调整时间为

$$t_s=\begin{cases}\dfrac{3}{\xi\omega_n} & (\Delta=\pm 5\%) \\[2mm] \dfrac{4}{\xi\omega_n} & (\Delta=\pm 2\%)\end{cases} \quad (3.6)$$

其他性能指标：衰减指数 m 和衰减率 ψ。

衰减指数为

$$m = \frac{\xi}{\sqrt{1-\xi^2}} = \frac{\xi\omega_n}{\omega_d} \quad (3.7)$$

衰减率为

$$\psi = e^{\frac{-2\pi\xi}{\sqrt{1-\xi^2}}} = e^{-2\pi m} \quad (3.8)$$

(3) 高阶系统的动态响应和简化分析

高阶系统的动态响应，在工程中常采用主导极点的概念进行简化分析。

闭环主导极点的基本概念：如果高阶系统中距离虚轴最近的一对共轭复数极点（或一个实极点）的实部绝对值仅为其他极点的 1/5 或更小，并且附近有没有零点，则系统的响应主要由这一对复数极点确定，称为闭环主导极点。

(4) 线控系统的稳定性分析与代数判据

① 稳定的定义：线控系统受扰动偏离了平衡状态，当扰动消除后系统能利用电驱动恢复到原来的平衡状态，或能稳定在一个新的平衡状态，则称系统是稳定的；反之，称系统是不稳定的。

② 线控系统稳定的充分必要条件：系统的特征根全部具有负的实部。

③ 劳斯判据和赫尔维茨判据。

劳斯判据：系统特征多项式的各项系数均大于零，由系统特征方程各项系数列出劳斯阵列表，若劳斯阵列表中的第一列元素符号均相同（即都是正数）则系统稳定。如果劳斯阵列表中第一列元素中出现负数，则系统不稳定；第一列元素符号改变的次数，为特征方程的正实部根的数量。

赫尔维茨判据：由系统特征方程各项系数所构成的各阶赫尔维茨行列式的值全部为正，则系统稳定；反之，系统不稳定。

④ 系统的稳定性是属于系统本身的特性，它只与自身的结构与参数有关，而与初始条件、外界扰动的大小等无关。系统的稳定性只取决于系统的特征根（极点），而与系统的零点无关。

(5) 线控系统的稳态误差

① 误差的定义：常见的误差定义有以下两种。

从输出端定义的误差：系统输出量的期望值与实际值之差，即

$$e(t) = C_r(t) - C(t) \quad (3.9)$$

式中，$e(t)$ 为误差；$C_r(t)$ 为与系统给定输入量 $r(t)$ 相对应的期望输出量；$C(t)$ 为系统的实际输出量。

从输入端定义的误差，是系统给定输入量与主反馈量之差，即

$$e(t)=r(t)-b(t) \tag{3.10}$$

式中，$b(t)$ 是实际输出 $c(t)$ 经反馈后送到输入端的反馈量。这样定义的误差在实际系统中容易测量，便于进行理论分析，故在线控系统的分析中，用这种定义的误差。

② 稳态误差的定义：一个稳定的系统在给定输入或扰动输入的作用下，经历过渡过程进入稳态后的误差，即 $e_{ss}=\lim\limits_{t \to \infty}e(t)$。系统的稳态误差是对系统控制的准确性的度量，是系统的稳态性能指标。

③ 稳态误差的计算：预先判定系统的稳定性，因为只有对稳定的系统求 e_{ss} 才有意义。然后按误差的定义求出误差传递函数 $\dfrac{E(s)}{R(s)}$ 或 $\dfrac{E(s)}{N(s)}$ [$R(s)$ 为给定输入，$N(s)$ 为扰动输入]。利用拉氏变换的终值定理计算 e_{ss}，即

$$e_{ss}=\lim_{t \to \infty}e(t)=\lim_{s \to 0}sE(s) \tag{3.11}$$

3.4.2 线控系统的根轨迹

线控开环系统的传递函数中的某一参数从 0→∞ 变化时，闭环系统特征方程的根在 S 平面（根平面）上的变化曲线称为根轨迹。

(1) 根轨迹方程

根轨迹方程为

$$G(s)H(s)=-1 \tag{3.12}$$

推导出

$$G(s)H(s)=\dfrac{k\prod\limits_{i=1}^{m}(s+z_i)}{\prod\limits_{j=1}^{n}(s+p_j)}=-1 \tag{3.13}$$

式中，z_i 为系统的开环零点；p_j 为系统的开环极点。

(2) 绘制根轨迹的两个基本条件

幅角条件为

$$\angle G(s)H(s)=\sum_{i=1}^{m}\angle(s+z_i)-\sum_{j=1}^{n}(s+p_j)=\pm(2k+1)\pi \tag{3.14}$$

幅值条件为

$$k=\dfrac{\prod\limits_{j=1}^{n}|s+p_j|}{\prod\limits_{i=1}^{m}|s+z_i|} \tag{3.15}$$

（3）线控系统根轨迹的基本规则

① 根轨迹的分支数等于开环极点数 n，每一条根轨迹分支起始于一个开环零点。其中 m 条根轨迹终止于 m 个开环有限零点，其余 $n-m$ 条根轨迹终止于无穷远处。

② 根轨迹与实轴对称。

③ 实轴上根轨迹右边的开环实数零点和实数极点的总数为奇数。

④ 根轨迹的渐近线：当 $n>m$ 时，有 $n-m$ 条根轨迹终点趋向无穷远处（趋向渐近线）。

渐近线的倾角 ϕ_a 为

$$\phi_a = \pm \frac{(2k+1)\pi}{n-m} \quad (k=0,1,2,\cdots) \tag{3.16}$$

渐近线与实轴的交点为

$$\sigma_a = \frac{\sum_{j=1}^{n} p_j - \sum_{i=1}^{m} z_i}{n-m} \tag{3.17}$$

⑤ 根轨迹的分离点（会合点），可通过解方程 $\dfrac{dk}{ds}=0$ 的根的方法，用式(3.18) 求出。

$$\sum_{j=1}^{m} \frac{1}{d-p_j} = \sum_{i=1}^{m} \frac{1}{d-z_i} \tag{3.18}$$

式中，d 为分离点坐标。

说明：由式(3.18) 计算出的分离点（会合点）d，应检验并舍去不在根轨迹上的点。

⑥ 根轨迹复数极点的出射角和复数零点的入射角可分别由式(3.19) 和式(3.20) 计算确定。

出射角

$$\theta_1 = \pm 180° + \sum_{i=1}^{m} \alpha_i - \sum_{j=1}^{n} \beta_j \tag{3.19}$$

入射角

$$\theta_2 = \pm 180° - \sum_{i=1}^{m-1} \alpha_i + \sum_{j=1}^{n} \beta_j \tag{3.20}$$

⑦ 根轨迹与虚轴的交点可用劳斯判据或令特征方程中的 $s=j\omega$ 来求得。

⑧ 根轨迹上任一点 s 的 k 值可由式(3.21) 求得。

$$k = \frac{\prod_{j=1}^{n} |s+p_j|}{\prod_{i=1}^{m} |s+z_i|} = \frac{\prod_{j=1}^{n} b_j}{\prod_{i=1}^{m} a_i} \tag{3.21}$$

式中，b_j 为开环极点至 s 点的模；a_i 为开环零点至 s 点的模。

3.4.3 线控系统的频域特性

(1) 频域特性概念

线性定常系统在正弦输入信号的作用下,其输出的稳态分量是与输入信号相同频率的正弦函数。输出稳态分量与输入正弦信号的复数比称为频率特性,用公式表示为

$$G(j\omega) = \frac{Y(j\omega)}{X(j\omega)} \tag{3.22}$$

系统的频率特性 $G(j\omega)$ 是系统传递函数 $G(s)$ 的特殊形式,它们之间的关系是

$$G(j\omega) = G(s)\big|_{s=j\omega} \tag{3.23}$$

(2) 频率特性的表示方法

① 直角坐标式。

$$G(j\omega) = R(\omega) + jI(\omega) \tag{3.24}$$

式中,$R(\omega)$ 称为实频特性;$I(\omega)$ 称为虚频特性。

② 极坐标式。

$$G(j\omega) = A(\omega)e^{j\phi(\omega)} \tag{3.25}$$

式中,$A(\omega) = |G(j\omega)|$ 称为幅频特性;$\phi(\omega) = \angle G(j\omega)$ 称为相频特性。

直角坐标和级坐标表示方法之间的关系是

$$\begin{aligned} R(\omega) &= A(\omega)\cos\phi(\omega) \\ I(\omega) &= A(\omega)\sin\phi(\omega) \\ A(\omega) &= \sqrt{R^2(\omega) + I^2(\omega)} \\ \phi(\omega) &= \tan^{-1}\frac{I(\omega)}{R(\omega)} \end{aligned} \tag{3.26}$$

线控系统频率特性如图 3.14 所示。

(3) 闭环频率特性性能指标

常用的闭环频率特性性能指标有谐振峰值、谐振频率、带宽和带宽频率。

① 谐振峰值 M_r 是指系统闭环频率特性幅值的最大值。

② 系统带宽和带宽频率。当闭环幅频特性 $M(\omega)$ 下降到 $0.707M(0)$ 时的频率 ω_b 称为带宽频率。$M(0)$ 是闭环幅频特性 $M(\omega)$ 的初值。频率范围 $[0, \omega_b]$ 称为系统的带宽。

(4) 频域指标与时域指标之间的关系

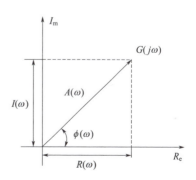

图 3.14 线控系统频率特性

① 典型二阶系统频域与时域指标间的关系。
截止频率

$$\omega_c = \omega_n \sqrt{\sqrt{1+4\xi^4} - 2\xi^2} \tag{3.27}$$

相位裕量

$$\gamma = \tan^{-1} \frac{2\xi}{\sqrt{\sqrt{1+4\xi^4} - 2\xi^2}} \tag{3.28}$$

带宽频率

$$\omega_b = \omega_n \sqrt{(1-2\xi^2) + \sqrt{2-4\xi^2+4\xi^4}} \tag{3.29}$$

谐振频率

$$\omega_r = \omega_n \sqrt{1-2\xi^2} \quad (0<\xi<0.707) \tag{3.30}$$

谐振峰值

$$M_r = \frac{1}{2\xi\sqrt{1-2\xi^2}} \quad (0<\xi<0.707) \tag{3.31}$$

② 高阶系统频域与时域指标之间的近似关系。
谐振峰值

$$M_r \approx \frac{1}{\sin\gamma} \tag{3.32}$$

超调量

$$\sigma_p = [0.16 + 0.4(M_r-1)] \times 100\% \quad (1 \leqslant M_r \leqslant 1.8) \tag{3.33}$$

调整时间

$$t_s = \frac{k\pi}{\omega_c} \tag{3.34}$$

式中，$k = 2 + 1.5(M_r-1) + 2.5(M_r-1)^2$，$1 \leqslant M_r \leqslant 1.8$。

3.4.4 线控系统的调节

线控系统的调节指在选定系统不可变部分（例如受控对象、执行器、变送器等）的基础上，加入一些装置（称为调节装置，或称调节器、控制器）使系统满足各项要求的性能指标。

(1) 线控系统的调节方式

调节方式是指调节装置与受控对象的连接方式，可分为串联调节、反馈调节和复合调节等方式。如果 $G_c(s)$ 表示调节装置的传递函数，则 $G_0(s)$ 表示受控对象的传递函数。

① 串联调节如图 3.15 所示。$G_c(s)$ 可以设计成超前、滞后和滞后-超前等调节形式，称为超前调节装置、滞后调节装置和滞后-超前调节装置。

② 反馈调节如图 3.16 所示。调节装置 $G_c(s)$ 常设计成比例环节或微分、比例微分环节等形式。反馈调节除了能改善系统的性能外，还能削弱系统非线性特性的影响，减弱或消除系统参数变化对系统性能的影响，抑制噪声的干扰等。

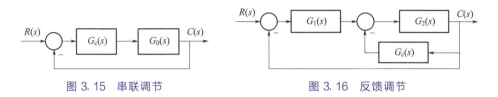

图 3.15　串联调节　　　　　　　　图 3.16　反馈调节

③ 复合调节可分为前置调节和扰动补偿调节两种方式，分别如图 3.17 和图 3.18 所示。前置调节可以改善和提高系统的动态性能，少用积分环节，从而较好地解决了稳定性和精度（准确性）的矛盾。

扰动补偿调节的目的是提高系统的准确度。通过直接或间接测量出扰动信号，使扰动对系统的影响得到部分或全部的补偿。如图 3.18 所示的系统又称为前馈-反馈复合线控系统。在生产过程控制性能要求较高的场合，常采用这种复合控制方式。

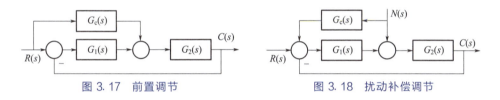

图 3.17　前置调节　　　　　　　　图 3.18　扰动补偿调节

（2）线控系统调节装置特性及优缺点

① 超前调节装置能增加稳定裕量，提高系统控制的快速性，改善平稳性，故适用于稳态精度已满足要求，但动态性能较差的系统；缺点是会使抗干扰能力下降，对改善稳态精度的作用不大。

② 滞后调节装置能提高系统的稳态精度，也能提高系统的稳定裕量，故适用于稳态精度要求较高或平稳性要求严格的系统；缺点是使频带变窄，降低了系统的快速性。

③ 滞后-超前耦合调节装置能发挥滞后调节和超前调节两者的优点，从而全面提高系统的动态和稳态性能；缺点是分析和设计较复杂。

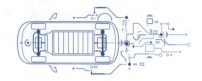

第 4 章
线控悬架技术

4.1 悬架的概念、特点与分类

悬架是汽车的车架（或车身）与车桥（或车轮）之间的传力连接装置的总称，其作用是支撑车身，传递作用在车轮和车架之间的力与力矩，且缓冲由不平路面传给车架或车身的冲击力，并减少由此引起的振动，以保证汽车平顺行驶，为驾乘人员提供平稳舒适的乘坐环境。悬架系统是底盘经典系统（传动、转向、制动和悬架）之一，由弹性元件、减振器、导向机构（纵拉杆、横拉杆等）和横向稳定器等组成。**弹性元件**作为储能元件，用于直接支撑车架以及缓冲来自路面的冲击。刚度是衡量悬架抵抗变形能力的一种量度，等于悬架承受的载荷与该载荷引起的悬架的变形的比值。弹性元件从形式上分为刚度不可变的被动式弹性元件（扭杆弹簧、螺旋弹簧等）以及刚度可实时改变的主动式弹性元件（空气弹簧等）。**减振器**作为耗能元件，通过抑制弹性元件的来回摆动，来迅速衰减车架或车身的振动，防止车架或车身因弹性元件的伸缩造成反复颠簸，提高乘坐舒适性。阻尼是悬架能量消耗的量度。减振器从形式上可分为阻尼不可调的被动式减振器（液压减振器、气压减振器）和主动式减振器等。导向机构（纵拉杆、横拉杆等）用于传递纵向载荷和横向载荷，保证车轮相对于车架或车身的运动。横向稳定器也叫防倾杆或平衡拉杆，防止车身在转向等情况下发生过大的横向摆动，即防侧倾。底盘线控技术中，悬架线控系统以连续性阻尼控制系统与防侧倾稳定控制系统等为主。连续性阻尼控制系统利用车轮垂直加速传感器、ECU 与阻尼器比例阀等，实现控制功能，通过对悬架阻尼器阻尼系数的计算，保证汽车运行平稳性、舒适性与安全性。防侧倾稳定控制系统，通过稳定杆，控制平行及垂直方向上的相对位移，来完成对车身倾侧方面的平衡控制，控制倾侧角，提升舒适性，另外控制前后主动稳定杆，调节倾侧力矩的分配，保证汽车的机动性与安全性。

底盘从传统底盘、电动底盘到智能底盘进行发展迭代。智能底盘分为底盘域控系统和底盘执行机构，软硬件解耦，实现更精确、灵活控制。底盘域控系统如人们的小脑，进行智能协同控制及判断状态等；而底盘执行机构，相当于人的四肢，负责执行具体的动作。悬架系统是将汽车与路面进行隔离的弹性元件系统。在智能化的背景下，线控悬架采用主动或半主动弹性元件，由传感器帮助识别车辆行驶状态，处理器处理输出不同的弹性特性，实现舒适或运动的悬架特性。在悬架系统中，两个重要参数为刚度和阻尼。悬架系统的刚度越大，车轮的位移就越难，车辆就会越稳定，但是车辆的舒适性就会越低。悬架阻尼指车辆对车轮振动能力的抑制，阻尼器通过消耗振动的动能来减少车辆的弹跳。阻尼器的阻力越大，车轮的振动就越受到抑制，车辆的行驶舒适性就越好，车辆的转向响应也会越好，但是如果阻尼力过高，就会使悬架变得僵硬。而悬架无法灵活地适应路面的变化，就会影响车辆的操控性能。根据刚度和阻尼的可调节性，悬架又分为以下几类。

① 被动悬架系统：车辆设计的时候，刚度和阻尼参数就被设定，在这种悬架系统内，无能源供给装置，难以兼顾汽车行驶的舒适性和对操控的稳定性要求。

② 半主动悬架系统：在车辆行驶过程中，适度调节部分刚度或部分阻尼，该悬架系统会让驾驶舒适性和可操控性稍有提高。

③ 主动悬架系统：根据车辆行驶过程路况，通过ECU控制相应执行单元，提前主动调节系统的刚度和阻尼参数，达到提供更高的行驶安全性和舒适性要求。由于主动悬架系统带来更好的行驶安全性和舒适性，在智能化背景下更加受到市场关注，成为未来发展趋势。车辆悬架的结构与分类对比如图4.1所示。

乘用车领域，被动悬架多采用螺旋弹簧＋液压减振器的结构形式。对于被动悬架系统，在行驶中无法依据路面状况随时调节悬架的刚度和阻尼，前期调校偏操控性，舒适性就会欠佳；若前期调校偏舒适性，那么操控性能就会欠佳。被动悬架系统的成本低、技术稳定、可靠性高，使其成为量产的选择。非独立结构的特点是两侧车轮由整体式车桥相连，车轮连同车桥一起通过弹性悬架悬挂在车架或车身的下面。非独立悬架具有结构简单、成本低、强度高、保养容易、行车中前轮定位变化小的优点，但由于其舒适性及操纵稳定性都较差，在现代轿车中基本已不再用，而是多用于货车和大客车。独立悬架是指每一侧的车轮都单独通过弹性悬架悬挂在车架或车身下面，其优点是：轻量化，减少车身冲击，提高地面附着力；舒适性较高，行驶稳定性较高，重心较低；独立悬架控制车轮，互不相干，减小车身倾斜和振动。但独立悬架结构复杂、成本高、维修不便。现代轿车多采用独立悬架，按其结构形式，独立悬架又可分为双叉臂式、多连杆式以及麦弗逊式等，如图4.2所示。

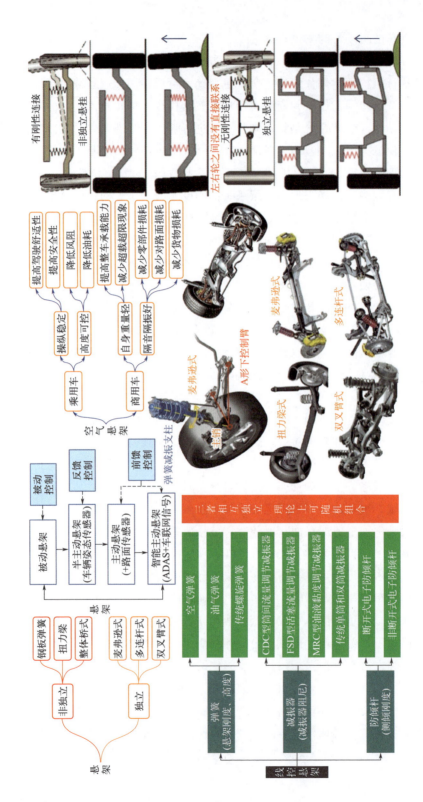

图 4.1 车辆悬架的结构与分类对比

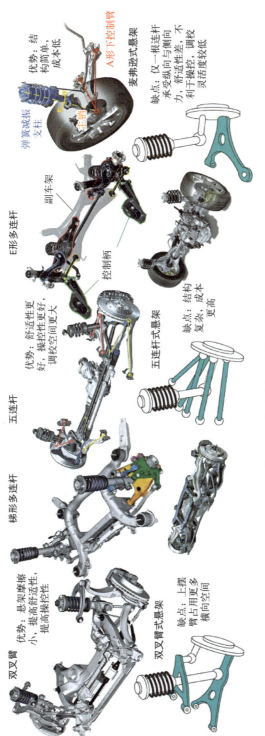

图 4.2 典型独立悬架特性比较

4.2 麦弗逊式悬架

麦弗逊式悬架（MacPherson strut suspension）应用于前轮驱动汽车以及部分后轮驱动汽车的前悬架，包含螺旋弹簧、减振器、三角形下摆臂及横向稳定杆等。麦弗逊式悬架由较少的零部件组成，相对于其他复杂的悬架系统，成本较低。麦弗逊式悬架将减振器和弹簧合并为一个单元，节省车辆空间。麦弗逊式悬架具有相对简单的结构，易于安装维护，可减少悬架系统的故障率和成本；可提供良好的悬挂性能，提供相对平稳的驾驶体验和舒适乘坐感受，对车辆操控性能和稳定性有积极影响。其缺点是在一些高速和急转弯情况下，可能导致车辆明显侧倾，这会影响车辆的稳定性和操控性；设计较为固定，调整余地不大，对更强悬挂性和操控性，可能不是最佳选择。由于麦弗逊结构的限制，在恶劣路况下处理冲击时，乘坐感受不舒适。但其经久耐用，有道路适应能力。麦弗逊式悬架，即弹簧减振支柱式独立悬架，其结构特点是：简单一体式弹簧减振支柱（滑柱），下方 A 字形控制臂（下叉臂），如图 4.3 所示。

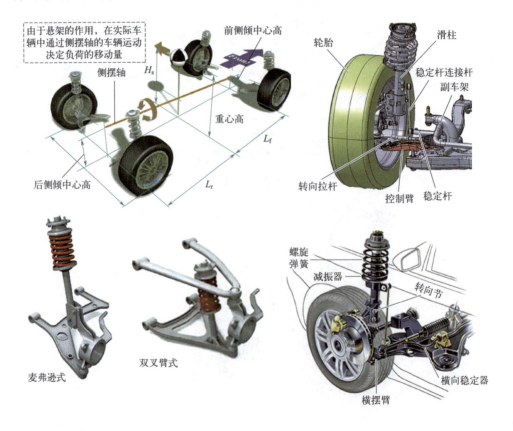

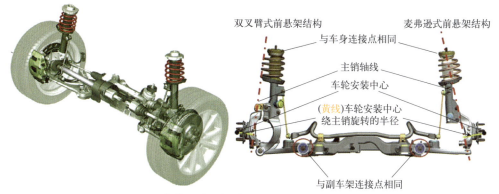

图 4.3 麦弗逊式悬架结构分析及与双叉臂式的比较

因为汽车前轮要负责转向，若下控制臂呈 A 字形，是 A 字形的"尖端"与车轮（其实连的是转向节）单点连接，前轮转向时，可绕着"减振器顶点-A 臂与车轮连接点"这根轴线转动（主销）。前轴需要负担转向，前悬架设计时受限更多，一来要照顾前轮转向角度，二来中部还需发动机空间。麦弗逊式悬架被用于横置发动机前轮驱动的家用车，帮助其缩减成本、节省空间。麦弗逊式悬架的负外倾角增益特性变化无规律，不利于提高车辆弯道性能；侧倾中心与重心形成的侧倾力臂难以缩短，抗侧倾能力不高，难抑制制动点头现象。

4.3 多连杆式独立悬架

多连杆式独立悬架（multi-link independent suspension）结构复杂，使用多个连杆和支撑杆来连接车轮和车身，以提供更好的悬挂性能和操控性。多连杆式独立悬架是指由 3~5 根连接拉杆等构成，且能提供多个方向的控制力，使轮胎具有更加可靠行驶轨迹的悬架结构。在实际中，其不仅可保证车辆拥有一定的舒适性，而且由于连杆较多，可以使车轮和地面尽可能保持垂直，减小车身的倾斜，维持轮胎的贴地性。不过由于其结构相对复杂，材料、研发及制造成本高于其他类型悬架，同时其占用空间大，因而更多搭载在高性能车型上。多连杆式独立悬架的优点是可以更好地控制车身的倾斜，尤其在高速和急转弯时，这有助于提高车辆的稳定性和操控性，使驾驶更加安全和舒适；其设计可更好地响应路面的不平坦，提供更平稳的驾驶体验和更舒适的乘坐感受；可以减少振动和颠簸，使乘客感受到更少的颠簸和冲击。多连杆式独立悬架可以使每个车轮在独立的悬挂系统中运动，从而更好地控制每个轮胎与路面的接触，提供更好的抓地力和操控性能。由于其设计的复杂性，且具有可调性，允许根据车辆类型和用途调整，使得其成为高性能车辆和赛车的选择。相对于其他悬架，由于多连杆式独立悬架的设计复杂性和零部件的增加，因此其制造成本较高，这可能会增加车辆的购买成本和维修费用。其复杂结构可能导致在维护和保养方面，需要更多时间和专业技能。修理和更换零部件，也更烦琐。由于其涉及更多的移动部件和连接点，因此在长期使用过程中可能存在更多的磨损和故障的可能性。这要求车主更加注意维护和保养，可能会对经济性和车辆整体性能产生影响。多连杆悬架的结构分析如图 4.4 所示。

E 形多连杆结构为"三横一纵"的四根连杆，从上往下看，形似字母 E。E 形多连杆有时也被称为四连杆。该后悬架结构逐渐在中级车上应用，取代不少麦弗逊式后悬架。E 形多连杆有两个纵臂，即控制柄。E 形多连杆有三根彼此交错的横向连杆，车轮位置完全由"三横一纵"四根连杆来束缚，弹簧减振器只承担垂直方向的力，各司其职。作为结构较简单、成本较低的一类多连杆悬架，其也有着明显的不足。因为控制柄向前伸出较长，顶端无法连接到副车架，只能直接连接车身。无副车架缓冲，振动和噪声会直接传导至车身。另外控制柄的几何运动轨迹，从车侧面看是一个扇形，后轮上下跳动时，会附带一定前后位移，对于后轮的束缚定位不够精细。

梯形多连杆也被称为 H 臂多连杆，核心部件是底部一个带有四连接点的 H 臂或称梯形连杆，除此之外还会有两根单独的横向连杆，再加上一个活动导杆。H 臂可约束车轮在多个方向上的自由度，纵向与横向空间占用都较小，能实现较完美的车轮定位控制。但 H 臂结构需高刚性，若采用钢会很重，因此 ICV 会用铝材。大尺寸铝材的中空 H 臂结构，对于冲击振动有很好的吸收过滤，如图 4.5 所示。

五连杆悬架的连杆和衬套更多，调校起来拥有很高的灵活性。使用铝材的五连杆重量可以很轻，具有轻量化方面的优势。车轮允许上下平移（减振器和弹簧伸缩），于是剩下五个自由度需要限制，每个连杆束缚一个自由度，五根连杆彼此独立，且不平行，各自连接车身副车架和车轮转向节，每端都有五个硬连接点。连杆在车轮上的五个连接点（称为硬点）间距较大，对于瞬时大转矩特性的电机适应能力更好。五连杆式比双叉臂式更适应前轮的强动力，这与车轮几何中的虚拟主销有关。虚拟主销可理解为"五连杆 Plus"悬架系统，即主销外移，性能上优于传统双交叉臂式悬架系统，在受力分布上更简单，更易控制成本。主销是车轮转向时的回转中心，其位置对于车辆性能有着重要影响。在车辆转向过程中，悬架的核心便是减小纵向力波动对车辆的影响，轮心越靠近轴线，纵向力的力臂就越小，转向稳定性就越好。五连杆悬架没有采用传统的实物主销，而是由两根独立摆臂连线的交点形成虚拟主销，在转向过程中随着车轮转动而变化，转向点位置可更靠近轮心，增强抵抗纵向力波动的能力，在急加速和急转弯等极端工况下更稳定。同时，更靠近轮心的转向让车轮在转弯时能绕着接地胎面的中心转动，转动相同角度需要的摩

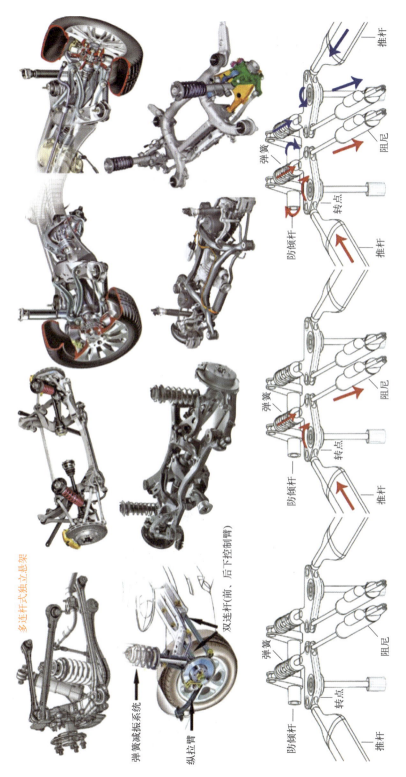

图 4.4 多连杆悬架的结构分析

第 4 章 线控悬架技术 127

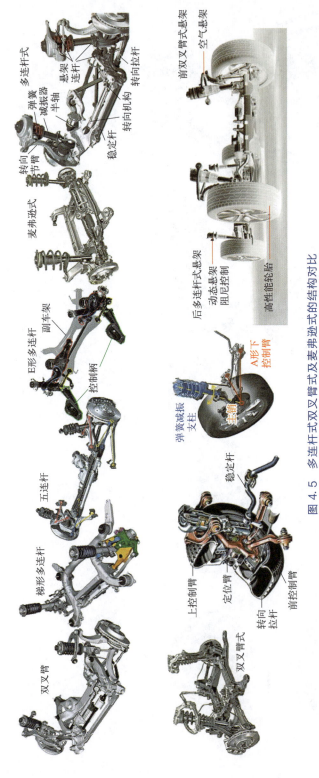

图 4.5 多连杆式双叉臂式及麦弗逊式的结构对比

128　智能网联车辆线控技术

擦面积更小,且减少轮胎滚动距离,能以更小阻力完成转向,操控精准,可减少轮胎磨损。在五连杆悬架的基础上,采用轴前转向结构,将负责带动前轮的转向拉杆,使得转向拉杆能够充分利用车头前部空间,获得更好的动态响应性,提供更灵敏的操控。五连杆悬架的结构及特性分析如图4.6所示。

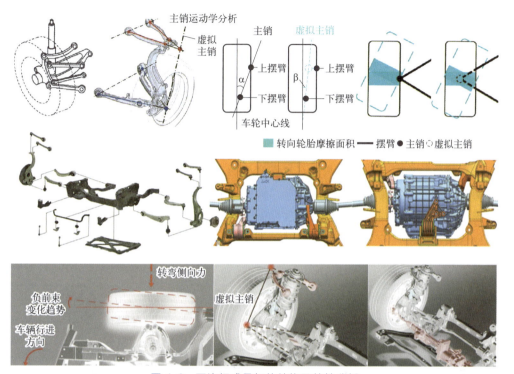

图4.6 五连杆式悬架的结构及特性分析

4.4 双叉臂式悬架

双叉臂式悬架和五连杆式悬架有相似性。五根连杆式上面两根合二为一变成上叉臂,下面两根合二为一变成下叉臂。剩下一根,在后轴上用于束缚后轮角度(束角),假如用在前轴上就作为转向拉杆。双叉臂通常用于前轴,因为轮端的五个硬点合并为两个,形成一条转向轴线(主销)。双叉臂式悬架的上下两个A字形叉臂可以精确定位前轮的各种参数,前轮转弯时,上下两个叉臂能同时吸收轮胎所受的横向力,加上两叉臂的横向刚度较大,所以转弯的侧倾较小。双叉臂式悬架通常采用上下不等长叉臂(上短下长),让车轮在上下运动时能自动改变外倾角并且减小轮距变化及减小轮胎磨损,并且能自适应路面,轮胎接地面积大,贴地性好。其结构较复杂,用两个A字形连杆连接车轮和车身(上下两个叉子形状),允许车轮在垂直方向上独立运动。双叉臂式独立悬架由上下两根不等长 V 字形或 A 字形控制臂以及支柱式液压减振器构成，上控制臂短于下控制臂。双叉臂式独立悬架的上下控制臂能抵消横向作用力，这使得支柱减振器不再承受横向作用力，而只应对车轮的上下抖动，因此在弯道上具有较好的方向稳定性，对于车辆的操控性能来说，这种结构的优越性是显而易见的。而两根三角形结构的摇臂还拥有出色的抗扭强度和横向刚性，因此在硬派 SUV 或者皮卡上也经常会使用双叉臂式独立悬架结构。优点：双叉臂式悬架设计可以更好地控制车身的倾斜，特别是在高速和急转弯时，有助于提高车辆的稳定性和操控性，使驾驶更加安全和平稳，可以更灵敏地响应路面的不平坦，提供更平稳的驾驶体验和更舒适的乘坐感；可以有效减少颠簸和振动，提供较高的乘坐舒适性；双叉臂式悬架使每个车轮都能够在独立的悬架系统中运动，从而更好地控制每个轮胎与路面的接触，提供更佳的抓地力和操控性能；双叉臂式悬架通常具有较高的可调性，允许汽车制造商根据车辆类型和用途进行调整，这使得其成为高性能车辆的理想选择。缺点：双叉臂式悬架的设计相对复杂，涉及更多零部件，因此制造成本较高，这可能会增加车辆的购买成本和维修费用；相比其他悬架，双叉臂悬架需要更多空间，这会限制底盘和车轮设计。双叉臂式悬架结构分析如图 4.7 所示。

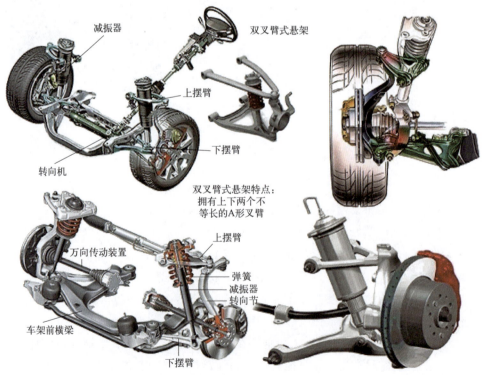

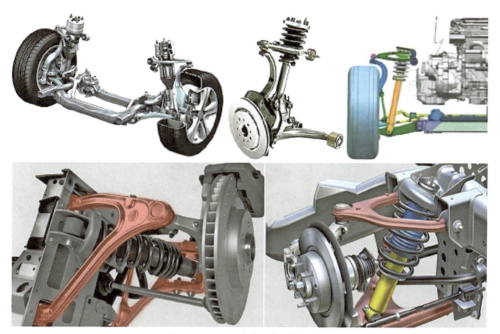

图 4.7 双叉臂式悬架结构分析

4.5 扭力梁式非独立悬架

扭力梁式非独立悬架用于经济紧凑型车辆,有一根明显的粗壮钢梁连接着左右后轮。作为一种结构更加简单的非独立悬架,在中低端车型中常见,是普遍的后悬架结构。独立和非独立是指左右车轮之间是否有刚性连接。独立悬架,左右车轮完全分离,各自跳动,左侧车轮碾到凸起,不会影响到右侧车轮。非独立悬架反之,左右车轮有物理连接,左侧车轮碾到凸起,会影响到右侧车轮的姿态。扭力梁式悬架广为人知的弊端,是左右不分离导致舒适性天然劣势。与独立悬架系统不同,扭力梁式悬架将两个车轮连接在一起,使其在一定程度上共享悬架运动。其由用于承受垂向和侧向力矩的扭转横梁,连接在扭转横梁左右两侧的纵向摆臂,布置于纵向摆臂前端用于连接车身的弹性元件及连接支架,弹簧减振器系统等组成。将非独立悬架的车轮装在一根整体车轴的两端,当一侧车轮运转跳动时,另一侧车轮也做出相应的跳动,使整个车身振动或倾斜。优点:扭力梁悬架由较少的零部件组成,制造和安装相对简单,因此成本较低,这使得其成为经济型 ICV 的选择;由于扭力梁悬架较为紧凑,不需要复杂的独立悬架结构,可以节省车辆的空间,从而提供更大的乘坐空间和储物空间;相比某些复杂的独立悬架系统,扭力梁悬架的重量较轻,有助于减少车辆的整体重量,对经济性和性能产生积极影响;扭力梁悬架结构相对简单，没有太多移动部件，因此维护需求较少，减少维修和保养成本。缺点：扭力梁悬架的设计限制了每个车轮在独立的悬架系统中的运动能力，因此在应对复杂路面时，悬挂性能受到一定的限制，这导致乘坐和悬架舒适性较差。扭力梁式非独立悬架结构如图4.8所示。

图4.8 扭力梁式非独立悬架结构

4.6 整体桥式非独立悬架

整体桥式非独立悬架将两个车轮连接在一起，使其共享一个整体桥式结构。这种悬架系统用于卡车、SUV、越野车和重型商用车辆。整体桥式是典型的非独立悬架，在商用车领域，多用于载重卡车、货车、客车、皮卡等，在乘用车领域多用于偏越野SUV车型。整体桥式悬架的结构简单，通过一根硬轴将左右两个车轮相连，然后将车轴与车身相连即可。钢板弹簧由于其舒适性较差，现已被弹性更好、结构更紧凑的螺旋弹簧所代替，这就有了螺旋弹簧作为弹性元件。在实际应用价值上，由于其强度很高，而且可以很好地保持离地间隙，这对于提升ICV越野性能和承载性是非常有意义的，但这样的悬架系统在操控性、舒适性等方面的表现也就无法和其他悬架相比。优点：强大耐用，整体桥式悬架由于其简单而坚固的结构，具有较强的耐用性和可靠性，能够应对较重的载荷和恶劣的路况，适用于越野、工程和商用车辆等；维护简便，相比较复杂的独立悬架系统，整体桥式悬架由较少的零部件组成，维护和保养相对简便；整体桥式悬架适用于大型车辆，能在重载和高负荷情况下，保持较好稳定性等；相较于某些独立悬架，整体桥式悬架具有较低制造和安装成本，这使得其成为多数商用工程ICV的实惠选择。缺点：整体桥式悬架限制了车轮的独立运动，在应对不平坦路面时，悬架性能受到一定的限制，这可能导致车辆在颠簸路段的乘坐体验较差；整体桥式悬架在高速驾驶时，可能会导致车辆的稳定性较差，尤其在急转弯时更为明显。整体桥式非独立悬架结构如图4.9所示。

图 4.9 整体桥式非独立悬架结构

4.7 空气悬架

空气悬架,即使用空气弹簧代替传统的金属弹簧,通过气压的调节来控制车辆的悬架高度和硬度;需要更高的压力来压缩接近行程末端的空气弹簧,获得整体舒适的驾驶体验;可改变其内部充气量的气泵和泄气阀,实现车身高度不随载荷增减而变化。优点:空气悬架具有较好的可调性,驾驶员可根据需求调整悬架高度和硬度等,使得其适用于不同路况和驾驶条件下的需求,提供更加个性化的驾驶体验;相比传统金属弹簧,空气悬架可以减少车身的颠簸和抖动,使乘客感受到更平稳的驾驶体验。缺点:空气悬架的设计和制造较为复杂,因此相比传统悬架系统,成本较高;由于空气悬架系统中存在气动和电动部件,可靠性可能不如传统悬架;空气悬架的重量和复杂性,可能会对车辆经济性或电池续航产生影响。空气悬架是先进的悬架系统,在提供舒适性和可调性等方面具有明显优势。

连续阻尼可调(continuous damping control,CDC)减振器,是能自动识别道路状况及不间断调节的减振控制系统。该系统可以根据车身的行驶状态对悬架软硬进行实时调节。当以中低速于城市道路行驶时,系统可以根据路面的状况,将悬架阻尼的强度降低,从而有效吸收来自路面的振动,保证车辆行驶的平稳顺畅,提升驾乘的舒适性。当高速行驶或者转向时,又可瞬间提升悬架阻尼的强度,加强车身的稳定性,减小过弯时的侧倾,令驾驶者更具信心。紧急制动时,由于悬架阻尼强度提升,还能控制车身前倾的姿态并缩短刹车距离。CDC 的优点是响应快速,能高频控制,实现精细控制,稳定性好、耐久性强;缺点是舒适性稍差。空气悬架系统由空气泵、电磁阀、空气弹簧、减振器和电子控制单元构成,如图 4.10 和图 4.11 所示。

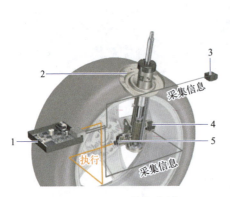

图 4.10 CDC 结构分析

1—中央控制单元；2—CDC 减振器；
3—车身加速度传感器；4—车轮
加速度传感器；5—CDC 控制阀

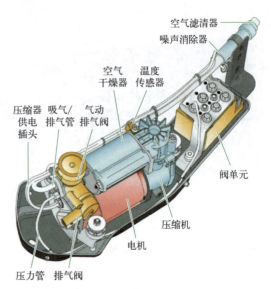

图 4.11 空气弹簧结构分析

CDC 指的是悬架的减振器，而不是悬架本身。空气悬架支持智能主动调节功能，明显提升驾乘舒适性、操控性。传统汽车悬架系统由弹性元件、减振器、导向机构等部件构成，负责连接汽车车身、底盘与车轮，传递其相互作用的力和转矩，并缓和路面传来的冲击。与传统悬架相比，空气悬架结构上的差异，在于弹性元件的升级，并新增电子控制系统及气泵等部件，赋予悬架智能主动调节功能，具有操控稳定、高度可调、重量更轻、减振效果佳等优势，能明显提升驾乘舒适性、操控性，如图 4.12～图 4.14 所示。

图 4.12 基于空气悬架的车辆

空气悬架的工作原理：传感器将收集到的车身状态信号传给控制单元（ECU），控制单元依据一定的算法发出指令，驱动空气供给单元工作，吸入空气

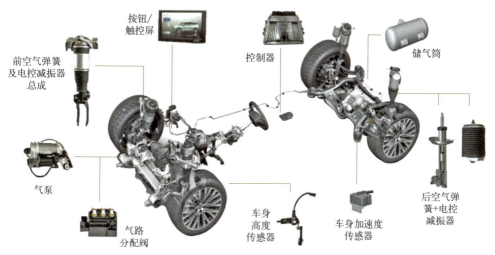

图 4.13　基于空气悬架车辆的零部件系统

图 4.14　乘用车空气悬架总成系统

并通过空气滤清器去除杂质,干燥后送入储气筒,通过分配阀输送到各轮边空气弹簧,以达到调节悬架高度及刚度的目的。空气弹簧替代传统钢制弹簧,实现悬架刚度及高度调节。空气弹簧是利用橡胶气囊内部压缩空气的反力作为弹性恢复力的弹性元件,是空气悬架的核心部件。

ICV 是空气悬架的主要载体,空气悬架在 ICV 中的优势主要体现为:①保护底盘,电动车底盘搭载核心三电,对底盘高度及整车 NVH 更为敏感,空气悬架提供的高度可调性和行驶平顺性,能更好地保护车辆核心系统;②提升续航,搭载空气悬架的电动车,高速行驶时可以调低底盘离地间隙,减少风阻,降低能耗,同时相比传统悬架,空气悬架少了很多金属零部件,整体重量有所减轻,有助于提升续航里程。软件定义汽车趋势,汽车软硬件逐步解耦:①电气化和智能化变革促使汽车电子电气架构调整,多功能集成化要求更高,ECU 整合后转由域功能器调度,推动软硬件解耦;②车企软件实力和全栈式自研能力不断强化,进一步为软硬件解耦提供条件。

4.8 电磁悬架

电磁悬架（magnetic ride control，MRC）使用电磁力来调节车辆的悬架高度和硬度，这种悬架系统用于高性能车辆和跑车。电磁悬架也称磁流变液减振器悬架。磁流变液是新型智能材料，可用于智能阻尼器，制成阻尼力连续顺逆可调的新一代高性能、智能化减振装置。该装置结构简洁，功耗低，阻尼力可瞬间精确控制。搭载电磁悬架的 ICV，即使在崎岖路面，也可增加轮胎与地面接触，减少轮胎反弹，控制车辆的重心转移和前倾后仰程度，来维护车辆的稳定，还可在车辆急转弯或做出闪躲动作时很好地控制车身摇摆。优点：电磁悬架具有高可调性，驾驶员可根据需求实时调整悬架高度和硬度，这使得其适用于不同路况和驾驶条件下的需求，提供极为个性化的驾驶体验；电磁悬架通过调整电磁力来控制悬挂的压缩和回弹，因此在处理颠簸和振动时表现出色，提供更好的乘坐舒适性；电磁悬架的可调性好，响应速度快，有助于提高车辆的操控性能。缺点：电磁悬架的设计和制造较复杂，成本较高。电磁悬架多应用于高档豪华车型和高性能跑车。总体来说，电磁悬架是一种高性能悬架系统，在提供出色的悬挂性能、舒适性和操控性方面具有明显的优势。

磁流变阻尼器（magneto-rheoloical damper，MRD）中的磁流变液主要由磁性微粒悬浮体（直径为微米尺度、高磁导率、低矫顽力）、母液（磁性微粒悬浮的载体，低黏度、高沸点、低凝固点和较高密度）、表面活性剂三部分组成。磁流变液具有显著的特性，即在外加磁场下，可在短时间内由低黏度的牛顿流体变为黏度较高的类固耦合体，即磁流变效应。MRD 结构如图 4.15 所示。用电磁线圈作为活塞，没有传统的卸载阀和单向阀。当活塞向下运动时，腔内磁流变液受到挤压后，通过活塞环形阻尼通道、常通孔和环形间隙由压缩腔流动到拉伸腔。当磁流变液在活塞的阻尼通道中流动时，通过改变活塞电磁线圈磁场的大小，可控制磁流变液的流动特性（流速越快→减振器越软→悬架越舒适），控制阻尼力大小，如图 4.16 所示。

图 4.15 电磁悬架的 MRD 结构

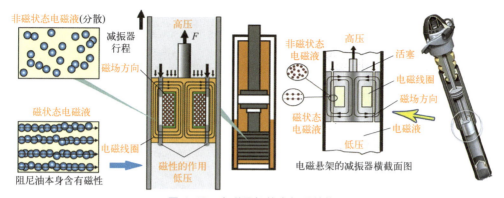

图 4.16 电磁悬架的宏细观结构

基于 MRD 结构，再配上加速度传感器、控制器及配件等，构成完整的电磁悬架系统。MRC 悬架可根据不同的驾驶需求和当前路况进行快速响应，响应速度约为 CDC 悬架的 10 倍；可增强过弯支撑的效率，减少车身侧倾并提升轮胎侧向的抓地力，兼顾日常驾驶时的操控性和舒适性。MRC 悬架用磁流变材料充当阻尼介质。磁流变材料是由磁场控制的新型智能材料，其响应快（毫秒量级）、可逆性好（撤去磁场后，又恢复初始状态），可以通过调节磁场大小来控制材料的力学性能连续变化。MRC 悬架不同于空气悬架，其仍使用弹簧提供支撑力，但减振筒内部则不是传统的液压机油，而是磁流变液。磁流变液的特点是通过电控磁场来灵活调节磁流变液的黏度，从而控制减振筒的阻尼，即调控悬挂的软硬。

4.9 线控悬架系统

线控悬架（suspension by wire，SBW）系统也称为主动悬架系统，是 ICV 的重要组成部分，可实现缓冲振动、保持平稳行驶的功能，直接影响车辆操控性及驾乘感受。SBW 主要有模式选择开关、传感器、ECU 和执行机构等部分，如图 4.17 和图 4.18 所示。

ICV 依靠车辆加速度传感器、高度传感器、速度传感器和转角传感器等，采集 ICV 行驶路况（颠簸情况）、车速及启动、加速、转向、制动等工况转变为电信号，经处理后传输给线控悬架 ECU。空气弹簧根据 ECU 的控制信号，准确、快速、及时反应，包括气缸内气体质量、气体压力及电磁阀设定气压等关键参量的改变，实现对车身弹簧刚度、减振器阻尼以及车身高度的调节。SBW 执行机构主要由执行器、阻尼器、电磁阀、步进电机、气泵电机等组成。减振器阻尼和弹簧刚度的控制主要保证车身在多种工况下的稳定性和舒适性，具体工况包括防侧倾控制、防点头控制、防下蹲控制、高车速控制、不平整路面控制等。车身高度的控制是控

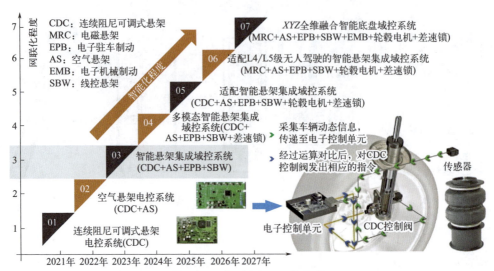

图 4.17 典型 SBW 工作原理

图 4.18 乘用车线控空气悬架系统

制车身在水平方向的高度，包括静止状态控制、行驶工况控制及自动水平控制等。静止状态控制是指车辆静止时，由于乘员和货物等因素引起车载载荷的变化，SBW 会自动改变车身高度，以减少悬架系统的负荷，改善汽车的外观形象。行驶工况控制是指将车辆静态载荷和动态载荷综合考虑，当高速行驶时，SBW 主动降低车身高度以改善行车的操纵稳定性和气动特性；当行驶在起伏不平的路面时，主动升高车身以避免车身与地面或悬架的磕碰，同时改变悬架系统的刚度以适应驾驶舒适性的要求。在道路平坦开阔的行驶工况下，车身高度不受动态载荷和静态载荷影响，保持基本恒定的姿态，保证驾乘舒适性和前大灯光束方向不变，提高行车的安全性。动力-发电减振器（power-generating shock absorber，PGSA），由线性电动机电磁系统（linear motion electromagnetic system，LMES）组成电磁减振器，每个车轮单独配置该系统，组成车身独立悬挂系统，如图 4.19 和图 4.20 所示。

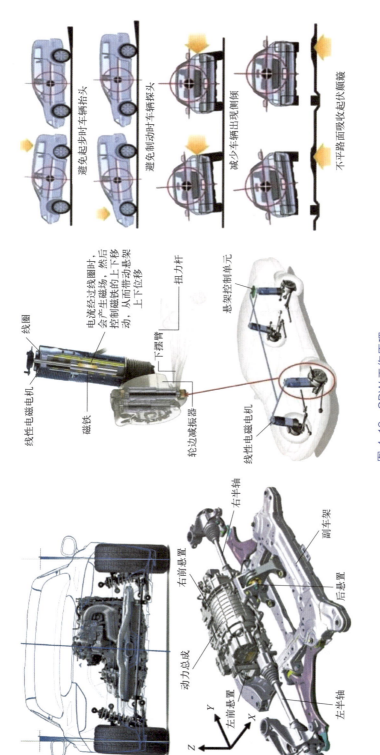

图 4.19 SBW 工作原理

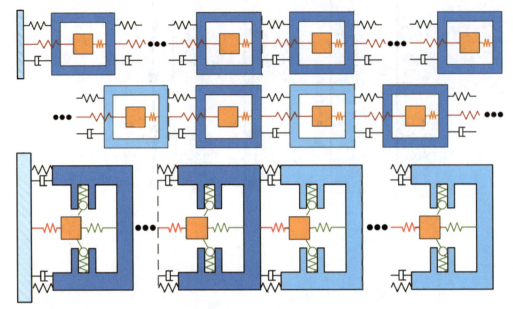

图 4.20 线控悬架的动力学原理

SBW 工作原理：每个车轮的调节控制信号通过功率放大器进行放大，以改变驱动电机的工作电流，驱动电磁式线性电机改变悬架的伸缩状态。该系统不但可以为电机提供电流，而且可在整车行驶工况下由电机发电产生电流为电动车电池充电，形成能量回收机制，有利于纯电力驱动的新能源汽车使用，可增加电池的电力，延长电动汽车的续驶里程。

SBW 针对汽车不同的工况，控制执行器产生不同的弹簧刚度和减振器阻尼，既能满足平顺性和操纵稳定性的要求，也要保障驾乘的舒适性要求。其主要优点如下：①刚度可调，可改善汽车转弯侧倾、制动前倾和加速抬头等情况；②汽车载荷变化时，能自动维持车身高度不变；③在颠簸路面行驶时，能自动改变底盘高度，提高汽车通过性；④可抑制制动点头和加速抬头现象，充分利用车轮与地面的附着条件，加速制动过程，缩短制动距离；⑤使车轮与地面保持良好的接触，提高车轮与地面的附着力，增加汽车抵抗侧滑的能力。尽管 SBW 有诸多优点，但其复杂的结构也决定 SBW 具有以下缺点：①结构复杂，故障概率和频率远远高于传统悬架系统，由于线控悬架要求每个车轮悬架都有控制单元，得到路面数据后的优化处理算法难度非常大，容易造成调节过度或失效；②采用空气作为调整底盘高度的"推进动力"，减振器的密封性要求非常高，若空气减振器出现漏气，则整个系统将处于"瘫痪"，且频繁地调整底盘高度，有可能造成气泵系统局部过热，缩短气泵使用寿命。

4.10 线控悬架簧载质量的控制策略

车辆车身运动状态和簧载质量是进行车辆动力学控制的输入,要完成对车辆动力学的控制,需要获得车辆在当前行驶状态下的车身高度、车身侧倾角和车辆簧载质量等车辆状态信息和参数信息,以便于采用这些信息对系统进行动力学控制。因此,车辆状态信息和参数信息的可靠性和准确性将直接影响车辆动力学控制的效果。车辆动力学控制需要获得车身的运动状态,然而由车辆系统传感器的布置可知,空气悬架系统中仅安装有测量簧上质量和簧下质量高度差的高度传感器及测量空气弹簧内部压力的压力传感器。同时由于高度传感器的布置及工作原理,其仅能测量簧上质量和簧下质量高度差,无法直接测得车辆车身高度的变化,若将其高度变化作为车身的高度变化输入,则忽略了簧下质量的振动,存在一定的误差。因此,考虑使用状态估计方法获得车辆的车身运动状态。卡尔曼滤波法(Kalman filter,KF)是时域估计算法,通过引入状态空间方程,确定模型的预测值和测得状态量的转移状态值所占的权重来共同决定滤波估计值。相较于采用反馈状态观测器,卡尔曼滤波法将噪声这个干扰项作为影响估计结果的重要因素,使用后验估计对先验估计进行了修正,尽可能地取得估算结果的最小误差协方差,保证最佳估计效果。采用卡尔曼滤波法的一般步骤如下:确定状态方程和测量方程,对于一个线性系统,可以将其状态空间写为

$$\dot{x}(k) = \boldsymbol{A}x(k-1) + \boldsymbol{B}u(k-1) + w_{k-1} \tag{4.1}$$

同时,确定测量方程。

$$z(k) = \boldsymbol{H}x(k) + v_k \tag{4.2}$$

式中,$x(k)$ 为当前时刻的状态值;$x(k-1)$ 为上一时刻的状态值;$u(k-1)$ 为上一时刻的系统输入;$\boldsymbol{A}$ 为状态转移矩阵;$\boldsymbol{B}$ 为控制转换矩阵;$z(k)$ 为当前时刻的观测值;$\boldsymbol{H}$ 为测量转换矩阵;w_{k-1} 为系统噪声;v_k 为测量噪声,其误差协方差矩阵分别为 $\boldsymbol{Q}$ 与 $\boldsymbol{R}$。

卡尔曼滤波的迭代过程如下。

① 先验估计。

$$\hat{x}(k|k-1) = \boldsymbol{A}\hat{x}(k-1) + \boldsymbol{B}u(k-1) \tag{4.3}$$

② 先验估计误差协方差更新。

$$\boldsymbol{P}(k|k-1) = \boldsymbol{A}\boldsymbol{P}(k-1|k-1)\boldsymbol{A}^\mathrm{T} + \boldsymbol{Q} \tag{4.4}$$

③ 卡尔曼增益计算。

$$K = P(k|k-1)H^{T}[HP(k|k-1)H^{T}+R]^{-1} \qquad (4.5)$$

④ 模型估计与测量估计的数据融合。

$$\hat{x}(k) = \hat{x}(k|k-1) + K[z(k) - H\hat{x}(k|k-1)] \qquad (4.6)$$

⑤ 后验估计误差协方差更新。

$$P(k|k) = (1-KH)P(k|k-1) \qquad (4.7)$$

式中，$\hat{x}(k|k-1)$ 为估计值；$\hat{x}(k|k-1)$ 为预测值；$P(k|k-1)$ 为当前时刻的先验协方差矩阵；$P(k-1|k-1)$ 为上一时刻的误差协方差矩阵；K 为卡尔曼增益；$P(k|k)$ 为当前时刻的误差协方差矩阵。

上述 5 个步骤，通过卡尔曼滤波即可完成上一时刻状态量至当前时刻状态量的更新迭代，实现对未知状态量的估计。

在此过程中，滤波的关键就是确定系统噪声和测量噪声，其误差协方差矩阵将决定先验估计值和测量值在融合中所占有的比例，直接影响估计结果。在空气悬架动力学中，选取车身动力学控制的三个输入——车身高度、俯仰角、侧倾角作为本次车身状态估计的估计量。忽略运动过程中悬架支持力作用点的变化，建立传感器可测高度差和压力值与不可测状态估计值之间的关系，如下所示。

$$\begin{cases} \ddot{z}_s = \dfrac{\Delta F_1 + \Delta F_2 + \Delta F_3 + \Delta F_4}{m_s} \\ \ddot{\theta} = \dfrac{-a\Delta F_1 - a\Delta F_2 + b\Delta F_3 + b\Delta F_4}{I_\theta} \\ \ddot{\varphi} = \dfrac{l\Delta F_1 - l\Delta F_2 + l\Delta F_3 - l\Delta F_4}{I_\varphi} \end{cases} \qquad (4.8)$$

式中，a 为俯仰因子；b 为侧倾因子；I_θ 为俯仰惯量；I_φ 为侧倾惯量；$\Delta F_i (i=1,2,3,4)$ 为悬架作用力在四角处的变化量；$F_i (i=1,2,3,4)$ 为悬架作用力。

确定状态估计的状态变量：$x = \begin{bmatrix} z_s & \dot{z}_s & \theta & \dot{\theta} & \varphi & \dot{\varphi} \end{bmatrix}^T = \begin{bmatrix} x_1 & x_2 & x_3 & x_4 & x_5 & x_6 \end{bmatrix}^T$，空气悬架系统中位移传感器测量值 $z = \begin{bmatrix} z_1 & z_2 & z_3 & z_4 \end{bmatrix}^T$。

由建立的车辆悬架动力学方程，结合卡尔曼滤波方法，确定系统的状态方程为

$$\begin{cases} \dot{x} = Ax + Bu + w_{k-1} \\ z = Hx + v_k \end{cases} \qquad (4.9)$$

式中，$\boldsymbol{A} = \begin{bmatrix} 0 & 1 & 0 & 0 & 0 & 0 \\ 0 & 0 & 0 & 0 & 0 & 0 \\ 0 & 0 & 0 & 1 & 0 & 0 \\ 0 & 0 & 0 & 0 & 0 & 0 \\ 0 & 0 & 0 & 0 & 0 & 1 \\ 0 & 0 & 0 & 0 & 0 & 0 \end{bmatrix}$；$\boldsymbol{B} = \begin{bmatrix} 0 & 0 & 0 & 0 \\ \dfrac{1}{m_s} & \dfrac{1}{m_s} & \dfrac{1}{m_s} & \dfrac{1}{m_s} \\ 0 & 0 & 0 & 0 \\ \dfrac{-a}{I_\theta} & \dfrac{-a}{I_\theta} & \dfrac{b}{I_\theta} & \dfrac{b}{I_\theta} \\ 0 & 0 & 0 & 0 \\ \dfrac{l}{I_\varphi} & \dfrac{-l}{I_\varphi} & \dfrac{l}{I_\varphi} & \dfrac{-l}{I_\varphi} \end{bmatrix}$；$\boldsymbol{H} = \begin{bmatrix} 1 & 0 & -a & 0 & l & 0 \\ 1 & 0 & -a & 0 & -l & 0 \\ 1 & 0 & b & 0 & l & 0 \\ 1 & 0 & b & 0 & -l & 0 \end{bmatrix}$；$\boldsymbol{u} = \begin{bmatrix} \Delta F_1 & \Delta F_2 & \Delta F_3 & \Delta F_4 \end{bmatrix}^{\mathrm{T}}$。

采用前向欧拉法对状态方程进行离散化处理。

$$\begin{cases} \boldsymbol{x}(k) = \boldsymbol{x}(k-1) + \boldsymbol{A}\boldsymbol{x}(k-1)\Delta t + \boldsymbol{B}\boldsymbol{u}\Delta t + w_{k-1} \\ \boldsymbol{z}(k) = \boldsymbol{H}\boldsymbol{x}(k) + v_k \end{cases} \tag{4.10}$$

处理完成后即为卡尔曼滤波的标准状态方程和测量方程表达式，通过上述建立的 KF 估计器在 Simulink 中完成对车辆车身高度、侧倾角和俯仰角的估计。同时，通过联合仿真结果对车身状态估计的准确性进行评价。设置了两种仿真工况对 KF 估计器的估计结果进行了仿真验证，分别为"双移线"工况和"转向盘角阶跃"工况。同时，在仿真过程中将车辆簧载质量作为一个重要参数，在实际情况中由于乘客的上下车以及装载货物的多少，簧载质量并不是固定值，此时仅采用车辆空载时的簧载质量进行仿真，并且将簧载质量的不确定性作为对估计结果影响的重要因素，设置车辆每增加 60kg 簧载质量对车身状态估计的影响。使用 KF 估计器进行车身状态估计的仿真结果。仿真中，"双移线"工况下使用的噪声误差协方差矩阵为：$\boldsymbol{Q} = \mathrm{diag}(0.8,0.8,0.8,0.8,0.8,0.8)$，$\boldsymbol{R} = \mathrm{diag}(0.01,0.01,0.01,0.01)$。"转向盘角阶跃"工况下使用的噪声误差协方差矩阵为：$\boldsymbol{Q} = \mathrm{diag}(2,2,1,1,2,2)$，$\boldsymbol{R} = \mathrm{diag}(0.01,0.01,0.01,0.01)$。

如图 4.21～图 4.24 所示为"双移线"工况下使用 KF 估计器进行车身状态估计的仿真结果。图中实线表示仿真值，虚线表示估计值。从图中可以看出，基于空气悬架系统的 KF 估计器可以有效地估计出车辆的车身高度、俯仰角和侧倾角等车身状态信息。但是，当车辆的簧载质量增加后，由于在状态估计过程没有引入簧载质量估计，估计器无法识别到簧载质量已经发生改变，将会使得车身状态估计的结果精度变差。由图 4.22 可以看出，当车辆的簧载质量增加 240kg 后，车身高度的估计误差约为 1cm。由于双移线工况下车辆的俯仰角变化不大，因此其因重量改变而产生的估计误差也较小。图 4.24 显示了 KF 估计器对于不同簧载质量下的车身侧倾角的估计效果均较高，从图像中无法直接准确地观测到其估计效果变化。因此，为了更加准确地描述估计效果，引入了误差均方根这个统计特性，用于计算估计值与仿真值之间的误差。

$$RMSE = \sqrt{\frac{1}{N}\sum_{i=1}^{N}(\hat{x}_i - x_i)^2} \tag{4.11}$$

式中，$\hat{x}_i$ 为估计值；x_i 为仿真值；N 为估计数量。

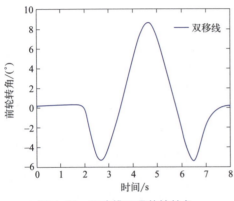

图 4.21 双移线工况前轮转角

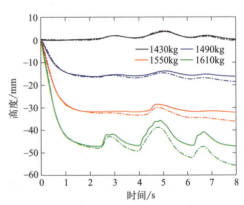

图 4.22 双移线工况车身高度估计

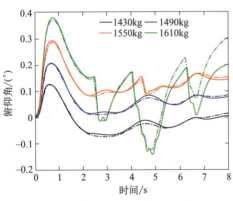

图 4.23 双移线工况俯仰角估计

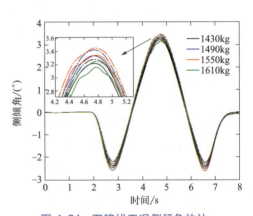

图 4.24 双移线工况侧倾角估计

如图 4.25～图 4.28 所示为"转向盘角阶跃"输入工况下使用 KF 状态估计器进行车身状态估计的仿真结果。从图中可以看出，该工况下与"双移线"工况下对车身状态估计的效果相似，基于空气悬架系统的 KF 估计器可以有效地估计出"转向盘角阶跃"输入工况下车辆的车身高度、俯仰角和侧倾角等车身状态信息。同样地，当车辆的簧载质量增加后，由于在状态估计过程没有引入簧载质量估计，估计器无法识别到簧载质量已经发生改变，可以明显地发现随着簧载质量的增加，车身状态估计的结果精度变差。

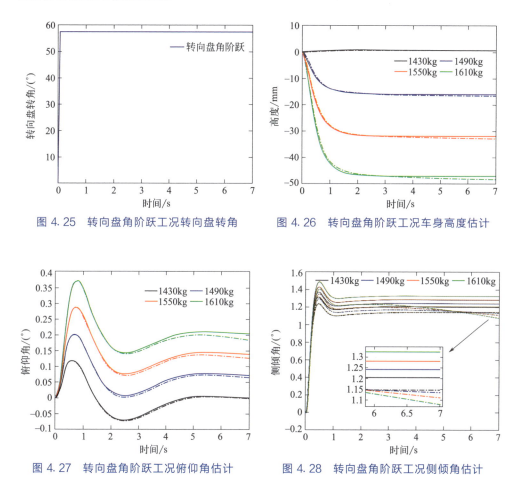

图 4.25　转向盘角阶跃工况转向盘转角　　图 4.26　转向盘角阶跃工况车身高度估计

图 4.27　转向盘角阶跃工况俯仰角估计　　图 4.28　转向盘角阶跃工况侧倾角估计

由表 4.1 和表 4.2 可以看出，在"双移线"和"转向盘角阶跃"工况下，当簧载质量增加后，使用 KF 状态估计器估计车身高度、侧倾角、俯仰角的估计误差均方根均会随着簧载质量改变量的增大而增大。综上所述，说明簧载质量变化将影响 KF 估计器对空气悬架系统车身状态估计的估计精度，当估计器中簧载质量与实际簧载质量差别越大时，估计精度越差。最小二乘估计是一种通过计算真实目标对象与拟合目标对象之间的最小误差，寻求最佳估计值的一种估计算法。但是当计算数据动态变化时，最小二乘法接收到新数据后会将所有数据重新进行计算，导致计算成本增大且数据庞大，实用性较差。递推最小二乘估计（recursive least square，RLS）是最小二乘估计的一种改进方法，其在接收到新数据后，将该数据用于修正之前的计算结果,不需要重复之前的计算,很大程度上节省了计算速度和估计成本。

表 4.1 双移线工况下卡尔曼滤波车身状态估计误差均方根

簧载质量/kg	高度/mm	俯仰角/(°)	侧倾角/(°)
1430	0.2118	0.0056	0.0991
1490	1.054	0.0049	0.1082
1550	1.98	0.0061	0.1207
1610	4.9544	0.0386	0.1273

表 4.2 转向盘角阶跃工况下卡尔曼滤波车身状态估计误差均方根

簧载质量/kg	高度/mm	俯仰角/(°)	侧倾角/(°)
1430	0.0328	0.0027	0.0674
1490	0.2859	0.0046	0.0825
1550	0.5326	0.0058	0.1076
1610	0.7203	0.0088	0.1393

利用牛顿第二定律可得车身的垂向动力学方程。

$$F_1 + F_2 + F_3 + F_4 = m_s(g + \ddot{z}_s) \tag{4.12}$$

确定簧载质量估计的回归方程为

$$y(k) = \hat{m}_s a(k)^T + e(k) \tag{4.13}$$

式中,$y = F_1 + F_2 + F_3 + F_4$;$a = g + \ddot{z}_s$;$e(k)$ 为观测噪声和建模造成的误差;$\hat{m}_s$ 为待估计的车辆簧载质量。

递推最小二乘法的辨识过程如下。

① 参数辨识增益。

$$\boldsymbol{P}_N = \boldsymbol{P}_{N-1} - \boldsymbol{P}_{N-1} \boldsymbol{a}_N [\boldsymbol{I} + \boldsymbol{a}_N^T \boldsymbol{P}_{N-1} \boldsymbol{a}_N]^{-1} \boldsymbol{a}_N^T \boldsymbol{P}_{N-1} \tag{4.14}$$

② 参数辨识更新。

$$\hat{m}_s(k) = \hat{m}_s(k-1) + \boldsymbol{P}_N \boldsymbol{a}_N [y_N - \boldsymbol{a}_N^T \hat{m}_s(k-1)] \tag{4.15}$$

式中,$\boldsymbol{P}_N$ 为当前时刻递推最小二乘法的增益向量;$\boldsymbol{P}_{N-1}$ 为上一时刻递推最小二乘法的增益向量;$\boldsymbol{I}$ 为阶数等于辨识参数数量的单位矩阵。

对上述 RLS 簧载质量估计器进行仿真验证,利用 KF 状态估计器得到当前时刻的车身运动状态,车身高度二次求导后可以得到车身当前时刻的垂直加速度信号。在 Simulink 中继续搭建簧载质量估计模块,对"双移线"工况和"转向盘角阶跃"工况下的车辆簧载质量进行参数辨识。

如图 4.29 和图 4.30 分别为"双移线"工况和"转向盘角阶跃"工况下分别使用 RLS 估计器进行车辆簧载质量估计的仿真结果。从图中可以看出,当车辆簧载质量增加后，RLS 估计器将在 5s 后估计出较为准确的车辆簧载质量。同时，当簧载质量较初始簧载质量增加较多时，簧载质量估计器的收敛速度将变慢。出现该现象的原因是当簧载质量突然变化时，空气弹簧内的气体压力值迅速改变以达到系统平衡，簧载质量变化越大，空气弹簧内的压力值变化越大，系统趋于稳定的时间越长。并且随着时间的增加，估计的结果精度越高。出现该现象的原因是 RLS 的估计精度是依赖数据量的，数据量越多，估计结果越准确。

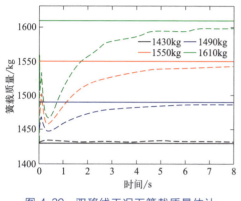

图 4.29　双移线工况下簧载质量估计

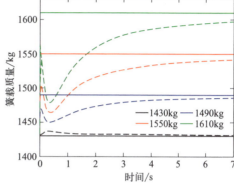

图 4.30　转向盘角阶跃工况下簧载质量估计

车辆的高精度姿态控制需要获得精确的车身状态作为控制输入，而由前述章节可知，对于电控空气悬架系统中的高度传感器安装位置而言，由其测得的高度变化无法直接得到车身高度的变化，因此也无法直接由几何关系获得车辆的侧倾角和俯仰角等车身状态。在车身状态估计的过程中，簧载质量作为一个重要的车辆参数，且考虑实际过程中簧载质量的值并不是固定的，其将随着载货量和乘客的上下车发生改变，因此，为了避免由于簧载质量变化造成的估计误差，引入 RLS 进行簧载质量估计。在此基础上，建立卡尔曼滤波法与递推最小二乘法联合（KF＋RLS）估计器，估计车辆车身状态与簧载质量。

如图 4.31 所示为 KF＋RLS 估计器的估计框架。KF 估计器通过上一时刻的簧载质量估计出当前时刻的车身状态量后，再将其输入至 RLS 估计器，实现当前时刻簧载质量的估计，又可以将该簧载质量作为下一时刻 KF 估计器的输入，由此迭代可以实现车身状态和簧载质量联合估计。

同样，使用 KF＋RLS 估计器分别进行"双移线"工况和"转向盘角阶跃"工况下的仿真验证，同时将其估计结果与仅使用 KF 估计器进行车身状态估计的估计结果进行对比。

如图 4.32～图 4.34 所示为双移线工况下分别使用 KF＋RLS 估计器和 KF 估计器得到的在簧载质量为 1610kg 时车身状态估计对比。如图 4.35～图 4.37 所示

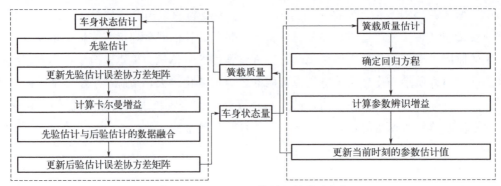

图 4.31 KF+ RLS 估计器的估计框架

为转向盘角阶跃工况下分别使用 KF+RLS 估计器和 KF 估计器得到的在簧载质量为 1610kg 时车身状态估计对比。从图中可以看出，相较于使用 KF 估计器，KF+RLS 估计器对车身高度、俯仰角和侧倾角的估计结果更加接近于仿真值。这也证明了通过引入簧载质量估计，可以改进由于簧载质量改变引起的车身状态估计误差，提高车身状态估计精度。

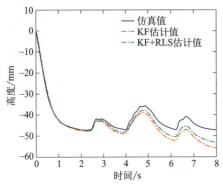

图 4.32 双移线工况车身高度估计对比

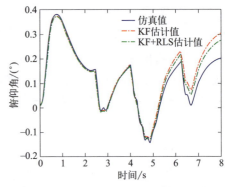

图 4.33 双移线工况俯仰角估计对比

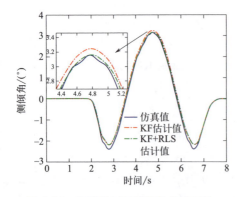

图 4.34 双移线工况侧倾角估计对比

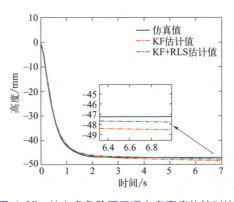

图 4.35 转向盘角阶跃工况车身高度估计对比

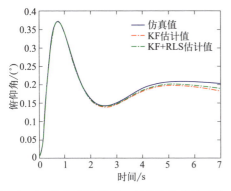
图 4.36　转向盘角阶跃工况俯仰角估计对比

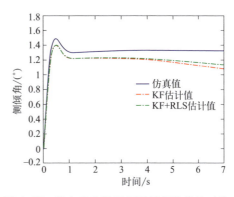
图 4.37　转向盘角阶跃工况侧倾角估计对比

图 4.38~图 4.40 对比了"双移线"工况下簧载质量每增加 60kg 后，使用 KF+RLS 估计器较 KF 估计器在车身高度、俯仰角、侧倾角的估计误差均方根值。图 4.41~图 4.43 对比了"转向盘角阶跃"工况下簧载质量每增加 60kg 后，使用 KF+RLS 估计器较 KF 估计器在车身高度、俯仰角、侧倾角的估计误差均方根值。从图中可以看出，相较于 KF 估计，使用 KF+RLS 估计器后，车身状态估计的误差均方根均有所下降。综上所述，说明 KF+RLS 估计器相较于 KF 估计器有效提高了车身状态估计在不同簧载质量下的估计精度，进一步说明了引入簧载质量估计后，有效提高了车身状态估计的估计精度。由于在车身状态估计的过程中，簧载质量作为一个重要车辆参数，且考虑实际过程中簧载质量的值并不是固定的，其将随着载货量和乘客的上下车发生改变。有效提高车身状态估计在不同簧载质量下的估计精度，具有更好的鲁棒性。

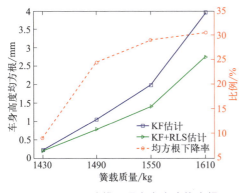
图 4.38　双移线工况车身高度均方根

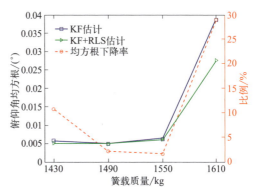
图 4.39　双移线工况俯仰角均方根

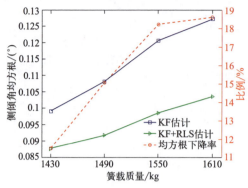
图 4.40 双移线工况侧倾角均方根

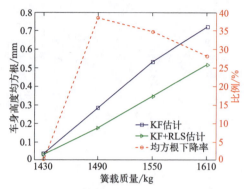
图 4.41 转向盘角阶跃工况车身高度均方根

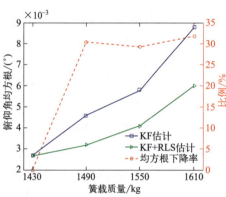
图 4.42 转向盘角阶跃工况俯仰角均方根

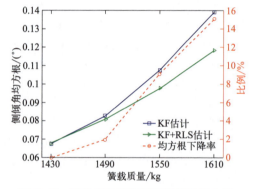
图 4.43 转向盘角阶跃工况侧倾角均方根

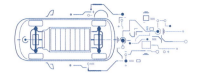

第 5 章 线控转向技术

5.1 转向系统的概念、分类及沿革

随着汽车发展进步，汽车转向车轮的负重越来越大，转向系统也就越来越复杂、越来越重要。在汽车上改变汽车行驶方向的机构，称为汽车转向系统，其作用是保证汽车能按驾驶员的意愿，直线或转向行驶。根据转向能源不同，转向系统分为机械转向系统和动力转向系统，由转向操纵机构、转向器、转向传动机构等组成。从转向盘到转向器之间的所有零部件称为转向操纵机构，由转向盘、转向轴、转向柱管及吸能装置等组成。转向盘系统，由轮缘、轮辐和轮毂等组成，轮毂的细牙内花键与转向轴连接。转向盘系统装有喇叭按钮及安全气囊等，在多功能转向盘上，还装有音响操纵按钮、定速巡航按钮、换挡拨片等装置。转向轴是连接转向盘和转向器的传动件，转向柱管固定在车身上，转向轴从转向柱管中穿过，支承在柱管内的轴承和衬套上。转向盘在汽车发生碰撞时，会直接伤害驾驶员。车辆碰撞时，人体受到的伤害部分是由转向盘造成的，且转向盘多会撞向人体的胸腹部，可能会造成致命伤害。

研究安全的转向操纵机构，是 ICV 安全的重要工作。吸能式转向盘在撞车时，转向盘骨架会产生变形，以吸收能量，减轻驾驶员受伤的程度，转向盘柔软的外表面也有缓冲保护作用。吸能式转向柱管是指在汽车发生碰撞时，转向轴会从中间自动断开或压缩吸能，吸收冲击能量，缓和转向盘对驾驶员的冲击，减轻驾驶员所受到伤害。转向器又名转向机，是转向系统中的减速增扭传动装置，其作用是增大转向盘传到转向传动机构的力和改变力的传递方向。转向器是转向系统中的重要部件，按结构可分为齿轮齿条式、蜗杆滚轮式、蜗杆曲柄销式和循环球式等，其中齿轮齿条式基本结构是相互啮合的齿轮和齿条，当转向轴带动小齿轮旋转时，齿条便做直线运动。转向器结构简单，成本低廉，转向灵敏，体积小，可直接带动横拉杆，与独立悬架系统配套使用。循环球式转向器是在螺杆和齿条螺母之间，装有可循环滚动钢球，使滑动摩擦变为滚动摩擦，提高传动效率，具有操纵轻便、磨损小及寿命长等优点。

从转向器到转向轮之间的传动杆件总称为转向传动机构，其功用是使左右转向车轮按一定规律进行偏转，实现汽车转向。由转向摇臂、转向直拉杆、转向节臂和转向梯形等零部件组成。ICV 在转向行驶时，为了避免车轮相对地面滑动而产生附加阻力，减轻轮胎磨损，要求转向系统能保证所有车轮均做纯滚动，即所有车轮轴线的延长线都相交于一点。这种运动关系由转向梯形机构保证，内侧转向轮的转向角度要比外侧转向轮的角度更大，这样才能保证车身转弯的平顺，此时两侧转向轮偏转角之间的函数关系称为理想关系式。在设计转向系统角传动比时，要兼顾省力与操纵灵敏两方面的要求。但是现在的汽车越来越追求操作的轻便性和灵敏度。越来越多的 ICV 使用前轮驱动，使前轴负荷越来越大，且广泛使用低压轮胎，使转向阻力矩越来越大。这种情况下，机械助力转向系统就很难满足需求，甚至根本不可能满足需求，因此，使用其动力驱动，转向车轮偏转的动力转向系统就应运而生。

ICV 在路上行驶，不可能都是笔直大道，控制转向系统，可随时改变行驶方向。转向系统使汽车能按驾驶员的意愿，直线或转向行驶。所以从汽车诞生的那一天，就有转向系统，只不过那时转向系统较简单，基本上就是用转向盘，通过几个齿轮或拉杆直接驱动转向车轮。不过这也是一种简单的助力系统，是通过杠杆来增加在转向车轮上的作用力的，驾驶员加在转向盘上的操纵力，要比转向车轮所受到的阻力小很多。动力转向系统是将发动机输出的部分机械能转化为压力能（或电能），并在驾驶员（或智能控制器）控制下，对转向传动机构或转向器中某一传动件，施加辅助作用力，使转向轮偏摆，实现汽车转向。动力转向系统的优点是减轻驾驶员劳动强度，且使汽车操纵灵敏。转向系统由机械转向器和转向加力装置组成，根据助力能源形式的不同，分为液压、气压和电机助力等。

转向系统经历的发展阶段：机械转向（manual steering，MS）系统、液压助力转向（hydraulic power steering，HPS）系统、电液助力转向（electro hydraulic power steering，EHPS）系统、电动助力转向（electric power steering，EPS）系统及线控动力转向（SBW）系统等。由于 SBW 具有轻量化设计、耗电少、灵活等特点，所以目前是 ICV 的首选。SBW 包括转向盘系统、电机系统及转向执行系统等。转向系统发展沿革、结构分析及对比分别如图 5.1 和图 5.2 所示。

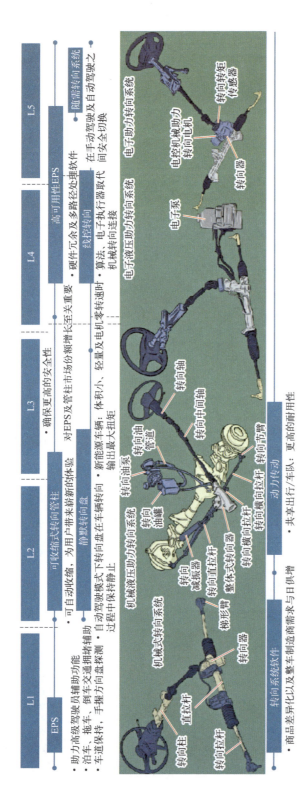

图 5.1 转向系统发展沿革

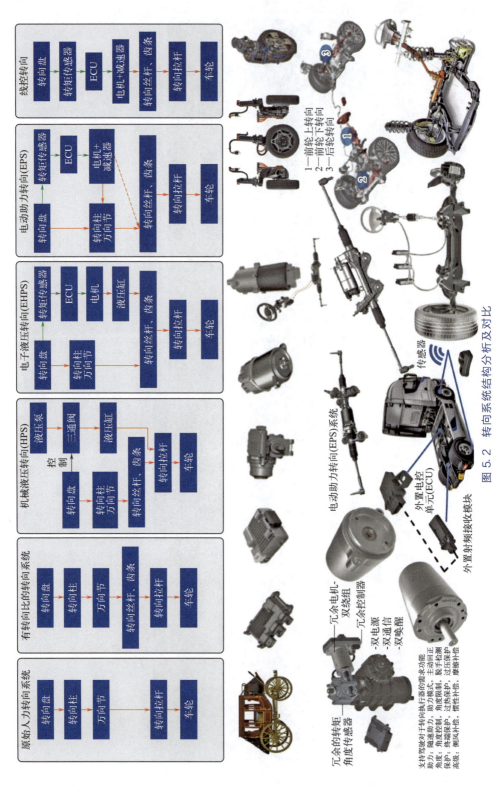

图 5.2 转向系统结构分析及对比

5.2 液压助力转向系统及电液助力转向系统

　　液压助力转向（HPS）将部分动力输出转化转向泵压力，对转向系统施加辅助作用力，使转向车轮实现转向。HPS 包含液压助力泵、转向泵、油管、压力流体控制阀（转向器）、传动带及储油罐等。HPS 工作原理：当转向盘未转动时，活塞两侧腔室内压力一致，处于平衡状态；转向盘转动时，连接在转向柱上的机械控制阀就会相应打开或关闭，一侧油液不再经过液压缸，而直接回流至储油罐，另一侧油液继续注入液压缸内，活塞两侧产生压差，便会在液力的作用下被推动，进而产生辅助力，此时，便会感受到转动转向盘不费力。HPS 的优点：转向动力充足、操控精准、路感直接、技术成熟、可靠性高及制造成本低，转向盘与转向轮之间全部机械连接，不仅操控精准，而且路感反馈清晰；转向助力的动力源头为发动机，因此可以利用的转向动力源源不断；技术成熟，可靠性高，即使助力系统失效，转向系统依然可以依靠机械连接进行无助力转向。HPS 的缺点：消耗动力、结构复杂、维护保养成本高，且不能随车速改变而改变助力大小，转向中，发动机会输出部分动力驱动助力泵给液压油加压，再由液压油将动力传递给转向助力装置，为驾驶员提供助力；整体能耗较高，复杂液压管路结构、繁多的油液控制阀门，导致整体结构复杂，整套油路常保持高压状态，影响寿命，且存在液压油泄漏而污染环境的风险。

　　电液助力转向（EHPS）的液压助力泵不再用发动机驱动，而是由新增电机驱动，同时新增了车速传感器、电磁阀及转向 ECU 等。电控单元收集轮速传感器等数据，经过综合处理，控制液压阀开启，改变油液压力，实现转向助力调节。EHPS 的优点：操控精准、路感反馈清晰，能耗降低；转向助力可根据转角、车速等参数自行调节，反应更灵敏；使汽车操控性更好，实现低速操控轻便、高速沉重稳定的随速转向。EHPS 的缺点：由于引入电子单元，其维修成本增加，整体结构复杂，稳定性不如 MS、HPS，且液压油泄漏的问题依旧存在。典型转向系统的工作原理如图 5.3 所示。转向系统丝杠-螺母系统的布置结构如图 5.4 所示。

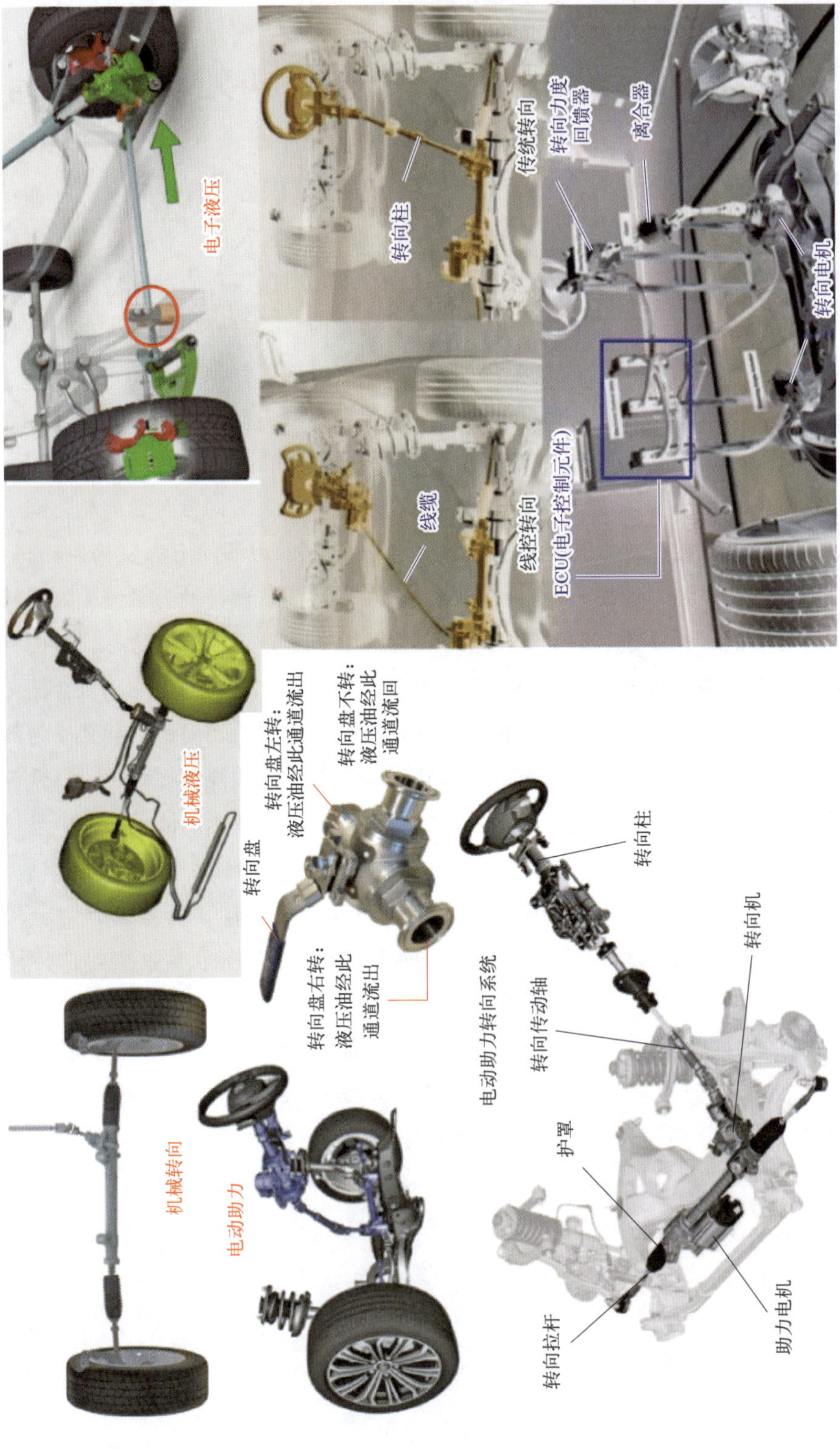

图 5.3 典型转向系统的工作原理

156　智能网联车辆线控技术

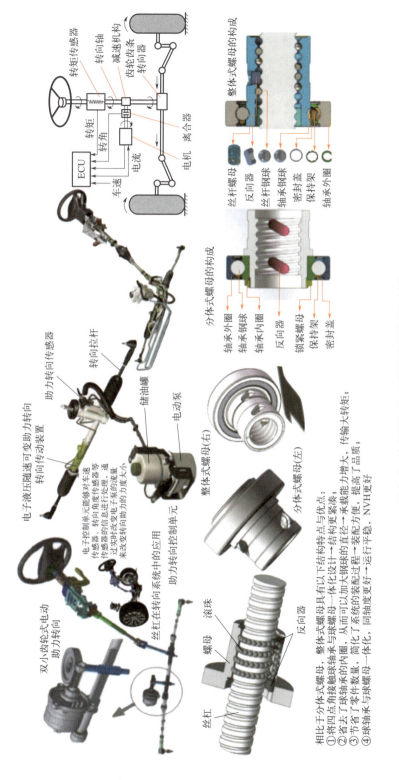

图 5.4 转向系统丝杠-螺母系统的布置结构

相比于分体式螺母,整体式螺母与球接轴承一体化设计→结构更紧凑;
①将四点角接触球轴承的内圈与螺母一体化设计→结构更紧凑;
②省去了球头角接触轴承的内圈,从而可以加大钢球的直径→承载能力增大,传输大转矩;
③节省了零件数量,简化了系统的装配过程→装配方便,提高了品质;
④球轴承与球螺母一体化,同轴度更好→运行平稳,NVH更好

第 5 章 线控转向技术　157

5.3 电动助力转向系统

电动助力转向（EPS）系统有转向助力式、齿条助力式及齿轮助力式等模式，EPS 系统由助力电机直接驱动转向传动装置提供转向助力，使转向轻便。其工作原理是：微电脑控制单元根据转向传感装置和车速传感器传出的信号，确定转向助力的大小和方向，并驱动电机辅助转向操作。驾驶员在操纵转向盘转向时，转矩传感器检测到转向盘的转向以及转矩大小，将电压信号输送到 ECU，ECU 根据转矩传感器检测的转矩电压信号、转动方向和车速信号等，向电机控制器发出指令，使电机输出相应大小和方向的转向助力转矩，从而产生辅助动力。汽车不转向时，ECU 不向电机控制器发出指令，电机不工作。EPS 系统的优点：结构简单、重量轻、效率高、能耗低、反应灵敏、滞后小、驾驶员的"路感"好、调整简单、装配灵活，系统扩展性好，可在此基础上实现车道保持、车道偏离预警等功能。EPS 系统的缺点：转向辅助动力较小、难以用于大型车辆，大量电气部件会增加故障点，使系统可靠性降低，在 EPS 系统中，滚珠丝杠连接着电动助力转向电机和转向装置（如转向齿条）。当驾驶员操作转向盘时，EPS 系统会根据计算得到的最佳转向角度和力度，控制电动助力转向电机输出相应的力矩，同时通过滚珠丝杠将转向力矩传递给转向装置，来保证稳定性和控制性。EPS 典型系统的发展沿革及架构对比如图 5.5 所示。

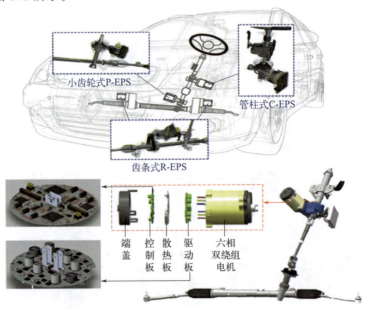

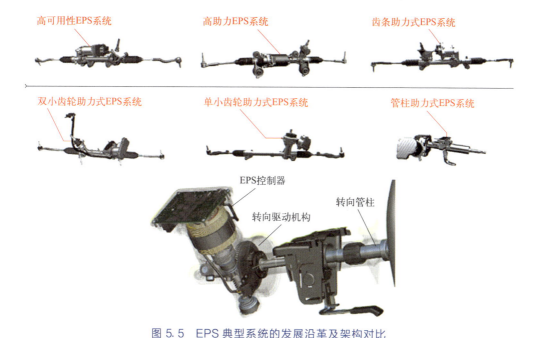

图 5.5 EPS 典型系统的发展沿革及架构对比

5.4 线控转向系统

5.4.1 线控转向系统的工作原理

线控转向（steer-by-wire，SBW）系统在 EPS 的基础之上发展而来，将驾驶员的操纵输入转化为电信号，无须通过机械连接装置，转向时转向盘上的阻力矩也由电机模拟产生，可自由地设计转向系统的角传递特性和力传递特性，由电信号传递指令从而操纵汽车。线控转向在 EPS 的基础之上发展而来，利用线控代替机械连接转向盘和执行机构。从 HPS、EHPS、EPS 发展到摆脱机械连接的 SBW 等。SBW 面临路感反馈缺失的问题，因此需要额外增加传感器去收集路况信息，再通过额外的力来传导至转向盘上，模拟路感反馈，这会提升软件的复杂程度。

SBW 取消转向盘与转向执行机构的机械连接，通过多个电机和控制器，解耦系统的冗余度，在转向盘与转向执行机构之间增加电磁离合器作为失效备份，解耦系统冗余度。SBW 是转向系统的发展方向，在转向盘与转向器之间没有刚性连接，转向盘是信号输出端，SBW 把驾驶员的驾驶意图和车辆的行驶状态用传感器记录下来,通过数据线将信号传递给车载电脑,车载电脑据此做出判断并控制转向助力电机提供相应的转向力,使转向轮偏转相应角度,实现转向。SBW 逻辑架构以及 SBW 与 EPS 结构对比分别如图 5.6 和图 5.7 所示。

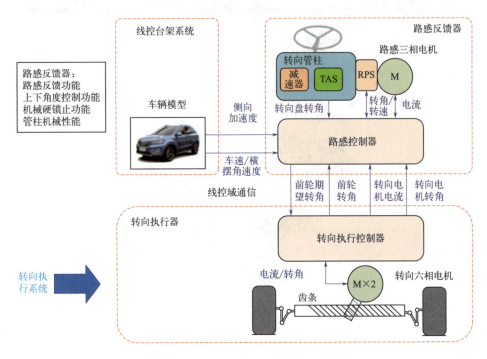

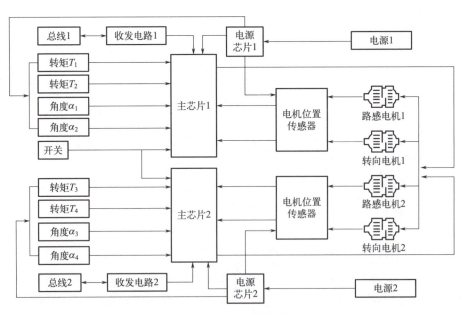

图 5.6 SBW 逻辑架构

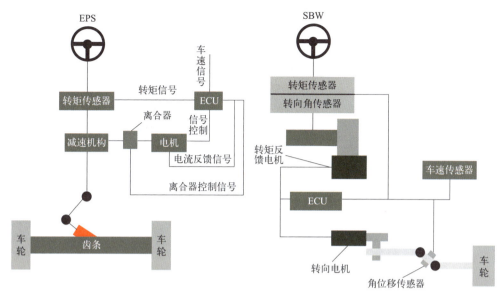

图 5.7　SBW 与 EPS 结构对比

　　SBW 相对于 EPS，需解耦冗余功能，若增加电气冗余系统及路面信息回馈系统，传感器、电机和 ECU 数量会增加。如电控系统备份冗余式 SBW，在转向盘处布置多个传感器，以实现输入信号的冗余度，转向机构采用多个电机＋ECU 系统来实现控制冗余。SBW 相较于传统转向系统，SBW 节省空间，利于轻量化。可根据需要完全隔离路面颠簸或者部分传递路面信息，使驾驶员获得良好的路感，也可根据驾驶员需要和意图，自由设计力传递特性和角传递特性，驾驶体验更丰富。同时，因为不用考虑机械连接的布局问题，车辆设计更灵活，且发生碰撞时管柱侵入的可能性降低，提高了车辆安全性。SBW 实现转向系统与转向盘的解耦，这点符合 ICV。SBW 转向力矩依靠转向执行器来输出，转向执行器输出力的方向和大小，依赖控制算法给定的控制信号，即转向依赖控制算法。基于路感反馈的 SBW 线控台架、零部件系统结构、线控执行系统，分别如图 5.8～图 5.10 所示。

　　SBW 转向力矩依靠转向执行器来输出，而控制指令既可来自转向盘传感器输出电信号，也可来自控制器算法输出电信号。转向系统从机械发展到线控，随着结构复杂程度的不断提升，包括对于舒适性的改进，整个产品也在不断提升。SBW 由路感反馈总成、转向执行机构和 HCU 等组成，其中双转向电机的 HCU 互相备份，可保证系统冗余性能，转向柱与转向机间的离合器能在线控转向系统出现故障时自动接合，保证紧急工况下，依然实现对车辆转向机械操纵。

　　SBW 动力源由电动力提供，故又称为全动转向。SBW 取消转向柱，避免事故

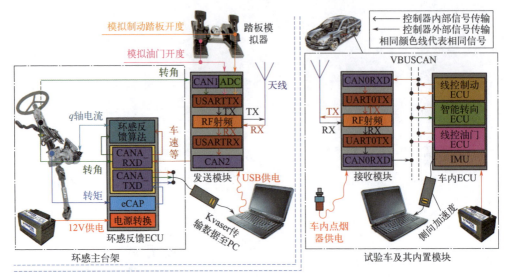

图 5.8 基于路感反馈的 SBW 线控台架系统

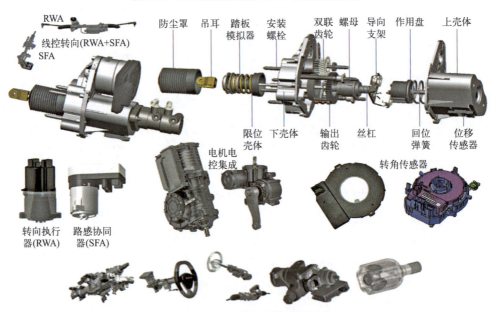

图 5.9 SBW 的零部件系统结构

中转向柱对驾驶员的伤害,提供更大空间、驾驶位自由度和方便性;ECU 根据行驶状态来判断操作是否合理,做出调整,提升驾驶稳定性;助力底盘一体化,SBW 实现机械解耦,空间布置灵活,降低配套成本;SBW 实现由 ECU 主动决策执行转向操作,在转向中,方便驾驶员接管;SBW 没有机械连接,转向比靠软件随时调节,实现随速度变化的传动比变化;SBW 无机械连接,路感来源于模拟器,提供个性化路感反馈。SBW 动力学及运动学耦合逻辑架构如图 5.11 所示。

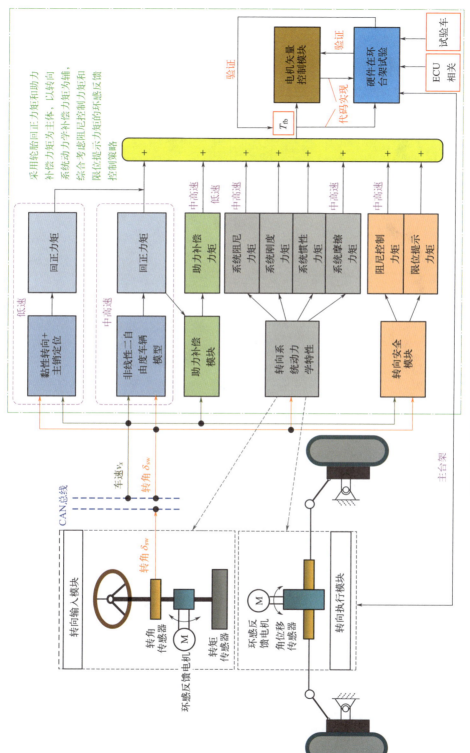

图 5.10 基于环感的 SBW 线控执行系统

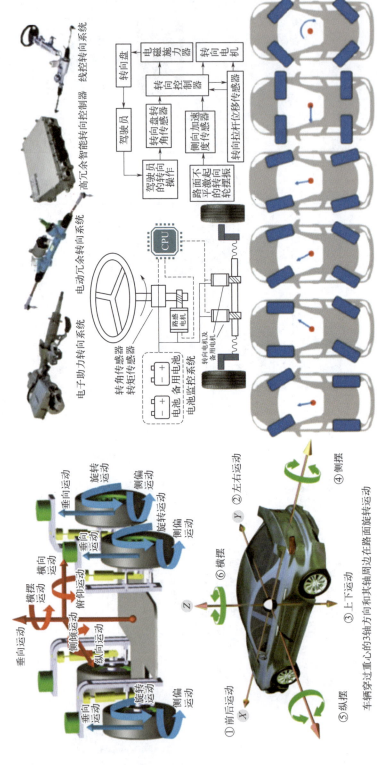

图 5.11 SBW 动力学及运动学耦合逻辑架构

164 智能网联车辆线控技术

目前 SBW 包含前轮 SBW 及分布式 SBW 等，基于传统机械转向系统的前轮 SBW 包含转向盘及转向管柱集成部分、转向执行机构与前轮集成部分等。SBW 系统典型结构分析如图 5.12 所示。依据转向执行机构的不同，前轮线控转向系统又可分为线控电动转向系统、线控电液复合转向系统，如图 5.12（a）所示。目前分布式转向系统的执行机构分为：前后轴独立转向，结构布置如图 5.12（b）所示，其前后轴各有 1 个转向执行机构带动左右侧车轮同时转动；四轮独立转向，结构布置如图 5.12（c）所示，其 4 个车轮各有 1 套转向执行机构，分别带动每个车轮转动。

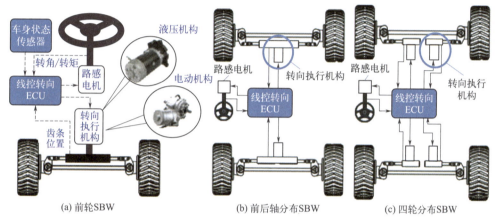

图 5.12 SBW 系统典型结构分析

5.4.2 四轮独立转向 SBW 系统执行机构动力学模型

车轮转向系统执行机构及 SBW 转向稳定性控制思路如图 5.13 所示。控制策略中一个电机作为主作动电机来响应参考转角的闭环控制，一个辅助作动电机根据主作动电机转角响应计算相应力矩，并采用 PID 控制跟踪力矩完成协调控制，该控制结构如图 5.14 所示。通过在电机电流控制环附加转速同步控制器，采用滑模控制算法计算附加控制电流使 2 个转向电机转速差为零，完成电机的同步控制，该策略能对系统噪声及不确定保持较好的鲁棒性能，算法有效，易于实践。基于无迹卡尔曼滤波估计的传感器故障诊断方法及信号重构容错控制算法如图 5.15 所示。采用转角传感器、加速度传感器、横摆角速度传感器等多传感器信息融合估计，通过比较器形成故障向量，通过表决器确定故障位置，同时利用估计信号对故障传感器信号进行重构，完成线控转向传感器信号系统的主动容错控制。采用自适应卡尔曼滤波设计前轮转角估计器，基于传感器自身测量序列统计学特征的传感器卡死故障诊断算法与基于传感器残差序列统计学特征的传感器噪声与漂移故障诊断算法，采用估计值代替传感器输出值，设计切换权重函数，对输出估计序列进行平滑处理，避免数据突变对控制系统的稳定性产生不良影响，如图 5.16 所示。

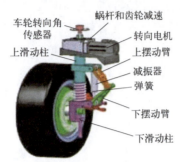

(a) 车轮转向系统执行机构

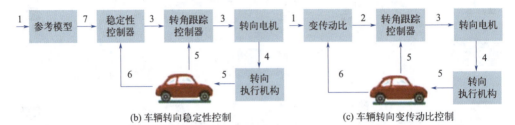

(b) 车辆转向稳定性控制　　　　　　(c) 车辆转向变传动比控制

图 5.13　车轮转向系统执行机构及 SBW 转向稳定性控制思路

1—驾驶员输入转角；2—理想前轮转角；3—电机控制电流/电压；4—转向电机输出扭矩；5—车轮转向角；
6—横摆角速度、质心侧偏角、侧向加速度、车速等；7—理想横摆角速度、质心侧偏角、侧向加速度等

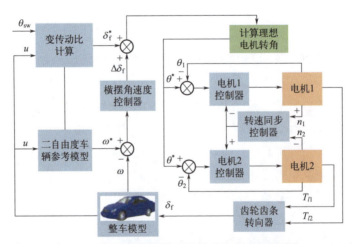

图 5.14　线控转向系统双电机冗余同步控制结构

θ_{sw}—转向盘转角；u—汽车纵向速度；δ_f^*—理想前轮转角；δ_f—实际前轮转角；$\Delta\delta_f$—附加前轮转角；
ω—实际横摆角速度；ω^*—理想横摆角速度；θ^*—理想电机转角；θ_1,θ_2—2 个转向电机的转角；
n_1,n_2—2 个转向电机的转速；T_{l1},T_{l2}—2 个转向电机的输出转矩

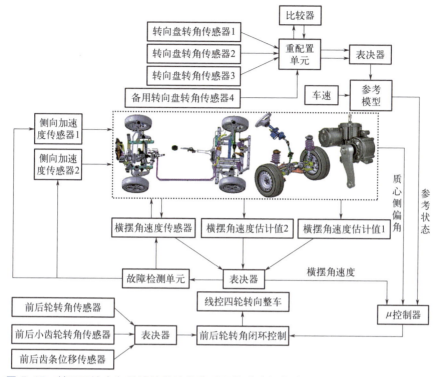

图 5.15 基于无迹卡尔曼滤波估计的传感器故障诊断方法及信号重构容错控制算法

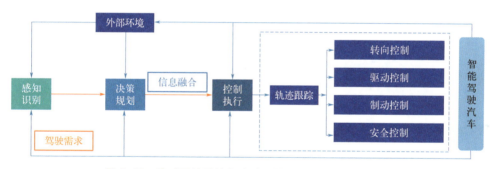

图 5.16 传感器故障诊断方法及信号重构容错控制算法

5.5 空间电压矢量脉宽调制

理想状态下，在定子三相绕组中通入对称的正弦电压时会形成理想的空间圆形旋转磁场，该磁场与转子磁场共同作用带动电机平稳运转。矢量脉宽调制（space vector PWM，SVPWM）技术就是以形成理想的定子空间旋转磁链圆为目标，通过控制三相逆变器六个开关元件的开关顺序和时间，形成八个基本空间电压矢量，并将其作为向量基去合成任意旋转电压矢量,以期逼近理想的空间磁链圆。SVP-WM 能有效减小稳态下的电流纹波和系统响应时间,降低母线电压耗散率。电压型三相两电平逆变器是 SVPWM 技术的重要依托,其结构如图 5.17 所示,图 5.17 中 $Q_1 \sim Q_6$ 均为功率开关元件,U_d 为逆变器的输入电压。因逆变器工作在 180°导通模式,所以 A、B、C 三相输出电压只有 U_d 和 0 两种情况,因此也称为两电平逆变器。

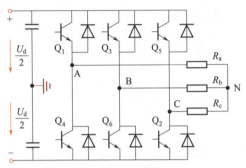

图 5.17 三相两电平电压型逆变器的结构

令上桥臂导通用 1 表示,下桥臂导通用 0 表示,则每个桥臂的开关信号函数表示为式(5.1),开关信号函数可将逆变器输出电压分为八种状态,即八个基本空间电压矢量。

$$S_x = \begin{cases} 1 \\ 0 \end{cases} \quad (x = A, B, C) \tag{5.1}$$

5.5.1 两电平逆变器的空间电压矢量

若考虑绕组在空间中的相对位置,定子电压即需纳入空间矢量范围,将三相空间电压矢量合成的总空间电压矢量定义为 U_s,其表达式为

$$\boldsymbol{U}_s = \frac{2}{3} [\boldsymbol{u}_A(t) + \boldsymbol{u}_B(t) e^{j\frac{2\pi}{3}} + \boldsymbol{u}_C(t) e^{j\frac{4\pi}{3}}] \tag{5.2}$$

三相空间电压矢量为

$$\begin{cases} \boldsymbol{u}_A(t) = U_m \cos \omega_s t \\ \boldsymbol{u}_B(t) = U_m \cos \left(\omega_s t + \frac{2\pi}{3} \right) \\ \boldsymbol{u}_C(t) = U_m \cos \left(\omega_s t - \frac{2\pi}{3} \right) \end{cases} \tag{5.3}$$

式中,U_m 为相电压的幅值;ω_s 为相电压的电角速度。

当有对称分布的正弦相电压输入时，总空间电压矢量以 ω_s 的角频率在空间中运动。至此，根据 3 个桥臂的开关状态，可用 U_s 的表达式分别求出 8 个基本空间电压矢量。桥臂开关组合与电压的对应关系见表 5.1。

表 5.1 桥臂开关组合与电压的对应关系

电压	$S_A S_B S_C$	u_A/V	u_B/V	u_C/V	U_s
U_0	000	0	0	0	0
U_1	100	$2U_d/3$	$-U_d/3$	$-U_d/3$	$2U_d/3$
U_2	110	$U_d/3$	$U_d/3$	$-2U_d/3$	$2U_d e^{j\pi/3}/3$
U_3	010	$-U_d/3$	$2U_d/3$	$-U_d/3$	$2U_d e^{j2\pi/3}/3$
U_4	011	$-2U_d/3$	$U_d/3$	$U_d/3$	$2U_d e^{j\pi}/3$
U_5	001	$-U_d/3$	$-U_d/3$	$2U_d/3$	$-2U_d e^{j4\pi/3}/3$
U_6	101	$U_d/3$	$-2U_d/3$	$U_d/3$	$2U_d e^{j5\pi/3}/3$
U_7	111	0	0	0	0

通过表 5.1 可看出：除零矢量外，基本空间电压矢量的幅值大小均为 $2U_d/3$，两两之间的空间相位差均为 $\pi/3$。基本电压矢量及磁链矢量的空间分布如图 5.18 所示：向量空间被 6 个有效电压矢量划分为Ⅰ~Ⅵ逆时针排布的扇区，受限于有效电压矢量的数量，此时的磁链旋转轨迹并不是理想的圆形，需借助于 6 个有效电压矢量去合成尽可能多的新电压矢量来逼近理想的圆形磁链，SVPWM 调制的终极目标便是形成如图 5.19 所示的磁链轨迹，下文将介绍 SVPWM 算法的实现方式。

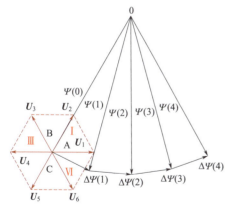

图 5.18 基本电压矢量及磁链矢量的空间分布

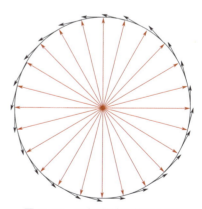

图 5.19 理想磁链圆轨迹示意

5.5.2 SVPWM 数字化控制算法

如图 5.19 所示的非基本空间电压矢量需经 SVPWM 算法设计，并由逆变器改变其开关元件工作状态而得到。结合图 5.18，假设 U_s 为Ⅰ号扇区内任意新电压矢量，合成 U_s 需要 U_1 的作用时间为 t_1，需要 U_2 的作用时间为 t_2，需要零矢量 U_0、U_7 的作用时间为 t_0，一个开关周期为 t_s，则有

$$U_s t_s = U_1 t_1 + U_2 t_2 \tag{5.4}$$

U_s 的合成过程，如图 5.20 所示，由正弦定理可得

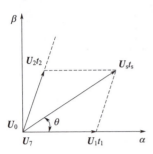

图 5.20 空间电压矢量合成

$$\frac{|U_1| t_1}{\sin\left(\frac{\pi}{3}-\theta\right)} = \frac{|U_s|}{\sin\left(\frac{2\pi}{3}\right)} = \frac{|U_2| t_2}{\sin\theta} \tag{5.5}$$

U_1、U_2 的幅值大小均为 $2U_d/3$，令 U_s 的幅值为 U_s，则

$$\begin{cases} t_1 = \sqrt{3}\, t_s \dfrac{U_s \sin\left(\frac{\pi}{3}-\theta\right)}{U_d} \\ t_2 = \sqrt{3}\, t_s \dfrac{U_s \sin\theta}{U_d} \\ t_0 = t_s - t_1 - t_2 \end{cases} \tag{5.6}$$

由 $(t_1+t_2) \leqslant t_s$，结合式(5.6)，可得 U_s 的范围为

$$U_s \leqslant \frac{U_d}{\sqrt{3}} \tag{5.7}$$

U_s 的计算提供了 SVPWM 调制的基本思路，首先判断目标电压矢量 U_s 所处的扇区，然后计算扇区内的两个基本空间电压矢量各自作用的时间，确定逆变器三个桥臂的开断状态和开断时间点。

（1）目标电压矢量 U_s 所处扇区的判断

$$\begin{cases} U_{s\_ref1} = u_\beta \\ U_{s\_ref2} = \dfrac{1}{2}(\sqrt{3}\,u_\alpha - u_\beta) \\ U_{s\_ref3} = \dfrac{1}{2}(-\sqrt{3}\,u_\alpha - u_\beta) \end{cases} \tag{5.8}$$

在 $\alpha\beta$ 坐标系中引入标量参考电压 U_{s_ref} 辅助判断扇区号，令 U_s 在 α、β 轴上分量的模为 u_α、u_β，定义 ref_o、ref_t、ref_s、ref_f 四个临时变量。参照式(5.8)，设 $U_{s\_ref1}>0$ 时，ref_o=1，否则 ref_o=0；$U_{s\_ref2}>0$ 时，ref_t=1，否则 ref_t=0；$U_{s\_ref3}>0$ 时，ref_s=1，否则 ref_s=0。令 ref_f=ref_o+2ref_t+4ref_s，则依据 ref_f 可对扇区号进行如表 5.2 所示的判断。

表 5.2　ref_f 与扇区号对应关系

ref_f	1	2	3	4	5	6
扇区号	II	VI	I	IV	III	V

（2）扇区内两个有效电压矢量基的作用时间计算

式(5.5) 和式(5.6) 给出了 I 号扇区内任意新空间电压矢量的合成过程，如果用 u_α、u_β 替代 U_s 来求取 t_1、t_2，则有

$$\begin{cases} t_1 = \dfrac{\sqrt{3}\, t_s}{2U_d}(\sqrt{3}\, u_\alpha - u_\beta) \\ t_2 = \dfrac{\sqrt{3}\, t_s u_\beta}{U_d} \end{cases} \quad (5.9)$$

为获取 6 个扇区的通用表达式，本章定义 X_1、X_2、X_3 三个时间变量，定义 T_s 为 6 个扇区的通用开关周期，则

$$\begin{cases} X_1 = \dfrac{\sqrt{3}\, u_\beta T_s}{U_d} \\ X_2 = \dfrac{\left(\dfrac{\sqrt{3}}{2} u_\beta + \dfrac{3}{2} u_\alpha\right) T_s}{U_d} \\ X_3 = \dfrac{\left(\dfrac{\sqrt{3}}{2} u_\beta - \dfrac{3}{2} u_\alpha\right) T_s}{U_d} \end{cases} \quad (5.10)$$

沿逆时针方向，令低边矢量基的作用时间为 t_l，高边矢量基的作用时间为 t_h，则不同扇区内有效基本矢量的作用时间如表 5.3 所示。

表 5.3　不同扇区内有效基本矢量的作用时间

扇区号	I	II	III	IV	V	VI
t_l/s	X_3	X_2	$-X_3$	$-X_1$	X_1	$-X_2$
t_h/s	X_2	$-X_1$	X_1	X_3	$-X_2$	$-X_3$

（3）不同扇区电压矢量切换点的划分

本章选用器件损耗低、谐波占比少的七段式 SVPWM，其典型实现方式如图 5.21 所示，结合表 5.3 给出的高低边矢量基作用时间，将三个桥臂在不同扇区中的切换时间点分别定义为 $t_{\mathrm{a\_cmp}}$、$t_{\mathrm{b\_cmp}}$、$t_{\mathrm{c\_cmp}}$，则有

$$\begin{cases} t_{a\_cmp} = \dfrac{T_s - t_1 - t_h}{4} \\ t_{b\_cmp} = t_{a\_cmp} + \dfrac{t_1}{2} \\ t_{c\_cmp} = t_{b\_cmp} + \dfrac{t_h}{2} \end{cases} \quad (5.11)$$

空间电压矢量切换时间点如表 5.4 所示，将 t_{a_cmp}、t_{b_cmp}、t_{c_cmp} 分别载入 A、B、C 相的比较器，即可对七段式 SVPWM 进行数字化实现。

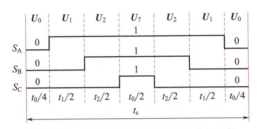

图 5.21　Ⅰ 号扇区 7 段式 SVPWM 示意

表 5.4　空间电压矢量切换时间点

扇区号	Ⅰ	Ⅱ	Ⅲ	Ⅳ	Ⅴ	Ⅵ
t_a/s	t_{a_cmp}	t_{b_cmp}	t_{c_cmp}	t_{c_cmp}	t_{b_cmp}	t_{a_cmp}
t_b/s	t_{b_cmp}	t_{a_cmp}	t_{a_cmp}	t_{b_cmp}	t_{c_cmp}	t_{c_cmp}
t_c/s	t_{c_cmp}	t_{c_cmp}	t_{b_cmp}	t_{a_cmp}	t_{a_cmp}	t_{b_cmp}

5.6　PMSM 矢量控制

5.6.1　PMSM 电流矢量控制策略

基于转子磁场固定不变的特性，目前的永磁同步电机（permanent magnet synchronous motor，PMSM）矢量控制主要采用转子磁场定向控制策略。在转子磁场定向 dq 旋转坐标系中，i_d、i_q 分别表示励磁电流和转矩电流，矢量控制的核心在于控制定子的空间电流矢量，反映在 dq 坐标系中就是单独控制 i_d 和 i_q。如图 5.22 所示，通过设置 i_d 电流调节器和 i_q 电流调节器，使电机的实际励磁强度和输出转矩追踪系统的输入期望，当 d、q 轴目标电流给定后，首先经 PI 调节器输出 d、q 轴给定电压，经 Park 逆变换后再经七段式 SVPWM 模块调制为 PWM 脉冲信号，脉冲信号流向逆变器，通过控制其内部开关元件的开断来控制 PMSM 的力矩输出。同时，电机三相反馈电流依次经 Clarke 变换和 Park 变换后形成 d、

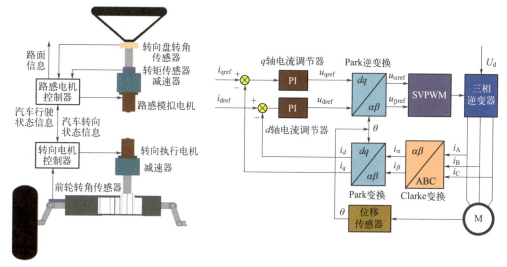

图 5.22 基于转子磁场固定不变的 SBW 特性

q 轴实际反馈电流，分别与输入期望做差后形成电流调节器的输入给定，继而进入下一个控制循环。

5.6.2 SBW 稳定性控制技术

SBW 稳定性控制技术具有比较典型的线控转向稳定性控制结构，如图 5.23 所示。根据驾驶员输入得到名义前轮转角，然后通过上层控制器计算附加前轮转角对理想横摆角速度及质心侧偏角进行跟踪控制；名义前轮转角与附加前轮转角进行叠加构成前轮转角的最终值，下层控制器通过计算转向电机的输出转矩完成对最终前轮转角的跟踪。用自适应滑模控制法，完成上下层 2 个控制器的设计，解决了建模的参数摄动及不确定干扰的问题，同时，考虑质心侧偏角的获取难度，采用滑模观测器对质心侧偏角进行了估计，完成闭环控制。采用自适应回归积分终端滑模控制

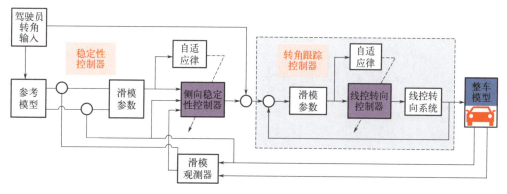

图 5.23 SBW 稳定性控制逻辑结构

算法，提高了横摆角速度和质心侧偏角的跟踪收敛速度，同时在下层控制器的设计部分，采用极限学习机对含有参数和不确定性的等效控制部分的进行逼近，提高了系统的控制精度。

考虑到路感反馈力矩一般小于 5N·m，路感电机功率较小，对功率因数的要求不高，电机大多工作在中低转速下，几乎不用考虑高转速造成的力矩波动，本章选用"$i_d=0$"电流矢量控制策略，即直轴给定电流恒为 0，通过控制交轴电流进而控制电磁转矩。

5.6.3 电流调节器参数整定

由图 5.24 可知：电流调节器的输出直接影响 SVPWM 模块的输入电压，进而影响逆变器的输出电压。鉴于 d、q 轴电流环具有相同的控制结构和系统特性，因此仅以 q 轴电流环为例，对其电流调节器的参数进行整定分析。考虑响应延时和 PWM 开断等小惯性环节的存在，可将 q 轴电流闭环回路定为如图 5.25 所示的结构。

图 5.24 SBW 稳定性控制原理

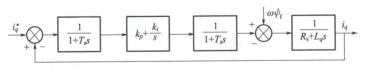

图 5.25 q 轴电流环结构框图

图 5.25 中的 T_s 为电流环完成单次采样的时间。为了简化分析流程，可先忽略高转速时反电动势 $\omega\Psi_f$ 带来的扰动，令 $\tau_1 = k_p/k_i$，可将该 PI 调节器表示为零极点形式。

$$k_p + \frac{k_i}{s} = k_p \frac{1+\tau_I s}{\tau_I s} \tag{5.12}$$

式中，k_p、k_i 分别为比例系数和积分系数；τ_I 是积分时间常数；s 为拉普拉斯算子。

若合并图 5.25 中两个小时间常数 T_s，可将 q 轴电流环简化为如图 5.26 所示的结构。

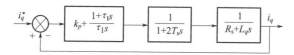

图 5.26 q 轴电流环的简化结构框图

因 PI 调节器具有校正作用，所以经校正后的电流环闭环传递函数为

$$G_{ci}(s) = \frac{1}{1 + \frac{R_s \tau_I}{k_p} s + \frac{2T_s R_s \tau_I}{k_p} s^2} \tag{5.13}$$

式中，R_s 为相电阻，在阻尼比 $\xi = 0.707$ 时，该电流闭环系统是最佳二阶系统，此时

$$2T_s \frac{k_p}{R_s \tau_I} = \frac{1}{2} \tag{5.14}$$

当三相桥上开关元件的开断频率较高时，T_s 近似为零，因此可将式(5.13)中的 s^2 项清零。结合式(5.14)，可将闭环传递函数重新表示为

$$G_{ci}(s) = \frac{1}{1 + 4T_s s} \tag{5.15}$$

结合式(5.12)和式(5.15)，可将 q 轴电流闭环的比例系数 k_p 和积分系数 k_i 整定为

$$\begin{cases} k_p = \dfrac{L_q}{4T_s} \\ k_i = \dfrac{k_p}{\tau_I} = \dfrac{k_p}{\dfrac{L_q}{R_s}} \end{cases} \tag{5.16}$$

式中，L_q 为 q 轴绕组电感。

SBW 包含转向盘总成和转向执行总成等。ECU 包括电源系统、路感电机控制器、转向电机控制器和故障诊断及报警系统等。对于 SBW 系统，在考虑上述因素之外，还考虑了高速行驶过程中的阻尼力矩、转向盘总成摩擦补偿力矩和对转向系统起限位作用的限位力矩。固有摩擦力矩补偿的原理是采用神经网络方法对转向盘总成固有摩擦力矩进行补偿,如图 5.27 和图 5.28 所示。

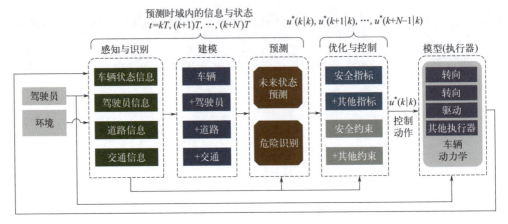

图 5.27 固有摩擦力矩补偿逻辑架构

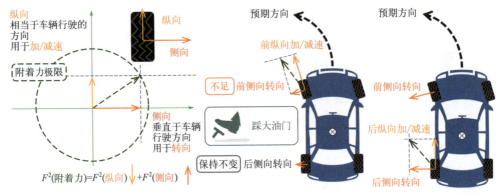

图 5.28 固有摩擦力矩补偿原理

5.7 电压前馈解耦控制

本章选择的"$i_d=0$"矢量控制策略会自动引发 i_d、i_q 解耦,使得定子磁链只含转矩成分,但该种方式却不能引发 u_d、u_q 解耦,受制于电流环的带宽,u_d、u_q 的耦合关系会在电机高速运转时拉低控制精度,延长动态响应时间,加剧稳态响应纹波。因此必须将 u_d、u_q 解耦,实现对 i_d、i_q 的单独控制。PMSM 在 dq 坐标系下的定子电压方程为

$$\begin{cases} u_d = R_s i_d + L_d p i_d - \omega L_q i_q \\ u_q = R_s i_q + L_q p i_q + \omega L_d i_d + \omega \Psi_f \end{cases} \tag{5.17}$$

从式(5.17)中可看出：u_d 不仅受 i_d 的影响，也受 i_q 的影响；同样，u_q 不仅受 i_q 的影响，也受 i_d 的影响。因此，i_d、i_q 任意一项产生波动，均会同时影响 u_d 和 u_q，也意味着 d 轴的 PI 调节器依然会在一定程度上影响 q 轴 PI 调节器的控制，u_d、u_q 之间的耦合项为 $\omega L_d i_d$ 和 $\omega L_d i_q$。本章采用电压前馈的方式消除这两个耦合项，具体实现形式如图 5.29 所示。

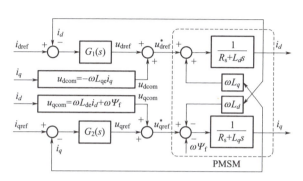

图 5.29 PMSM 电压前馈解耦控制示意

耦合项 $\omega L_d i_d$ 和 $\omega L_d i_q$ 均为后缀项，因为控制系统中的两个电流 PI 调节器输出的电压分别为 d、q 轴期望电压，所以在调节器的输出端引入与耦合项绝对值相等且符号相反的电压量即可进行补偿。如图 5.29 所示，令 d、q 轴期望电流为 i_{dref}、i_{qref}，电机实际反馈电流为 i_d、i_q；令 PI 调节器输出的期望电压分别为 u_{dref}、u_{qref}，d、q 轴电压前馈补偿量为 u_{dcom}、u_{qcom}，有

$$\begin{cases} u_{dcom} = -\omega L_{qe} i_q \\ u_{qcom} = \omega L_{de} i_d + \omega \Psi_f \end{cases} \quad (5.18)$$

式中，ω 为实时转子电角速度；L_{de}、L_{qe} 分别为电机运转时 d、q 轴电感的估计值；而上文建模所用的 L_d、L_q 为电机静态时 d、q 轴电感实际值，解耦后的 d、q 轴电压为

$$\begin{cases} u_{dref}^* = G_1(s)(i_{dref} - i_d) + u_{dcom} \\ u_{qref}^* = G_2(s)(i_{qref} - i_q) + u_{qcom} \end{cases} \quad (5.19)$$

u_{qcom} 中的 $\omega \Psi_f$ 项可用来抵消高速运转时产生的反电动势，如果忽略电机高速运转产生的电感变化，即 $L_{de} = L_d$，$L_{qe} = L_q$，则前馈解耦后的电流 PI 调节器输出电压可变为

$$\begin{cases} u_{dref} = R_s i_d + L_d p i_d \\ u_{qref} = R_s i_q + L_q p i_q \end{cases} \quad (5.20)$$

此时，两个 PI 电流调节器便成为没有交叉变量乘积项干扰的独立子系统，d

轴电流闭环控制系统可单独控制电机励磁强度，q 轴电流闭环控制系统可单独控制电机输出转矩大小。在忽略因定子电流波动而引发的电机感性参数变化的情况下，本章提出的电压前馈解耦方案是一种高精度的线性解耦方案。搭建出基于电压前馈解耦的 "$i_d=0$" 电流矢量控制系统，如图 5.30 所示，其中电流闭环控制结构与如图 5.26 所示的传统 PI 控制结构相同，同时令 d 轴目标电流恒为 0，并加入电压前馈解耦模块进行电压补偿。

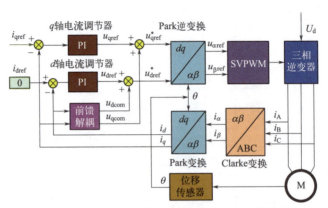

图 5.30　基于电压前馈解耦的 $i_d=0$ 控制策略框

5.8　PMSM 电流矢量控制系统仿真验证

PMSM 的控制精度决定了路感反馈系统的功能质量，在将路感电机矢量控制算法写入 ECU 之前，需对电机控制效果进行仿真评估。在 Simulink 环境中，搭建如图 5.30 所示控制系统的各个功能模块，也搭建未加解耦的传统 PI 控制系统模型，结合 dq 旋转坐标系中 PMSM 的数学模型和电流环 PI 调节器的参数整定，选取几种典型电流对控制系统功能进行对比验证。选用的 PMSM 参数，如表 5.5 所示。

表 5.5　PMSM 仿真参数

参数名称	数值	单位	参数名称	数值	单位
额定功率	200	W	转动惯量	0.003	kg·m^2
定子电阻	0.022	Ω	极对数	4	
母线电压	12	V	d 轴电感	8.5	mH
q 轴电感	8.5	mH	转子磁链	0.08424	Wb

选取的目标电流类型为三角波信号和阶跃信号，因电流矢量控制系统主要输出为转矩，为了消除电机转动过程中因自身惯性造成的转矩干扰，在两种信号跟踪仿

真时均对电机施加相应力矩使其堵转,并加入[-1,1]N·m的随机扰动负载。

(1) 三角波信号跟踪仿真

将图5.30所示控制系统的i_{qref}设置为幅值8A、周期0.25s的三角波信号,同时给定$i_{dref}=0$,将仿真时长设置为1s。未加解耦的传统PI算法和该算法的q轴及d轴电流跟踪结果,如图5.31和图5.32所示,该算法的q轴电流跟踪误差如图5.33所示。从图5.31可以看出,该算法能够在不断施加扰动的情况下实现对目标电流跟踪,虽然在0.25s、0.5s和0.75s时存在0.05A的超调和0.003s的相位滞后,但因数值较小,所以不会对电流矢量控制系统的跟踪精度和响应速度产生影响,也不会对路感系统的力矩反馈产生影响,事实上当信号突降时i_{qref}与实际电流i_q的差值瞬间增至负向最大值。

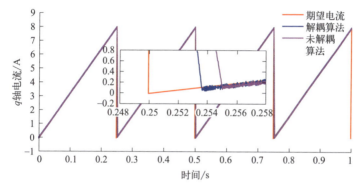

图5.31 三角波信号q轴电流跟踪

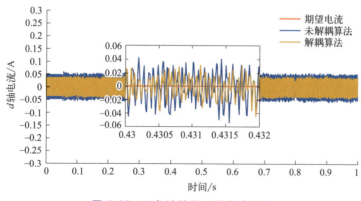

图5.32 三角波信号d轴电流跟踪

PI调节器瞬间负向饱和失去调节能力,导致此时的反馈电流与期望电流产生偏差,这与PI调节器本身特性有关,但在电流突降过程中,该算法的响应速度明显优于未解耦的传统PI算法,这是因为电压前馈解耦在一定程度上修正了PI调节器的饱和缺陷。从图 5.32 可以看出,该算法的 d 轴电流能实现完整跟踪,电流在 0.03～0.08A 的范围内波动,波动范围较传统 PI 算法小 0.02A。从图 5.33 可以看出,q 轴电流跟踪误差在信号突降时跳至最大值 8A,但在 0.0035s 后迅速降低回零,证明搭建的电流矢量控制系统能够实现对给定信号进行快速而稳定的跟随。

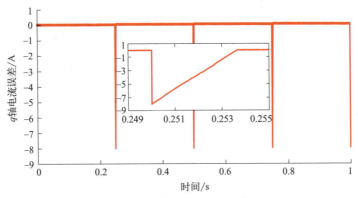

图 5.33　三角波信号 q 轴电流跟踪误差

(2) 阶跃信号跟踪仿真

将图 5.30 所示控制系统的 i_{qref} 设置为初始值 4A、0.5s 后突变为 8A 的阶跃信号,同时给定 $i_{dref}=0$,将仿真时长设置为 1s。未加解耦的传统 PI 算法和该算法的 q 轴和 d 轴电流跟踪结果如图 5.34 及图 5.35 所示,该算法的 q 轴电流跟踪误差如图 5.36 所示。该算法几乎实现对目标电流的完整跟踪,只是在信号突变时产生 0.0015s 的相位滞后,形成原因与三角波情况类似。0.5s 目标电流突变时,该算法明显能够比传统 PI 算法更快跟踪上目标电流。在图 5.35 中,该算法的 d 轴电流能实现完整跟踪,电流在 0.03～0.08A 的范围内波动,波动范围较传统 PI 算法小 0.02A,d 轴极小范围的电流波动几乎不会对电机的输出性能产生影响。在图 5.36 中,虽然 q 轴电流在 0.5s 时存在 4A 误差,但在 0.002s 后迅速回零,该误差时间

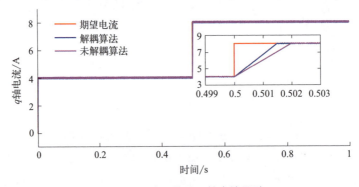

图 5.34　阶跃信号 q 轴电流跟踪

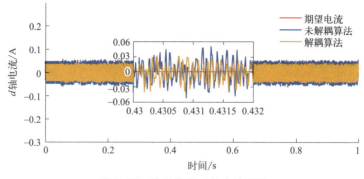

图 5.35　阶跃信号 d 轴电流跟踪

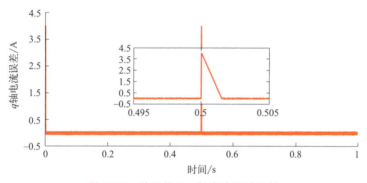

图 5.36　阶跃信号 q 轴电流跟踪误差

在路感反馈控制系统接受范围内。

给定两种不同类型的 q 轴电流，d 轴电流控制效果不受影响，说明本章搭建的基于电压前馈解耦的 $i_d=0$ 电流矢量控制系统具有较强的解耦特性和较高的电流跟踪精度，能达到路感反馈电机的控制要求。对 PMSM 及其矢量控制系统进行建模，首先建立三相静止坐标系下 PMSM 数学模型，通过坐标变换将其简化至 dq 旋转坐标系中；然后基于三相逆变器的开关模型设计了 SVPWM 数字化控制算法，基于电压前馈解耦策略改进了 $i_d=0$ 电流矢量控制系统。搭建仿真模型验证了路感反馈电机控制系统的输出效果。

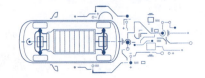

第6章
线控制动技术

6.1 线控制动系统基本理论

车辆制动系统包括防抱死制动系统（antilock brake system，ABS）、驱动防滑控制系统（traction control system，TCS）及电子稳定系统（electronic stability program，ESP）等，作用是提升制动稳定性和行驶安全性。以上系统基于传统底盘结构，受制于机械系统结构限制，稳定性和灵活性都难进一步改善。制动系统经历了从机械到液压再到电子（ABS-ESP）的发展过程，目前正向线控制动方向发展。线控制动系统（brake-by-wire，BBW）按结构不同，分为**电子液压制动**（electro-hydraulic brake，EHB）系统和**电子机械制动**（electro-mechanical brake，EMB）系统等。根据集成度的高低，在 EHB 中又分为 One-Box 及 Two-Box 等技术方案，区别在于 ABS/ESC 系统是否和电子助力器集成在一起，见表 6.1。以 Two-Box 为例，其采用 Two-iBooster 作为制动主方案，ESP 作为备份，这两套系统都可自己独立建压，且在整个减速及制动范围内，独立进行制动液建压，起到双保险作用。

ICV 的制动不仅要满足日常制动需求，更重要的是起到能量回收的作用。在传统燃油车上，制动或者滑行的时候动能转化为热能，直接导致浪费，无法回收。在 ICV 上面，该过程就可把能量通过发电机转化成电能并储存到电池里，为 ICV 提供额外的续航里程。既满足日常制动需求，也能提供良好的能量回收。能量回收的策略包括叠加式、单踏板式及协调式等。叠加式：由于制动能量回收效率较差，所以采用相对较少。单踏板式：当驱动踏板松开时，就对能量进行回收。制动体验与传统燃油车不同，如果经验不丰富，可能会造成误动作，即在紧急情况下，可能踩错踏板。协调式的能量回收策略是，考虑能量回收效率，保证制动效果。BBW是电控制动系统，BBW将驾驶员操纵输入转化为电信号，无须通过机械连接装置，由电线或电信号实现指令传递及操纵，其灵活控制方式及快速精确响应特性，符合ICV电动化、智能化的发展需求。EHB是在原有传统液压制动基础上发展而来的。EMB取代了原有的液压制动的管路，直接把电机集成在制动钳上，在反应速度和执行效率方面比EHB方案更优，同时，由于EMB取消了原有液压备份的冗余系统，对于系统可靠性、热稳定性及散热性等都有更高要求，其成本会相对比EHB更高。SBW发展沿革、乘用车制动系统发展沿革、载货卡车制动系统的发展沿革，分别如图6.1～图6.3所示。

表6.1 One-Box及Two-Box特性比较

性能对比	One-Box		Two-Box	
	One-box方案	One-box+电子冗余方案	Two-Box解耦方案	Two-Box非解耦方案
硬件组成	踏板+集成式电子助力器（驱动电机+制动主缸+ABS/ESC）+液压制动管路+刹车盘	踏板+集成式电子助力器（驱动电机+制动主缸+ABS/ESC）+冗余制动单元+液压制动管路+刹车盘	踏板+电子助力器（驱动电机+制动主缸）+解耦ESC+液压制动管路+刹车盘	踏板+电子助力器（驱动电机+制动主缸）+ESC+液压制动管路+刹车盘
结构	1个ECU、1个制动单元	1个ECU、1个制动单元、1套冗余制动单元	2个ECU、2个制动单元	
电子冗余	无电子冗余	有电子冗余	有电子冗余	
能量回收	能量回收效率高，回馈制动减速度高达(0.3～0.5)g，满足协调式回收策略的要求		能量回收效率较高，回馈制动减速度最高为0.3g，搭配ESC可实现协调式回收策略	能量回收效率较高，回馈制动减速度最高为0.2g，不能实现协调式回收策略
成本	集成度相对高、售价相对较低	多加一套冗余单元，售价较One-Box高	集成度相对低、售价相对较高	
技术水平	技术水平高、成本较低、制动配置更加灵活；量产工艺较困难		技术水平相对较低，量产工艺简单	
复杂程度与安全性能	复杂程度较高，需要实现与踏板的解耦；集成式电子助力器失效时，减速度较大		复杂程度较低，不需要改造踏板；电子助力器失效时，减速度较小	

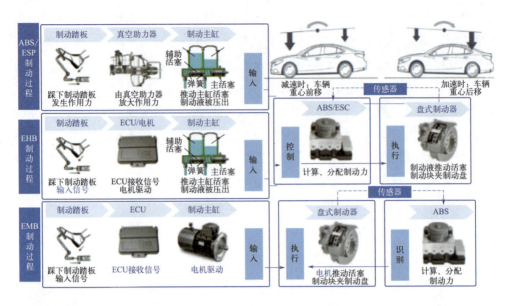

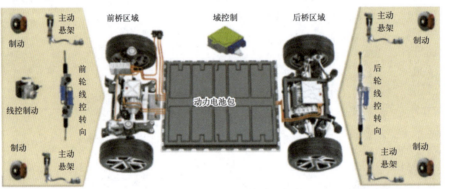

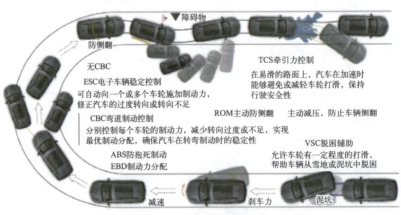

图 6.1 线控制动系统发展沿革

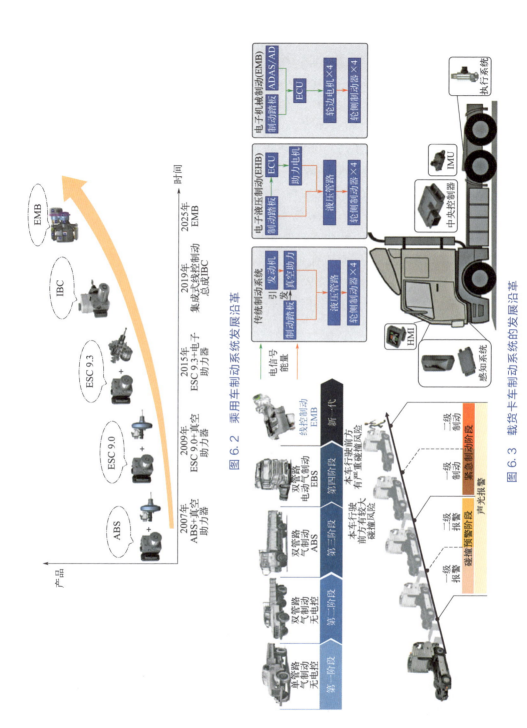

图 6.2 乘用车制动系统发展沿革

图 6.3 载货卡车制动系统的发展沿革

第 6 章 线控制动技术　185

基于传统液压制动系统，EHB 电子器件替代部分机械部件，使用制动液作为动力传递媒介，同时具备液压备份制动系统，如图 6.4 所示；在 EMB 中，ECU 根据制动踏板传感器信号及车速等车辆状态信号，驱动和控制执行机构电机来产生所需要的制动力，无液压备份制动系统。BBW 取消了制动踏板和制动器之间的机械连接，用电子结构关联，实现信号传送、制动能量等传导。BBW 取消了真空助力及机械连接等，实现精准控制。BBW 解决了 ICV 无真空助力源问题，且相较于使用电子真空泵，BBW 能进行能量回收，效率高，BBW 是电动化、智能化的必然选择。相较于 Two-Box 方案，One-Box 方案体积和重量小，成本低，并集成 ESP 功能，基于高效回收效率，One-Box 比 Two-Box 在轻量化、制动响应时间及助力等方面有优势。但由于技术集成问题，量产时间晚。One-Box 与 Two-Box 的逻辑架构比较，如图 6.5 和图 6.6 所示。目前 EMB 发展迅速，但由于缺少备份冗余，在技术层面，现阶段不成熟，处于实验室阶段。采用 EMB 代替原有 ESP 及 iBooster 等，更加轻量化，同时减小制动响应时间，提升能量回收能力。SBW 电磁阀结构分析、EHB 与 EMB 结构分析与比较、SBW 的总体逻辑架构，分别如图 6.7～图 6.9 所示。

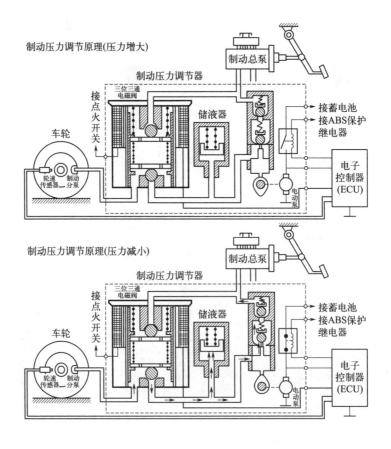

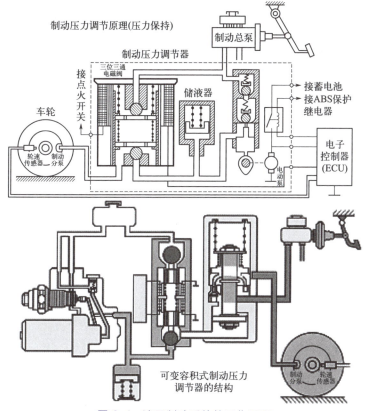

图 6.4 液压制动系统的工作原理

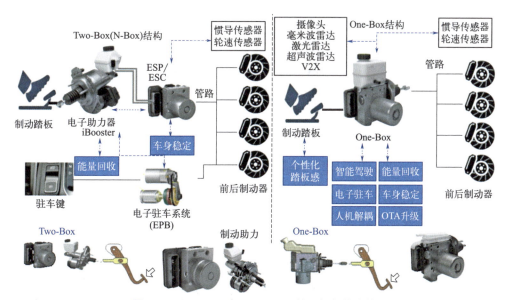

图 6.5 One-Box 与 Two-Box 的逻辑架构比较

第 6 章 线控制动技术

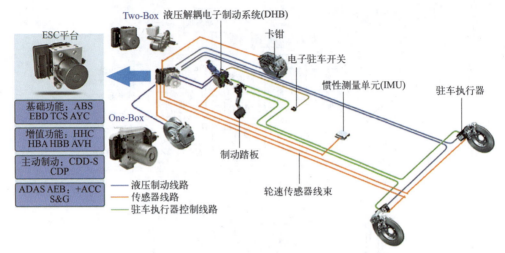

图 6.6 One-Box 与 Two-Box 的 ESP 平台集成架构

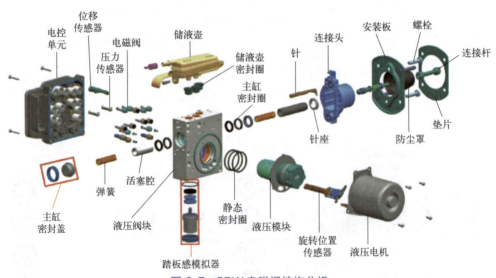

图 6.7 SBW 电磁阀结构分析

iBooster 包括助力电机、助力驱动机构、推杆机构、行程传感器、主缸等。iBooster 结构组成及分析如图 6.10 所示。为实现轻量化，除主动驱动小齿轮采用钢制齿轮外，其他驱动齿轮均为复合材料，这对复合材料的耐久性能要求是个挑战。减小齿轮间工作磨损，配合尺寸至关重要，实现难度也大。iBooster 集成系统与传统系统的区别如图 6.11 所示。

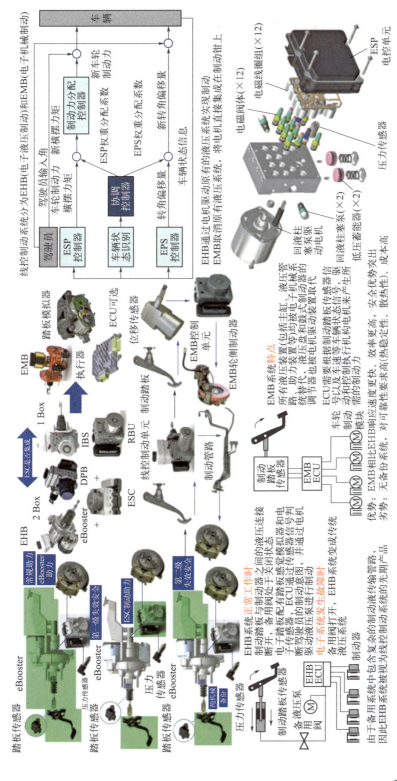

图6.8 EHB与EMB结构分析与比较

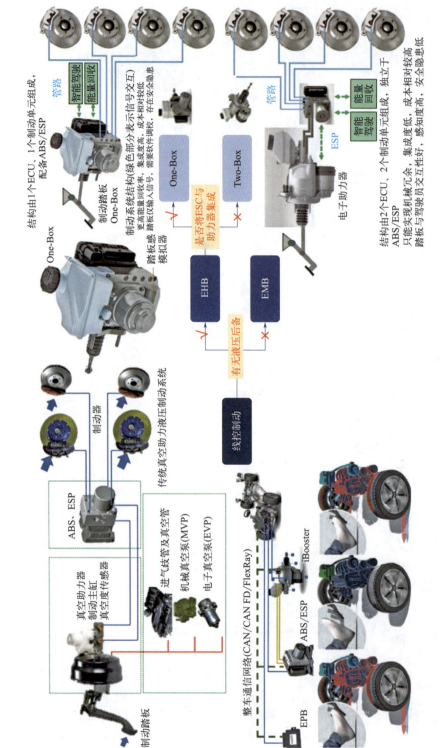

图 6.9 SBW 的总体逻辑架构

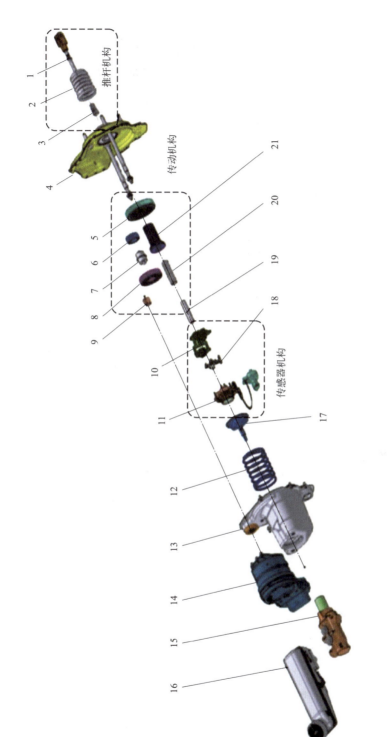

图 6.10 iBooster 结构组成及分析

1—挺杆带内芯杆；2—防尘罩；3—始动力弹簧；4—前壳；5—减速齿轮 1；6—减速齿轮 2；7—齿轮定位销；8—减速齿轮 3；9—电机输出轴齿轮；10—滑块；11—传感器；12—回位弹簧；13—后壳；14—助力电机；15—制动主缸；16—储液壶；17—主缸推杆；18—内芯杆限位块；19—内芯杆；20—丝杆；21—丝杠齿轮

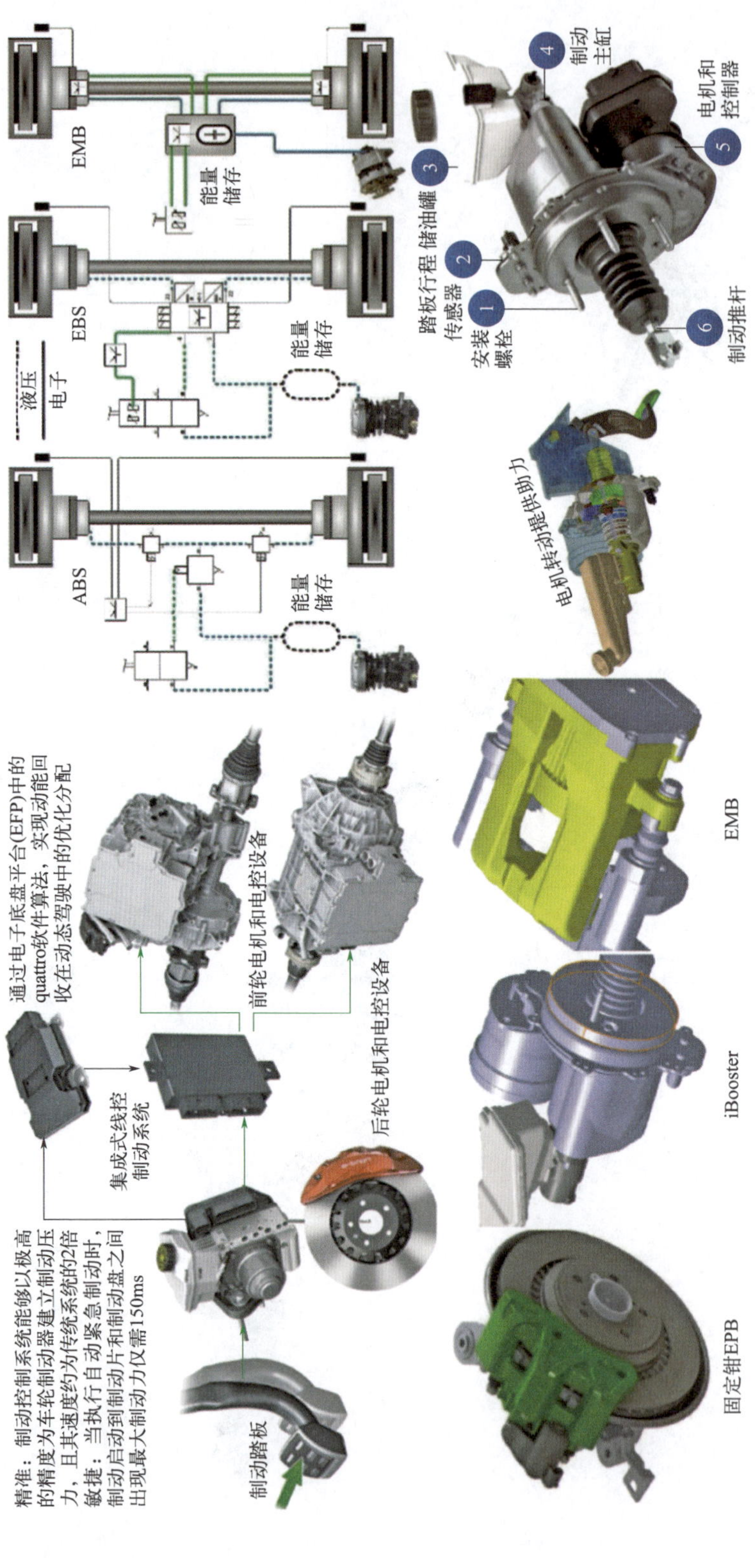

图 6.11 iBooster 集成系统与传统系统的区别

EHB是电控+液压制动的混合体，在驾驶员踩下制动踏板后，踏板传感器将力和位移信号转化为电信号送入电控单元。EHB液压制动总成结构分析如图6.12所示。电控单元结合整车其他信息，计算出需要的助力大小，并利用助力机构施加助力，产生和真空助力器相同的功能。同时会计算模拟一个反馈力给到刹车踏板，用以模拟驾驶员真实的制动效果。EHB产品还保留了传统机械液压制动系统以实现安全冗余。在EHB系统失效时，驾驶员可通过大力踩刹车踏板进入传统机械液压制动模式。EHB将制动踏板与助力器之间的机械连接替换为电信号连接。EHB总成及零部件结构分析等如图6.12～图6.16所示。

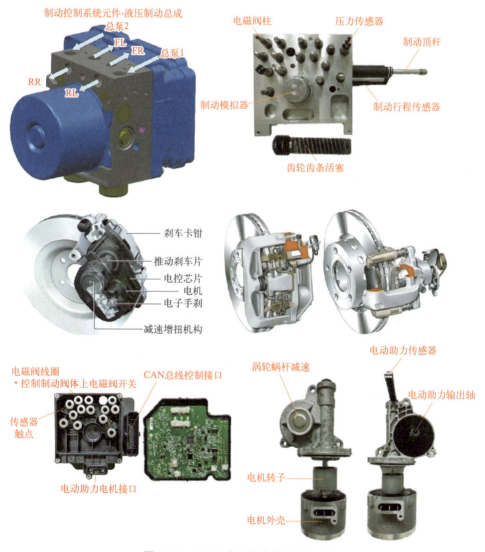

图6.12 EHB液压制动总成结构分析

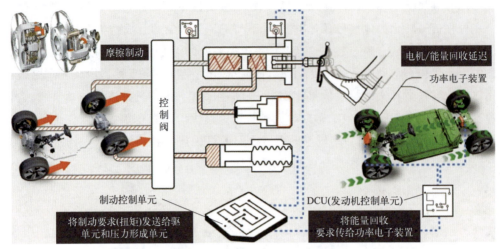

图 6.13 制动能量回收系统

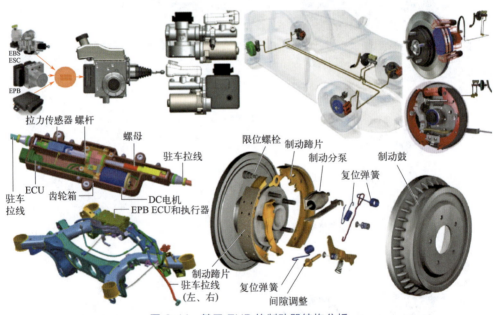

图 6.14 基于 EHB 的制动器结构分析

  EMB 系统的典型装车方案包括模拟电子踏板、四套（两两互为冗余）EMB 机械执行机构、四个轮速传感器、两个控制单元（ECU，互为冗余）及两套供电系统等，部件之间通过 CAN 总线或其他时间敏感型网络的通信。模拟电子踏板一方面采集制动踏板被踩下的力信号和位移信号，发送给 ECU；另一方面提供一定的反馈力给驾驶员，以模拟真实的路感。EMB 机械执行机构是整个 EMB 系统的机械核心部分，每套执行机构都包括动力驱动机构（电机）、减速增力机构（力放

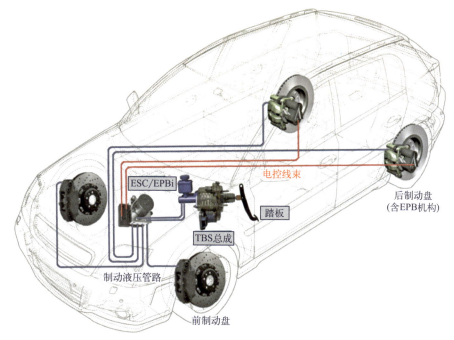

图 6.15 EHB 制动总成结构分析

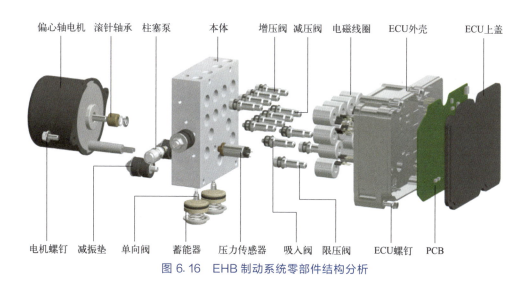

图 6.16 EHB 制动系统零部件结构分析

大)、运动转换机构(旋转运动转直线运动)及制动钳等。ECU 是 EMB 的控制部分,EMB 系统的整体性能直接取决于控制单元中算法性能的好坏。制动过程中,驾驶员踩下模拟电子踏板,ECU 通过分析各路传感器信号,并根据车辆当前行驶状态以及路面状态计算出每个车轮制动时不抱死所需的最佳制动力,并发出相应的控制信号给电机控制器，电机产生的力矩经过减速增力机构以及运动转换机构后，将制动力矩施加在制动盘上。在这套方案中，每个车轮处都安装有一套可独立控制的 EMB 机械执行机构。前轮的两个 EMB 机械执行机构和后轮的两个 EMB 机械执行机构各有一套独立的供电系统和控制单元，这样可以保证在一套供电系统或控制单元失效时，另一套供电系统或控制单元仍可完成基本的制动功能，以防止危险事故发生。同时，两个控制单元之间可以通过 CAN 总线网络实现即时相互通信和故障诊断功能。EMB 系统去掉冗杂的液压管路及液压元件，降低车辆整备质量；机械连接少，结构简单，布置方便；采用模块化结构，易于装配与维修。EMB 系统与其他电控系统共享轮速传感器、ECU 等硬件。通过修改 ECU 中的软件程序，易实现 ABS、TCS（牵引力控制系统）、ESP（电子稳定性程序）等复杂电控功能，并且易于匹配安装有制动能量回收系统的 ICV。EMB 系统采用电信号传递控制信号以及能量，因此响应迅速，加上其机械执行机构反应灵敏，能极大地提高车辆的制动效能。EMB 系统采用的模拟电子踏板，能有效避免 ABS 介入时的制动踏板顶脚现象。EMB 系统中没有制动液，避免因制动液泄漏而带来的环境污染问题。然而，在 EMB 系统的应用中，还存在着一些急需克服的难题：由于车载电子设备的增加，汽车电力系统已趋于饱和，而 EMB 系统的原理决定了其制动力的产生需要消耗大量的电能，目前车载 12V 电源已无法满足 EMB 系统的需要。因此，车载高压电源技术成为 EMB 系统应用的关键。在制动过程中，EMB 执行机构的驱动电机需要工作在大电流状态，且需在各种恶劣工况下安全可靠地提供制动力矩，这对电机的设计、制造、控制是挑战。随着高性能电机、ECU、传感器等各种硬件设备的增加，整车成本势必提高。如何降低 EMB 系统成本，成为 EMB 系统应用中不能忽视的问题。EMB 系统虽然有着前景及传统液压制动系统无法企及优势，但其自身也面临一些急需解决的问题。

6.2　基于 BBW 的 ICV 稳定性控制中的状态观测

车辆质心侧偏角和侧倾角是 ICV 线控制动中的关键车辆状态，且通过线控制动系统中的车载传感器不能直接测量得到。通过直接测量的方式实时获取质心侧偏角和侧倾角，需要在线控制动系统中增加额外的昂贵设备，这会显著提高线控制动系统的成本。利用线控制动系统中现有的传感器信息，对车辆质心侧偏角和侧倾角进行实时观测是很有必要的。对于 ICV 而言，由于装载质量变化、载荷转移和轮胎非线性等因素的影响，质心侧偏角的估计具有挑战性。此外，由于 ICV 质心较高，在极限转向工况下，内侧车轮离地会对侧倾角的估计产生较大影响。针对目前

ICV 质心侧偏角和侧倾角估计中存在的问题,通过设计相关观测器,完成对车辆质心侧偏角和侧倾角的准确估计。

6.2.1 考虑轮胎垂直载荷变化和轮胎非线性的质心侧偏角估计

由于装载质量的变化和转向过程中的载荷转移,ICV 在不同行驶工况下轮胎垂直载荷变化较为明显。而轮胎的侧偏刚度受垂直载荷影响较大,在复杂的行驶工况下,ICV 的前后轴轮胎侧偏刚度变化幅度较大。在进行质心侧偏角估计时,轮胎侧偏刚度是一个重要参数。此外,现有的质心侧偏角估计算法不能较好满足 ICV 对精度和鲁棒性的要求。针对 ICV 质心侧偏角估计问题,设计新颖的质心侧偏角观测器。图 6.17 展示了所设计的 ICV 质心侧偏角估计方法框架。整个框架主要包括用于测量车辆状态信息的传感器数据处理、轮胎力计算、噪声协方差矩阵构建、轮胎侧偏刚度观测和车辆质心侧偏角观测。其中,轮胎力是基于四轮车辆动力学模型,根据车辆行驶过程中的纵向加速度、横摆角速度和侧向加速度信息计算得到。过程噪声的协方差矩阵是通过分析线性化得到的系统状态空间模型与真实车辆物理

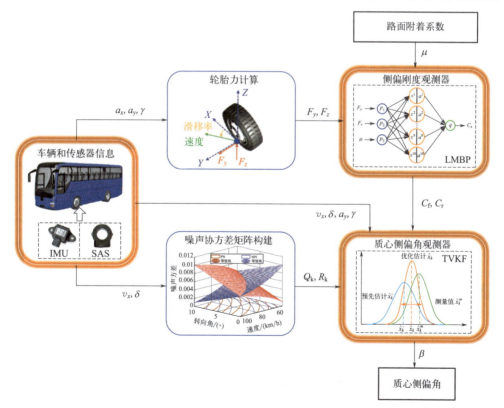

图 6.17 质心侧偏角估计方法框架

模型的差异进行构建的,而测量噪声的协方差矩阵则是根据实际系统中传感器信号的特点进行设计的。在进行轮胎侧偏刚度估计时,将其考虑为时变参数,通过设计的 LMBP 神经网络算法完成对时变侧偏刚度的估计。基于估计得到的侧偏刚度,利用时变卡尔曼滤波器设计了质心侧偏角的观测算法。最后,通过多种典型工况下的测试,验证了所设计的算法提高了轮胎侧偏刚度和质心侧偏角的估计精度与鲁棒性。以下对整个框架的内容分别展开描述。

6.2.2 基于 Levenberg-Marquardt 神经网络的轮胎侧偏刚度估计

(1) 车辆和轮胎动力学模型搭建

考虑每个轮胎垂向力的变化,分别建立车辆单轨和四轮动力学模型。图 6.18 (a) 所示为单轨车辆模型,由图 6.18(b) 所示的四轮车辆模型简化。该简化模型已广泛应用于车辆稳定性控制和状态估计中。

根据单轨车辆模型,推导出车辆动力学微分方程,如式(6.1) 所示。

$$\begin{cases} m(\dot{v}_y + \gamma v_x) = F_{yf} + F_{yr} \\ I_z \dot{\gamma} = F_{yf} l_f - F_{yr} l_r \end{cases} \quad (6.1)$$

式中,m 是整车的质量;l_f 和 l_r 分别为质心到前轴和后轴的距离;I_z 是车辆绕垂直轴的转动惯量;v_x 和 v_y 分别为车辆的纵向和横向速度;F_{yf} 和 F_{yr} 分别为车辆前桥和后桥的侧向力;γ 是车辆的横摆角速度。

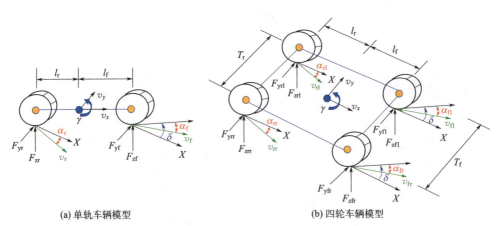

图 6.18 用于质心侧偏角估计的车辆动力学模型

垂向力是影响轮胎转向刚度的一个重要参数。当车辆转向时,离心力使垂直载荷重新分布在不同的车轮上。相比于乘用车,ICV 通常具有更大的质量和更高的质心。因此,ICV 的横向载荷转移更为严重,设计质心侧偏角观测算法时应考虑

到这一点。考虑车辆的纵向和横向加速度，作用在每个车轮上的垂直力可计算为

$$\begin{cases} F_{zfl} = \dfrac{m(l_r g + h a_x)}{2(l_f + l_r)} - \dfrac{mha_y(l_r g + h a_x)}{gT_f(l_f + l_r)} \\ F_{zfr} = \dfrac{m(l_r g + h a_x)}{2(l_f + l_r)} + \dfrac{mha_y(l_r g + h a_x)}{gT_f(l_f + l_r)} \\ F_{zrl} = \dfrac{m(l_f g - h a_x)}{2(l_f + l_r)} - \dfrac{mha_y(l_f g - h a_x)}{gT_r(l_f + l_r)} \\ F_{zrr} = \dfrac{m(l_f g - h a_x)}{2(l_f + l_r)} + \dfrac{mha_y(l_f g - h a_x)}{gT_r(l_f + l_r)} \end{cases} \quad (6.2)$$

式中，F_{zfl}、F_{zfr}、F_{zrl} 和 F_{zrr} 分别为左前轮、右前轮、左后轮、右后轮的垂向力；h 为车辆质心的高度；T_f 和 T_r 分别为前、后桥的轮距；a_x 和 a_y 分别为车辆的纵向和侧向加速度。

如图 6.18(b) 所示，四轮车辆模型展示了四个不同车轮的受力情况。F_{yfl}、F_{yfr}、F_{yrl} 和 F_{yrr} 分别代表左前轮、右前轮、左后轮和右后轮的侧向力，它们也是轮胎侧偏刚度辨识的重要参数。因此，有必要根据传感器信号计算四个车轮的侧向力。以下利用通过惯性传感器测量得到的侧向加速度 a_y 和横摆角速度 γ 来计算轮胎侧向力。根据式(6.1)，前后桥的侧向力分别为

$$\begin{cases} F_{yf} = \dfrac{ma_y l_r + I_z \dot{\gamma}}{l_f + l_r} \\ F_{yr} = \dfrac{ma_y l_f - I_z \dot{\gamma}}{l_f + l_r} \end{cases} \quad (6.3)$$

式中，$\dot{\gamma}$ 为横摆角加速度，通过对横摆角速度差分得到其值。

为了得到每个车轮的侧向力，使用左右车轮的垂直载荷的比来解耦前后桥的纵向力，结果如式(6.4) 所示。

$$\begin{cases} F_{yfl} = \dfrac{F_{zfl}}{F_{zfl} + F_{zfr}} F_{yf} \\ F_{yfr} = \dfrac{F_{zfr}}{F_{zfl} + F_{zfr}} F_{yf} \\ F_{yrl} = \dfrac{F_{zrl}}{F_{zrl} + F_{zrr}} F_{yr} \\ F_{yrr} = \dfrac{F_{zrr}}{F_{zrl} + F_{zrr}} F_{yr} \end{cases} \quad (6.4)$$

轮胎侧偏刚度是单轨车辆模型中一个至关重要的动力学参数，它对质心侧偏角的估计影响较大。然而，轮胎侧偏刚度对轮胎的工作环境非常敏感，垂向载荷改变

和轮胎非线性对侧偏刚度的影响不可忽略。将轮胎侧偏刚度视为时变参数，建立轮胎时变模型，利用 LMBP 神经网络对其进行了较好的估计。

轮胎产生了车辆几乎所有的外力，对车辆的动力学控制和状态估计有着重要的影响，一个准确的轮胎模型将对后续的工作有很大的帮助。参数固定的拟合模型在轮胎的非线性工作区域不能较好地满足实际情况。为了更好地反映路面附着系数和时变载荷条件下轮胎的力学性能，建立了线性参数时变轮胎模型。不考虑轮胎纵向力，轮胎侧向力可以描述为

$$F_y(t)=C_s(t)\alpha(t) \tag{6.5}$$

式中，$F_y(t)$ 为实时轮胎侧向力；$\alpha(t)$ 为实时轮胎侧偏角；时变轮胎转向刚度 $C_s(t)$ 可表示为

$$C_s(t)=N[F_y(t),F_z(t),\mu] \tag{6.6}$$

式中，$F_z(t)$ 为实时轮胎垂向力；μ 为路面附着系数；N 为广义函数，代表经过训练后的神经网络模型函数。

考虑轮胎侧偏角较大时，轮胎表现出较强的非线性，以轮胎侧向力作为神经网络模型的另一个输入变量来估计侧偏刚度。随着侧向力的增大，轮胎的非线性逐渐显现，导致侧偏刚度明显降低。因此，在设计神经网络算法时，将轮胎侧向力作为影响因素考虑在内。

(2) 神经网络模型搭建

提出影响轮胎转向刚度的因素，即垂向荷载、侧向力和路面附着系数。然而，即使已知这三个变量，通过理论推导建立精确的数学模型来计算轮胎的侧偏刚度也是很困难的。因此，提出轮胎侧偏刚度估计算法，使用 Levenberg-Marquardt 反向传播神经网络。该算法分为三个部分：数据集的生成、神经网络模型的构建、训练算法的设计。对于神经网络算法来说，足够的、有代表性的数据集是必不可少的，它对训练结果的影响很大。为了获得足够的数据集，覆盖几乎所有可能的轮胎工作区域，多种工况下的仿真试验被开展。在不同车速下，转向角通过斜坡输入的方式给出。同时，不同工况下路面附着系数也在变化。以轮胎侧向力、垂直力和路面附着系数作为神经网络模型的输入，轮胎侧偏刚度作为神经网络模型的唯一输出。当轮胎侧偏角接近零时，侧偏刚度可能会偏离实际值。为了解决这个问题，当轮胎侧偏角小于某一确定的阈值时，侧偏刚度被当作不变的参数。计算轮胎的实际侧偏刚度为

$$C_s(t)=\begin{cases}\dfrac{F_y(t)}{\alpha_0},\alpha(t)\leqslant\alpha_0\\[6pt]\dfrac{F_y(t)}{\alpha(t)},\alpha(t)>\alpha_0\end{cases} \tag{6.7}$$

式中，α_0 为轮胎侧偏角的阈值，选取 0.15°作为阈值。

在得到实际数据集后，对数据进行归一化处理，消除数量级差异对训练结果的影响。将数据集随机分为三部分：训练集、测试集和验证集，分别占总数据的 75%、15% 和 15%。

经数据处理后，由神经元及其连接构建反向传播神经网络。如图 6.19 所示为设计的神经网络结构。其中，输入层有 3 个神经元，p_1 表示侧向轮胎力，p_2 表示轮胎垂向力，p_3 表示路面附着系数。输出层只有一个神经元 q，它表示轮胎侧偏刚度。至于隐藏层，经过多次测试，选择了包含 10 个神经元的单层。

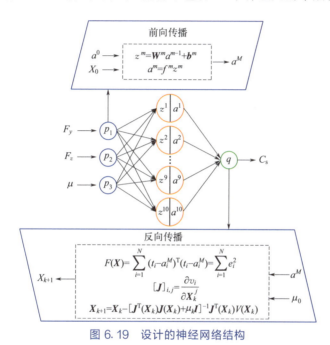

图 6.19　设计的神经网络结构

在神经网络结构确定后，设计了学习算法并将其应用到神经网络模型中。采用 Levenberg-Marquardt 反向传播算法（LMBP），它在误差反馈优化方面具有高效率。LMBP 以均方误差作为性能指标，适合神经网络的训练。与传统的神经网络训练算法一样，LMBP 由前向传播和反向传播两部分组成，前向传播过程为

$$\begin{cases} z^m = W^m a^{m-1} + b^m \\ a^m = f^m z^m \end{cases} \quad (6.8)$$

式中，z^m 表示 m 层神经元的状态；W^m 代表连接 m 层和 $m-1$ 层的权重矩阵；b^m 代表连接 m 层和 $m-1$ 层偏置向量；a^m 表示 m 层的输出；f^m 表示 m 层的激活函数。

在本次研究中，分别利用 sigmoid 函数和线性函数作为隐含层和输出层的激活

函数。为保证前向传播的完整性，神经网络的初始输入和最终输出分别为

$$\boldsymbol{a}^0 = \begin{bmatrix} p_1 & p_2 & p_3 \end{bmatrix}^T$$
$$a^M = q \tag{6.9}$$

式中，M 表示神经网络的层数。

当计算出训练集中每个输入样本的输出时，反向传播从均方误差开始，如式(6.10) 所示。

$$F(\boldsymbol{X}) = \sum_{i=1}^{N}(t_i - a_i^M)^T(t_i - a_i^M) = \sum_{i=1}^{N} e_i^2 \tag{6.10}$$

式中，N 是训练集样本的数量；t_i 是第 i 个样本的目标输出；a_i^M 是相应的第 i 个样本的神经网络模型的输出；e_i 是第 i 个元素的误差；$\boldsymbol{X}$ 是参数向量，它包含了 $\boldsymbol{W}^m$ 和 $\boldsymbol{b}^m$ 中的元素。

下一步是计算雅可比矩阵，如式(6.11) 所示。

$$[\boldsymbol{J}]_{i,j} = \frac{\partial e_i}{\partial \boldsymbol{X}_k^j} \tag{6.11}$$

式中，X_k^j 表示 X_k 的第 j 个元素。

通过使用雅可比矩阵，参数向量的更新可表示为

$$\boldsymbol{X}_{k+1} = \boldsymbol{X}_k - [\boldsymbol{J}^T(\boldsymbol{X}_k)J(\boldsymbol{X}_k) + \mu_k \boldsymbol{I}]^{-1} \boldsymbol{J}^T(\boldsymbol{X}_k)V(\boldsymbol{X}_k) \tag{6.12}$$

式中，$\boldsymbol{I}$ 是单位矩阵；μ_k 是第 k 步迭代的阻尼因子，它是一个自适应的值，将它的初值设为 0.001。

阻尼因子的更新方式，如式(6.13) 所示。

$$\mu_{k+1} = \begin{cases} \mu_k \mu_{\text{inc}}, & F(\boldsymbol{X}_{k+1}) > F(\boldsymbol{X}_k) \\ \mu_k \mu_{\text{dec}}, & F(\boldsymbol{X}_{k+1}) < F(\boldsymbol{X}_k) \end{cases} \tag{6.13}$$

式中，μ_{inc} 和 μ_{dec} 分别为阻尼因子的增加因数和减小因数。

表 6.2 给出了 LMBP 算法的迭代过程。权重和偏差的初始值是随机分配的非零值，这样可避免由于权矩阵的对称性和激活值的饱和而导致反向传播失效。

表 6.2　LMBP 算法迭代过程

初始化 X_0, μ_0
①输入 a^0，并计算输出 a^m 　　$a^m = f^m(\boldsymbol{W}^m a^{m-1} + \boldsymbol{b}^m), m = 1, 2, \cdots, M$
②计算误差平方和 　　$F(\boldsymbol{X}) = \sum_{i=1}^{N}(t_i - a_i^M)^T(t_i - a_i^M) = \sum_{i=1}^{N} e_i^2$

③计算雅可比矩阵

$$[\boldsymbol{J}]_{i,j} = \frac{\partial e_i}{\partial \boldsymbol{X}_k^j}$$

④更新参数向量 $\boldsymbol{X}$

$$\boldsymbol{X}_{k+1} = \boldsymbol{X}_k - [\boldsymbol{J}^\mathrm{T}(\boldsymbol{X}_k)\boldsymbol{J}(\boldsymbol{X}_k) + \mu_k \boldsymbol{I}]^{-1} \boldsymbol{J}^\mathrm{T}(\boldsymbol{X}_k) V(\boldsymbol{X}_k)$$

⑤计算 $F(\boldsymbol{X}_{k+1})$,并更新 μ

$$\mu_{k+1} = \begin{cases} \mu_k \mu_{\mathrm{inc}}, F(\boldsymbol{X}_{k+1}) > F(\boldsymbol{X}_k) \\ \mu_k \mu_{\mathrm{dec}}, F(\boldsymbol{X}_{k+1}) < F(\boldsymbol{X}_k) \end{cases}$$

(3) 神经网络训练效果分析

经过 LMBP 算法的数据训练,得到了训练结果。图 6.20(a) 显示了误差分布的直方图,从图中可以看出,无论是测试集、训练集还是验证集,绝大多数样本都分布在零误差线附近,误差分布曲线近似于均值为零的正态分布,并且误差绝对值小于 0.01 的样本数量约占总数的 85%。LMBP 的回归曲线如图 6.20(b) 所示。经过训练的数据几乎都分布在曲线 $Y=T$ 附近,这使得回归系数 R 非常接近 1。以上结果表明,LMBP 算法在训练过程中表现出了优越的性能。

利用训练好的模型可以实现对轮胎侧偏刚度的估计。由于左右车轮的侧偏角差异可以忽略,因此前后轴的转弯刚度近似等于前后轴左右车轮的总和,如式(6.14)所示。

$$\begin{cases} \alpha_\mathrm{f} = \alpha_\mathrm{fl} + \alpha_\mathrm{fr} \\ \alpha_\mathrm{r} = \alpha_\mathrm{rl} + \alpha_\mathrm{rr} \end{cases} \tag{6.14}$$

式中,α_f 和 α_r 分别表示前后轴的侧偏刚度;α_fl、α_fr、α_rl 和 α_rr 分别代表左前轮、右前轮、左后轮、右后轮的侧偏刚度。

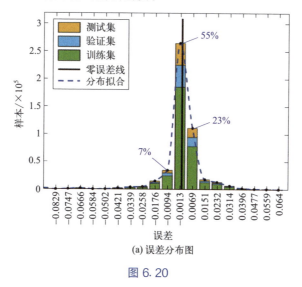

(a) 误差分布图

图 6.20

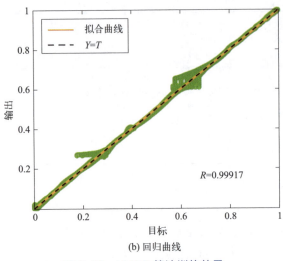

(b) 回归曲线

图 6.20　LMBP 算法训练效果

6.2.3　基于时变卡尔曼滤波器的车辆质心侧偏角观测器设计

考虑到参数变化的影响，构造一个线性时变模型。在改进的车辆动力学模型的基础上，利用时变卡尔曼滤波设计一个具有鲁棒性的质心侧偏角观测器。

(1) 车辆动力学时变模型搭建

为了提高车辆模型的精度，将前后轴的侧偏刚度作为待估计的时变参数。侧向力由式(6.15)计算得到。

$$\begin{cases} F_{yf}=C_f(t)\alpha_f \\ F_{yr}=C_r(t)\alpha_r \end{cases} \tag{6.15}$$

式中，$C_f(t)$、$C_r(t)$ 分别为前后轴的实时侧偏刚度，已在上一小节中完成估计。

前后轴侧偏角为

$$\begin{cases} \alpha_f=\beta+l_f\dfrac{\gamma}{v_x}-\delta \\ \alpha_f=\beta-l_r\dfrac{\gamma}{v_x} \end{cases} \tag{6.16}$$

式中，$\beta=v_y/v_x$ 为车辆质心侧偏角；δ 为前轮转向角。

将式(6.15)和式(6.16)代入式(6.1)，可以得到系统的时变状态空间方程，如式(6.17)所示。

$$\begin{cases} \dot{x} = A(t)x + B(t)u \\ y = C(t)x + D(t)u \end{cases} \quad (6.17)$$

式中，$x = \begin{bmatrix} \beta & \gamma \end{bmatrix}^T$，是系统状态变量；$y = \begin{bmatrix} a_y & \gamma \end{bmatrix}^T$，是系统输出变量；$u = \delta$，是系统输入变量；$A(t)$ 和 $B(t)$ 分别是系统矩阵和输出矩阵；$C(t)$ 和 $D(t)$ 分别是输出矩阵和直接馈通矩阵。它们可以分别表示为

$$\begin{cases} A(t) = \begin{bmatrix} \dfrac{C_f(t) + C_r(t)}{mv_x} & \dfrac{l_f C_f(t) - l_r C_r(t)}{mv_x^2} - 1 \\ \dfrac{l_f C_f(t) - l_r C_r(t)}{I_z} & \dfrac{l_f^2 C_f(t) + l_r^2 C_r(t)}{I_z v_x} \end{bmatrix} \\ B(t) = \begin{bmatrix} -\dfrac{C_f(t)}{mv_x} \\ -\dfrac{l_f C_f(t)}{I_z} \end{bmatrix} \\ C(t) = \begin{bmatrix} \dfrac{C_f(t) + C_r(t)}{m} & \dfrac{l_f C_f(t) - l_r C_r(t)}{mv_x} \\ 0 & 1 \end{bmatrix} \\ D(t) = \begin{bmatrix} -\dfrac{C_f(t)}{m} \\ 0 \end{bmatrix} \end{cases} \quad (6.18)$$

（2）时变卡尔曼滤波器设计

由于线性化模型不能完全替代实际的物理模型，特别是在转向角较大的情况下，因此在线性模型的基础上增加了过程噪声。此外，由于传感器信号的偏差，还要考虑测量噪声。根据式(6.17) 可以得到离散时间系统模型，如式(6.19) 所示。

$$\begin{cases} x_k = \Phi_{k-1} x_{k-1} + \Gamma_{k-1} u_{k-1} + \omega_{k-1} \\ y_k = C_{k-1} x_k + D_{k-1} u_k + v_k \end{cases} \quad (6.19)$$

$$\begin{cases} \Phi_{k-1} = tA(k-1) + I \\ \Gamma_{k-1} = tB(k-1) \end{cases} \quad (6.20)$$

式中，t 表示采样时间；I 表示单位矩阵；ω_{k-1} 表示过程噪声向量；v_k 表示测量噪声向量。

如式(6.21) 所示，观测过程中的噪声被考虑为零均值的白噪声。如式(6.22) 所示，Q_k 和 R_k 分别为过程噪声和测量噪声的协方差矩阵，用于表征噪声的不确定性。

$$\begin{cases} \omega_k \sim N(0, Q_k) \\ v_k \sim N(0, R_k) \end{cases} \quad (6.21)$$

$$\begin{cases} \boldsymbol{Q}_k = \begin{bmatrix} q_k & 0 \\ 0 & q_k \end{bmatrix} \\ \boldsymbol{R}_k = \begin{bmatrix} r_k & 0 \\ 0 & r_k \end{bmatrix} \end{cases} \tag{6.22}$$

式中，q_k 和 r_k 分别表示过程噪声和测量噪声的方差。

过程噪声和方差噪声方差的变化趋势如图 6.21 所示，与车速和转向角相关，并且它们都在 0.001～0.01 之间变化。从图 6.21 中等值线可以看出它们的变化趋势。当速度和转向角较小时，传感器信号的测量误差较大，测量噪声（MN）的方差比其他时间更大。随着速度和转向角的增大，实际物理模型的非线性逐渐突出，此时过程噪声（PN）的方差增大。

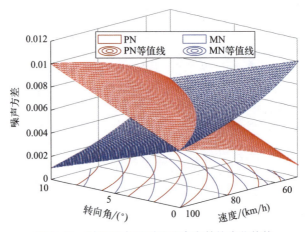

图 6.21 过程噪声和测量噪声方差的变化趋势

由于侧偏刚度和噪声协方差随着行驶工况的变化而变化，因此时变卡尔曼滤波器的目标是在每个迭代步骤中获得状态的最优估计。它从初始状态 x_0 和不确定性 P_0 开始，通过计算预测部分，将初始状态更新为先验估计 $\hat{x}_{\bar{k}}$，并伴随不确定性 $P_{\bar{k}}$。然后将其与传感器测量的系统输出进行融合，最后更新为不确定性为 P_k 的最优估计 $\hat{x}_k$。在更新过程中计算了卡尔曼增益 K_k，它与预测和测量的不确定性有关，是保证状态估计最优的关键量。

表 6.3 展示了离散时变卡尔曼滤波器的迭代步骤。可以看出，该估计算法是一个状态和不确定性不断更新的过程，不确定性被描述为相应的协方差矩阵。

在本章中，离散时间系统模型的系数矩阵是范数有界的，时变侧向刚度是有界的实数。此外，过程噪声和测量噪声的协方差矩阵也是范数有界的，与车速和转向角有关。因此，所设计的用于质心侧偏角估计的时变卡尔曼滤波器被证明是渐近稳定的。

表6.3 离散时变卡尔曼滤波器的迭代步骤

①设置初始状态 x_0 和协方差矩阵 $\boldsymbol{P}_0$

②计算先验估计 $\hat{\boldsymbol{x}}_k^-$ 及其协方差矩阵 $\boldsymbol{P}_k^-$

$$\hat{\boldsymbol{x}}_k^- = \boldsymbol{\Phi}_{k-1}\hat{\boldsymbol{x}}_{k-1} + \boldsymbol{\Gamma}_{k-1}u_{k-1}$$

$$\boldsymbol{P}_k^- = \boldsymbol{\Phi}_{k-1}\boldsymbol{P}_{k-1}\boldsymbol{\Phi}_{K-1}^{\mathrm{T}} + \boldsymbol{Q}_{k-1}$$

③计算卡尔曼增益 $\boldsymbol{K}_k$

$$\boldsymbol{K}_k = \frac{\boldsymbol{P}_k^- \boldsymbol{C}_k^{\mathrm{T}}}{\boldsymbol{C}_k \boldsymbol{P}_k^- \boldsymbol{C}_k^{\mathrm{T}} + \boldsymbol{R}_k}$$

④通过测量状态更新得到最优状态估计 $\hat{\boldsymbol{x}}_k$

$$\hat{\boldsymbol{x}}_k = \hat{\boldsymbol{x}}_k^- + \boldsymbol{K}_k(y_k - \boldsymbol{D}_k u_k - \boldsymbol{C}_k \hat{\boldsymbol{x}}_k^-)$$

⑤更新协方差矩阵 $\boldsymbol{P}_k$

$$\boldsymbol{P}_k = (\boldsymbol{I} - \boldsymbol{K}_k \boldsymbol{C}_k)\boldsymbol{P}_k^-$$

6.2.4 轮胎侧偏刚度和质心侧偏角的观测效果验证

为了验证轮胎侧偏刚度和质心侧偏角估计算法，依托 TruckSim 和 Simulink 搭建的联合仿真环境，进行了多种典型工况下的侧偏刚度估计。使用 TruckSim 库中的旅行客车验证所设计观测器的可行性，旅行客车参数如表6.4所示。为了展示算法的鲁棒性，在三种不同的路面摩擦条件下进行了三种典型的行驶工况。如表6.5所示，三种工况分别为双移线（double line change，DLC）、斜坡转向（ramp steering，RS）和正弦转向（sine steering，SS）。道路类型包括干沥青路、湿滑路和雪路三种具有代表性的路面。为了尽可能地涵盖车辆的行驶工况，特别是一些极端工况，车辆的速度和转向盘转角在每个场景下都有差异。

表6.4 旅行客车参数

物理量	描述	物理值
m	整车质量	7620kg
I_z	横摆转动惯量	30782kg·m^2
T_f	前轴轮距	2.0m
T_r	后轴轮距	1.9m
l_f	质心距前轴的距离	6.105m
l_r	质心距后轴的距离	1.385m

表6.5 不同行驶工况下的驾驶员输入参数

路面附着系数	驾驶操作	车速/(km/h)	转向盘转角范围/(°)
0.9(干沥青路面)	正弦转向	90	[−120,120]
	双移线	80	[−180,180]
	斜坡转向	70	[0,150]

续表

路面附着系数	驾驶操作	车速/(km/h)	转向盘转角范围/(°)
0.6(湿滑路面)	正弦转向	80	[−90,90]
	双移线	70	[−140,140]
	斜坡转向	60	[0,150]
0.3(雪面)	正弦转向	70	[−60,60]
	双移线	60	[−80,80]
	斜坡转向	50	[0,110]

(1) 侧偏刚度估计结果

利用本章设计的 LMBP 算法，得到了前、后轴侧偏刚度的估计结果。如图 6.22～图 6.24 所示分别为干沥青路面、湿滑路面和雪路面的估算结果。图中恒定的侧偏刚度由式(6.7)计算得到，表示当轮胎侧偏角很小，载荷转移可以忽略时的侧偏刚度。如图 6.22～图 6.24 所示，估计的侧偏刚度与恒定的侧偏刚度存在较大差异。当汽车转向角增大时，由于横向载荷转移，前后轴的侧偏刚度会频繁波动。时变值与恒定值之间的最大差值超过 100000N/rad，约为实际值的 1/4。此外，受路面附着系数和行驶工况的影响，波动程度也存在差异。从结果可看出，实时估计侧偏刚度具有重要意义。

(2) 侧偏刚度估计结果验证

为了证明估计算法的准确性，根据式(6.15)计算了前后轴的侧向力。式中时变的侧偏刚度是 LMBP 算法的估计结果，而该公式的计算结果将作为对侧向力的估计。根据式(6.23)可计算出恒定侧偏刚度下的侧向力。

$$\begin{cases} F_{yf} = C_{f0} \alpha_f \\ F_{yr} = C_{r0} \alpha_r \end{cases} \tag{6.23}$$

式中，C_{f0} 和 C_{r0} 分别为恒定的前轴和后轴侧偏刚度。

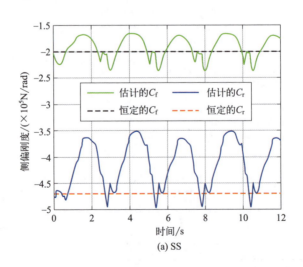

(a) SS

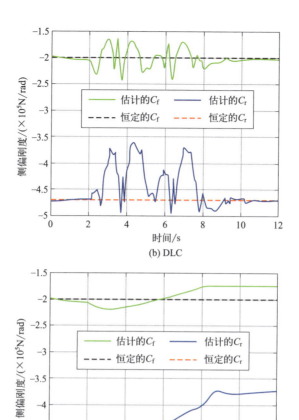

图 6.22 干沥青路面侧偏刚度估计结果

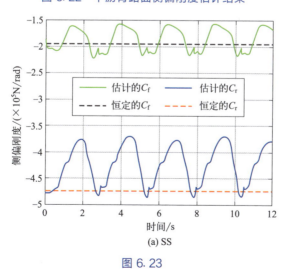

图 6.23

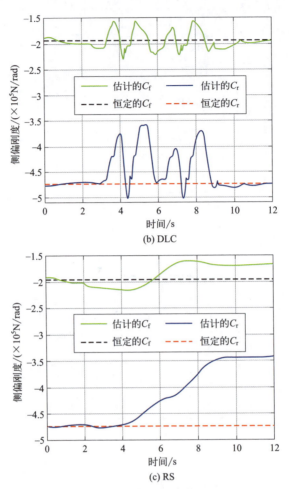

(b) DLC

(c) RS

图 6.23 湿滑路面侧偏刚度估计结果

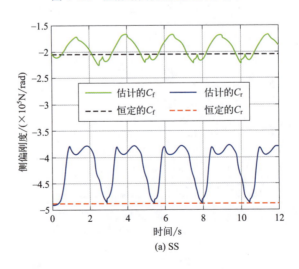

(a) SS

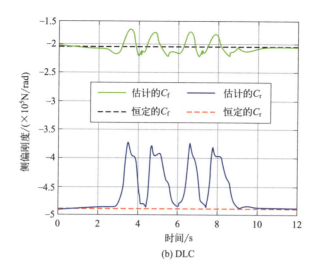

(b) DLC

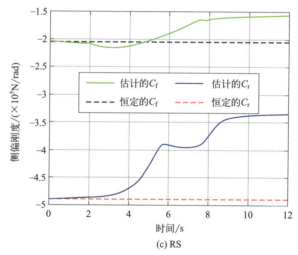

(c) RS

图 6.24 雪路面侧偏刚度估计结果

如图 6.25 所示为干沥青路面侧向力估计结果,将前、后轴侧向力的估计值分别与实际值和计算值进行了比较。从图 6.25 中可以看出,无论是在 SS、DLC 还是 RS 工况下,估计的值都非常接近实际值。SS 工况下的最大误差和 DLC 几乎总是在曲线的峰值处,这是由于在峰值处轮胎表现出严重的非线性。随着侧向力的增大,RS 工况下的绝对误差也逐渐增大。但是绝对误差最终没有发散,而是保持在一个稳定的较小的值。与侧向力的计算结果相比,估计结果具有更好的精度,特别是在轮胎的非线性区域。湿滑路面和雪路面的结果分别如图 6.26 和图 6.27 所示,与干沥青路面的结果非常相似。

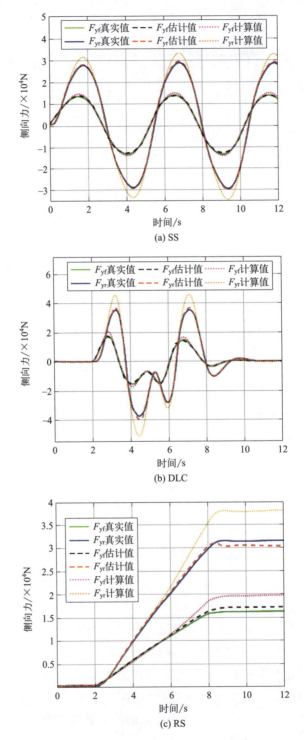

图 6.25 干沥青路面侧向力估计结果

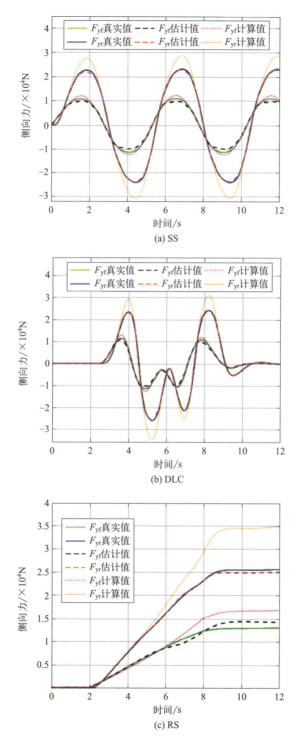

图 6.26 湿滑路面侧向力估计结果

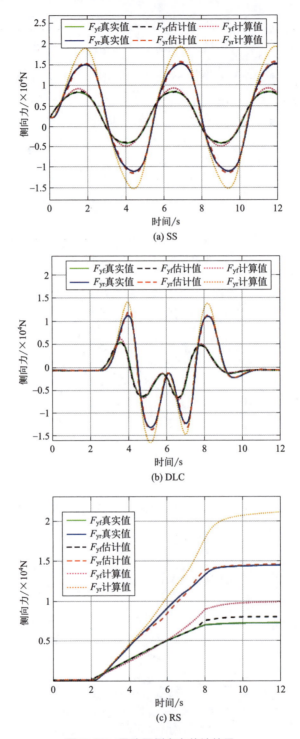

图 6.27 雪路面侧向力估计结果

侧向力估计的平均绝对误差如表 6.6 所示。从表 6.5 中可以看出，所有工况下的平均绝对误差都不超过 700N，对于总重超过 70000N 的测试车辆来说，误差可以忽略不计。由于侧向力的估计是通过侧偏刚度的估计计算得到的，由此可以得出，侧偏刚度的估计精度是可以接受的。此外，湿滑路面的平均绝对误差略高于干沥青路面和雪路面。这是合理的，因为轮胎侧向力在湿滑路面容易饱和，并且其饱和值高于雪路面。

表 6.6　侧向力估计的平均绝对误差　　　　　　　　　　单位：N

行驶工况	SS	DLC	RS
干沥青路面	372.6	272.4	384.9
湿滑路面	612.4	289.4	511.6
雪面	108.2	96.8	240.9

（3）质心侧偏角估计结果验证

为了验证质心侧偏角观测器的可行性和鲁棒性，比较估计结果与现有算法。有三种不同的方法，即线性时变模型（LTVM）、时不变卡尔曼滤波（TIKF）和时变卡尔曼滤波（TVKF）。第一种方法 LTVM，根据式（6.17）估计，其中侧偏刚度是时变的。对于 TIKF，它是一种经典的卡尔曼滤波器，具有恒定的侧偏刚度和不变的噪声方差。同样，行驶工况如表 6.5 所示。干沥青路面质心侧偏角估算结果如图 6.28 所示，湿滑路面和雪路面质心侧偏角分别如图 6.29 和图 6.30 所示。从图中可以看出，各场景下的 TVKF 估计结果与实际值最接近。与 LTVM 和 TIKF 相比，TVKF 由于其优越的跟踪能力，具有更好的估计精度。当实际侧偏角较小时，LTVM 和 TIKF 的性能一般较好。但随着侧偏角的逐渐增大，LTVM 和 TIKF 的估计值与实际值发生分离。LTVM 失效的原因是没有测量结果的反馈来消除观测误差。TIKF 的失败有两个原因：一是恒定的侧偏刚度不能很好地表征轮胎在非线性区域的特性，侧偏刚度受横向载荷转移的影响；另一个原因是不变的噪声方差不适用于实际情况。TVKF 综合以上两个方面进行了改进，具有良好的鲁棒性。对比不同路面下的估计结果，三种方法在雪面上的差异最小。这是因为道路提供的最大侧向力随着道路附着系数的减小而减小。在这种情况下，模型非线性和横向荷载传递的影响也减小。尽管如此，TVKF 在积雪路面上的估计精度仍优于 LTVM 和 TIKF。表 6.7～表 6.9 给出了三种方法在三种不同摩擦路面上的平均绝对误差（MAE）和均方根误差（RMSE）。TVKF 的 MAE 和 RMSE 在干沥青路面分别为 0.1075 和 0.1482，在湿滑路面分别为 0.0938 和 0.1211，在雪路面分别为 0.0656 和 0.0836。与现有的 LTVM 和 TIKF 相比，TVKF 的估计精度提高了 51% 以上。

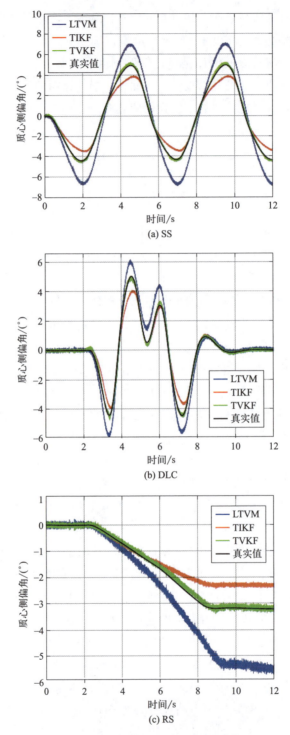

图 6.28 干沥青路面质心侧偏角估计结果

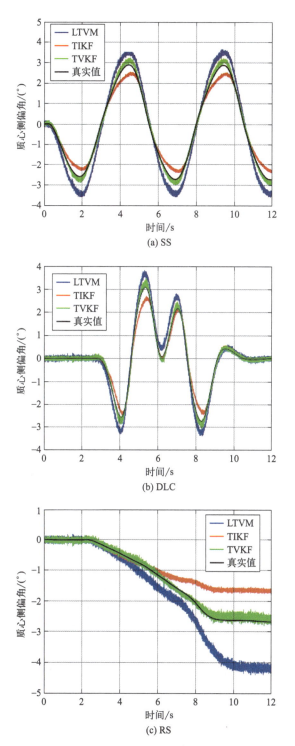

图 6.29 湿滑路面质心侧偏角估计结果

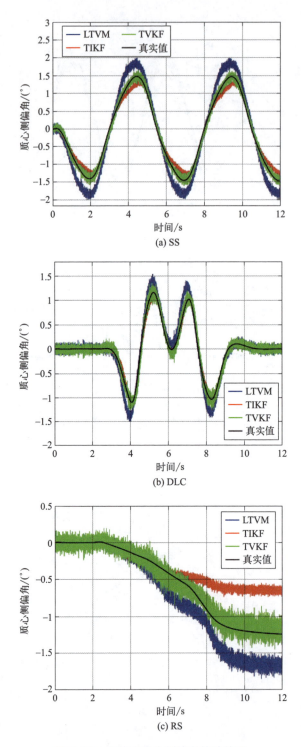

图 6.30 雪路面质心侧偏角估计结果

表 6.7　干沥青路面质心侧偏角估计误差

方法	平均绝对误差	均方根误差
LTVM	0.8966	1.195
TIKF	0.3962	0.5465
TVKF	0.1075	0.1482

表 6.8　湿滑路面质心侧偏角估计误差

方法	平均绝对误差	均方根误差
LTVM	0.4256	0.5877
TIKF	0.2129	0.4492
TVKF	0.0938	0.1211

表 6.9　雪路面质心侧偏角估计误差

方法	平均绝对误差	均方根误差
LTVM	0.1984	0.2543
TIKF	0.1358	0.2115
TVKF	0.0656	0.0836

6.3　考虑内侧车轮离地工况的侧倾角估计

在 ICV 防侧翻控制中，侧倾角是一个关键的状态变量。在极限转向工况下，由于离心力导致车辆发生侧倾，内侧车轮会发生离地现象。内侧车轮离地前，车辆的侧倾运动可以看作簧载质量绕侧倾轴线的转动，整个系统可以简化为一个质量-弹簧-阻尼系统。当内侧车轮离地后，侧倾轴线转移到外侧车轮接地线上，悬架的弹簧力和阻尼力可以视为内力，车辆可以看作一个刚体，此时车辆的侧倾运动演化成刚体绕侧倾轴线的转动。因此，在进行侧倾角估计时，有必要对两种状态下的车辆侧倾运动分别进行动力学建模，并设计相应的观测器来对其进行观测。

6.3.1　内侧车轮离地前的侧倾角观测器设计

（1）侧倾动力学建模

如图 6.31 所示，为内侧车轮离地前和内侧车轮离地后的侧倾动力学模型示意，图中的黑色原点表示簧载质量的质心，黄色原点表示侧倾中心。根据达朗贝尔原理，内侧车轮离地前的车辆侧倾动力学方程可以表示为

$$\ddot{\varphi} = -\frac{C_{\text{roll}}}{I_{x1}}\dot{\varphi} - \frac{K_{\text{roll}}}{I_{x1}}\varphi + \frac{m(a_y + g\varphi)h_{\text{roll}}}{I_{x1}} \tag{6.24}$$

式中，φ 表示车辆侧倾角；K_{roll} 和 C_{roll} 分别表示悬架的侧倾刚度和侧倾阻尼；I_{x1} 表示绕侧倾中心的转动惯量；h_{roll} 表示质心距侧倾中心的距离。

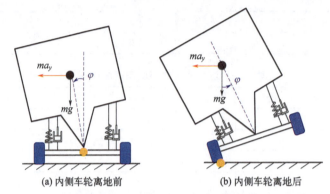

(a) 内侧车轮离地前　　　　　　(b) 内侧车轮离地后

图 6.31　内侧车轮离地前和内侧车轮离地后的侧倾动力学模型示意

令 $\boldsymbol{x}=[\varphi \; \dot{\varphi}]^T$，$u=a_y$，$y=\dot{\varphi}$，式（6.24）表示为状态空间方程的形式，如式（6.25）所示。

$$\begin{cases} \dot{\boldsymbol{x}} = \boldsymbol{A}\boldsymbol{x}+\boldsymbol{B}u \\ y=\boldsymbol{C}\boldsymbol{x}+\boldsymbol{D}u \end{cases} \tag{6.25}$$

式中，$\boldsymbol{A}=\begin{bmatrix} 0 & 1 \\ -\dfrac{K_{roll}}{I_{x1}}+\dfrac{mgh_{roll}}{I_{x1}} & -\dfrac{C_{roll}}{I_{x1}} \end{bmatrix}$；$\boldsymbol{B}=\begin{bmatrix} 0 \\ \dfrac{mh_{roll}}{I_{x1}} \end{bmatrix}$；$\boldsymbol{C}=\begin{bmatrix} 0 & 1 \end{bmatrix}$；$\boldsymbol{D}=0$。

（2）卡尔曼滤波器设计

在实际状态观测过程中，所使用的模型大多为离散模型。故将式（6.25）的状态空间模型离散化，并考虑过程噪声和测量噪声，如式（6.26）所示。

$$\begin{cases} \boldsymbol{x}_k = \overline{\boldsymbol{A}}_{k-1}\boldsymbol{x}_{k-1}+\overline{\boldsymbol{B}}_{k-1}\boldsymbol{u}_{k-1}+\boldsymbol{\omega}_{k-1} \\ \boldsymbol{y}_k = \boldsymbol{C}_{k-1}\boldsymbol{x}_k+\boldsymbol{D}_{k-1}\boldsymbol{u}_k+\boldsymbol{v}_k \end{cases} \tag{6.26}$$

$$\begin{cases} \overline{\boldsymbol{A}}_{k-1} = t\boldsymbol{A}(k-1)+\boldsymbol{I} \\ \overline{\boldsymbol{B}}_{k-1} = t\boldsymbol{B}(k-1) \end{cases} \tag{6.27}$$

式中，t 表示采样时间；$\boldsymbol{I}$ 表示单位矩阵；$\boldsymbol{\omega}_{k-1}$ 表示过程噪声向量；$\boldsymbol{v}_k$ 表示测量噪声向量。

过程噪声和测量噪声的形式如式（6.21）和式（6.22）所示。

相较于内侧车轮离地后，内侧车轮离地前车辆侧倾角较小，侧倾动力学模型的非线性可以忽略。由于卡尔曼滤波器对于包含测量噪声的线性系统的观测具有较高的精度和较好的鲁棒性，因此通过设计卡尔曼滤波器对内侧车轮离地前的侧倾角进行估计。

所设计的卡尔曼滤波器的先验估计如式(6.28) 所示，卡尔曼增益如式(6.29) 所示，后验更新如式(6.30) 所示。

$$\begin{cases} \hat{x}_{\bar{k}} = \overline{A}_{k-1}\hat{x}_{k-1} + \overline{B}_{k-1}u_{k-1} \\ P_{\bar{k}} = \overline{A}_{k-1}P_{k-1}\overline{A}_{k-1}^{T} + Q_{k-1} \end{cases} \tag{6.28}$$

$$K_k = \frac{P_{\bar{k}}C_k^T}{C_k P_{\bar{k}} C_k^T + R_k} \tag{6.29}$$

$$\begin{cases} \hat{x}_k = \hat{x}_{\bar{k}} + K_k(y_k - D_k u_k - C_k \hat{x}_{\bar{k}}) \\ P_k = (I - K_k C_k)P_{\bar{k}} \end{cases} \tag{6.30}$$

6.3.2　内侧车轮离地后的侧倾角观测器设计

（1）侧倾动力学建模

车辆内侧车轮离地后，侧倾中心转移到外侧车轮接地点，车辆被视为一个刚体。同样地，根据达朗贝尔原理，内侧车轮离地后的侧倾动力学方程可以表示为

$$\ddot{\varphi} = \frac{m(a_y + g\varphi)h}{I_{x2}} - \frac{mgT}{2I_{x2}} \tag{6.31}$$

式中，h 为质心高度；T 为轮距；I_{x2} 为绕外侧车轮接地线的转动惯量。

通过将模型线性化，并改写为状态空间方程形式，如式(6.32) 所示。

$$\begin{cases} \dot{x} = Ax + Bu + \omega \\ y = Cx \end{cases} \tag{6.32}$$

式中，$A = \begin{bmatrix} 0 & 1 \\ \frac{mgh}{I_{x2}} & 0 \end{bmatrix}$；$B = \begin{bmatrix} 0 \\ \frac{mh}{I_{x2}} \end{bmatrix}$；$\omega = \begin{bmatrix} 0 \\ -\frac{mgT}{2I_{x2}} \end{bmatrix}$；$C = \begin{bmatrix} 0 & 1 \end{bmatrix}$。

（2）滑模观测器设计

由于内侧车轮离地后，车辆侧倾角相对较大，因此侧倾动力学模型的非线性程度较高。而滑模观测器对非线性模型的观测具有较好的精度，故基于滑模观测器，对内侧车轮离地后的侧倾角进行了估计。

令状态观测误差 $e(t) = \hat{x}(t) - x(t)$，输出误差 $e_y(t) = \hat{y}(t) - y(t)$，定义滑模面 $s = Ce$。为了让状态观测误差在有限时间内趋近于零，在设计滑模控制率时采用等速趋近，如式(6.33) 所示。

$$\dot{s} = -\rho \mathrm{sgn}(s) \tag{6.33}$$

式中，ρ 为大于零的因数，通过合理调节 ρ，可以减小滑模观测的抖振。

根据式(6.32)和所设计的滑模面以及趋近率，滑模观测器可以表示为

$$\dot{\hat{x}}(t) = A\hat{x}(t) + Bu(t) + \omega - K_n \rho \mathrm{sgn}[e_y(t)] \tag{6.34}$$

式中，$K_n = [L \quad 1]^T$，为滑模观测增益矩阵。

根据式(6.32)和式(6.34)，误差系统可以表示为

$$\dot{e}(t) = Ae(t) - K_n \rho \mathrm{sgn}[e_y(t)] \tag{6.35}$$

定义李雅普诺夫函数为如下形式。

$$V = \frac{1}{2}s^2 \tag{6.36}$$

则

$$\dot{V} = s \times \dot{s} = e_y(t) \times \dot{e}_y(t) \tag{6.37}$$

由式(6.35)的分量形式可得

$$\dot{e}_y(t) = A_{21}e(t) + A_{22}e_y(t) - \rho \mathrm{sgn}[e_y(t)] \tag{6.38}$$

则

$$\begin{aligned}\dot{V} &= e_y(t)[A_{21}e(t) + A_{22}e_y(t)] - \rho|e_y(t)| \\ &< -|e_y(t)|[\rho - |A_{21}e(t) + A_{22}e_y(t)|]\end{aligned} \tag{6.39}$$

为了使 $\dot{V} < 0$，对于任意的 $s \neq 0$ 成立，则 ρ 需满足

$$\rho > |A_{21}e(t) + A_{22}e_y(t)| + \varepsilon \tag{6.40}$$

式中，ε 为大于零的数。

通过选取合适的 ρ，使得所设计的滑模观测器满足李雅普诺夫稳定判据。

最后，根据式(6.34)，对所设计的滑模观测器进行离散化处理，可得

$$\hat{x}_k = (At + I)\hat{x}_{k-1} + Btu_k + \omega t - K_n t \rho \mathrm{sgn}(\hat{y}_k - y_k) \tag{6.41}$$

式中，t 为采样时间；I 为单位矩阵。

6.3.3 极限转向工况下侧倾角观测器的效果验证

为了验证车辆侧倾角估计算法，依托 TruckSim 和 Simulink 搭建的联合仿真环境，进行了双移线、正弦转向、斜坡转向三种典型工况下的侧倾角估计。所使用的车辆参数与质心侧偏角估计时的一致，如表 6.4 所示。在所设计的侧倾角观测器中，侧向加速度为观测器的输入变量，观测器的状态变量分别为侧倾角和侧倾角速度，观测器的输出变量为侧倾角速度。在实际车辆上，侧向加速度和侧倾角速度可以通过安装于车辆质心的惯性传感器测量得到。通过能够被测量到的变量信息，对不方便测量的变量侧倾角进行了估计。三种工况下的测试结果分别如图 6.32~

图 6.34 所示。图 6.32(a)、图 6.33(a)、图 6.34(a) 分别展示了三种工况下的车速和转向角信息，图 6.32(b)、图 6.33(b)、图 6.34(b) 分别展示了三种工况下的侧向加速度响应，图 6.32(c)、图 6.33(c)、图 6.34(c) 分别展示了三种工况下的侧倾角速度响应。考虑真实行驶工况下传感器信号具有误差，在侧向加速度和侧倾角速度信号中加入了高斯白噪声，从图中可以看出加噪声前、后变量的差异。图 6.32(d)、图 6.33(d)、图 6.34(d) 显示了三种工况下侧倾角的估计结果。图中的红色虚线框为内侧车轮离地区间，通过判断左、右车轮垂向力是否等于零得到。所设计的算法中，内侧车轮离地前使用卡尔曼滤波器（KF）进行估计，而在内侧车轮离地后使用滑模观测器（SMO）进行估计。为了展示所设计算法的观测效果，分别对不考虑内侧车轮离地（KF）和考虑内侧车轮离地（KF+SMO）两种情况下的估计结果进行了对比分析。在双移线工况下，内侧车轮有离地趋势，但始终没有离地，两种观测方法的观测结果都比较接近于真实值。这是由于内侧车轮离地前侧倾角较小，侧倾模型的非线性较小，KF 和 SMO 都具有不错的观测效果。而在正弦转向工况和斜坡转向工况下，发生了内侧车轮离地现象。从图 6.33(d) 和图 6.34(d) 可以看出，内侧车轮离地后，KF 的观测值与真实值发生了偏离，而在内侧车轮着地后，由于内侧车轮离地区间累计的观测误差，使 KF 不能快速跟踪到真实值。考虑内侧车轮离地，结合 KF 和 SMO 方法的估计值在内侧车轮离地区间也能较好跟随真实值。质心侧偏角和侧倾角是 ICV 线控制动系统中的两个关键状态变量，在实际道路交通运输中，受行驶工况和 ICV 车辆特性的影响，这两个状态变量不能被较好地观测。本章主要针对目前质心侧偏角和侧倾角估计存在的问题，设计了相应的观测器来提高两个关键状态变量的估计精度和鲁棒性，从而为稳定性控制提供准确的系统状态变量。

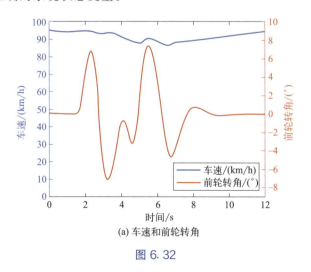

图 6.32

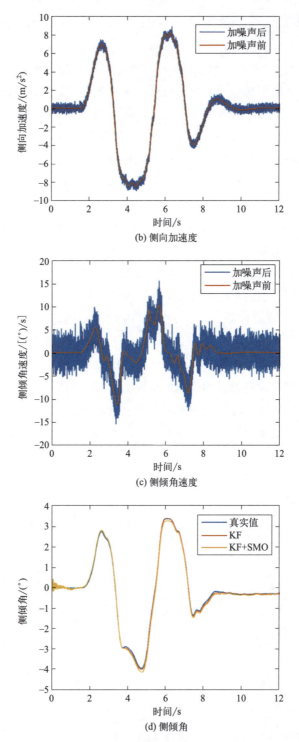

图 6.32 双移线工况下侧倾角估计结果

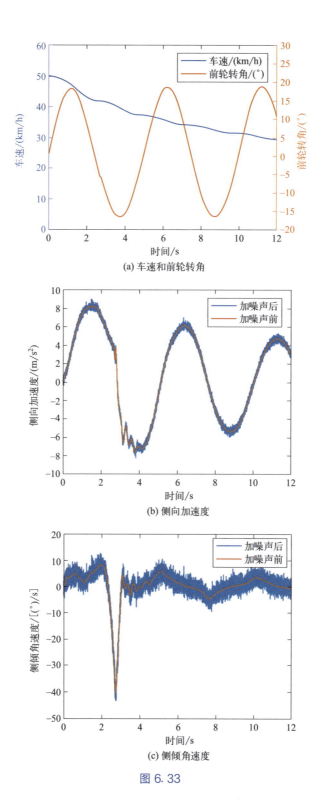

图 6.33

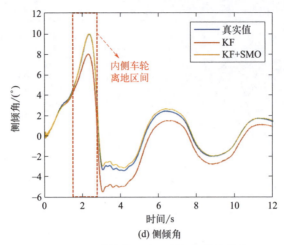

(d) 侧倾角

图 6.33 正弦转向工况下侧倾角估计结果

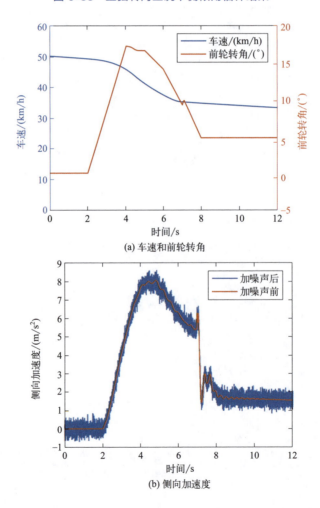

(a) 车速和前轮转角

(b) 侧向加速度

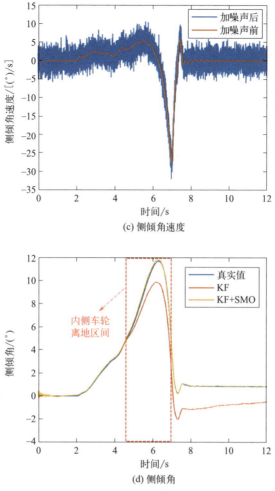

图 6.34 斜坡转向工况下侧倾角估计结果

针对轮胎垂直载荷变化、轮胎非线性和路面附着系数变化对轮胎侧偏刚度的影响，利用 LMBP 神经网络算法学习轮胎特性，设计了实时估计前、后轴侧偏刚度的观测器。基于轮胎侧偏刚度的估计和参数时变的车辆单轨模型，设计了鲁棒性较好的时变卡尔曼滤波器对质心侧偏角进行了实时观测。考虑内侧车轮离地前后侧倾动力学模型的差异，结合卡尔曼滤波器和滑模观测器对车轮转向过程中的侧倾角进行了实时估计。依托 TruckSim 和 Simulink 联合仿真环境，针对车辆行驶过程中的多种典型工况，对所设计的状态观测器进行了验证，结果表明，所设计的观测器改善了状态估计的精度和鲁棒性。

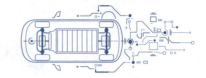

第 7 章
线控换挡技术

7.1 线控换挡系统的结构分析

线控换挡取消了机械连接，提升了系统轻量化和智能化水平。线控换挡系统是仅通过电控实现驱动的装置，由换挡选择模块、换挡电控单元、换挡执行模块、停车控制 ECU、停车执行机构和挡位指示灯等组成。驾驶员通过操纵杆的传感器将换挡信号传递给电控单元，电控单元处理信号后将指令发给换挡电机，实现前进挡、倒挡和空挡的切换，其停车控制 ECU 会根据换挡电控单元发出的换挡指令，控制停车执行机构。相比于传统换挡机构，线控换挡没有拉线的束缚，提升了系统的轻量化和智能化水平。人机交互通过换挡操纵杆和驻车开关实现。车辆正常行驶过程中涉及 R、N、D 三个挡位，驾驶员作用于变速杆的动作转换为执行电信号传递给混合动力系统（HV)ECU，经过 HV ECU 计算后向变速器输出对应的挡位信号，完成车辆行驶挡位的变换，同时仪表盘上的挡位指示器对应挡位信号灯亮起。当驾驶员操控驻车开关时，HV ECU 将采集到的执行电信号经计算后传递给驻车控制 ECU，驻车控制 ECU 通过磁阻式传感器时刻采集驻车执行器电机转角信号以判定车辆是否处于静止状态。

若驻车执行器电机转角为 0，则执行驻车动作，仪表盘驻车指示灯亮起；反之，驻车控制 ECU 检测到电机转角信号不为 0，驻车指令会被驳回到 HV ECU 且无法完成车辆驻车动作。执行逻辑如下：变速杆→混动 ECU→驻车执行器（R、N、D 三个挡位）→挡位指示器；驻车开关→混动 ECU→驻车 ECU→驻车执行器（P 挡位）→驻车 P 指示器；换挡操作是瞬时状态，驾驶员能够轻松舒适地操纵换挡；驾驶员松开变速杆后，变速杆立即返回到初始位置。因此，当驾驶员操纵变速杆换到某个目标挡位时，不需要考虑目前的挡位状态，车辆工作过程中挡位更换完成后，挡位指示器会准确显示当前挡位，使驾驶员意识到换挡操作已完成。由于采用电控系统控制变速器的换挡操作，由各个部件协同工作实现换挡，可以有效地防止人为误操作，增强安全性。若换挡 ECU 检测到不正确的操作，则将挡位控制在安全范围，且向驾驶员发出警告。例如，只有当驾驶员踩下制动踏板时，才能从 P 位挂入其他的挡位；当汽车正在向前行驶时，若驾驶员将变速杆挂入 R 位，换挡 ECU 也会控制变速器置入空挡；当汽车正在倒车时，若驾驶员将变速杆挂入 D 位，换挡 ECU 也会控制变速器置入空挡，只有当制动踏板完全踩下后才能顺利地从 R 位切换为 D 位；当换挡 ECU 监测到变速杆不在 P 位时，车辆不能切断电源。典型线控换挡系统变速杆包含挡位位置锁止电磁阀和挡位锁止电机，用于支持复杂的安全换挡逻辑和用户体感交互。变速杆可分别向前和向后移动两个位置，当进入 D 位后，变速杆被位于底部挡位位置的锁止电磁阀通过锁止杆锁定。此时，变速杆将只能向后移动在 D/S 位之间切换，而无法向前移动进入 N/R 位。为了有效准确地识别变速杆的位置，线控换挡系统内部配备了多组位置传感器，分别用于感知自动挡位位置以及变速杆横向锁位置，以便根据挡位位置及换挡逻辑，做出具体的换挡动作。换挡电机的结构分析、线控换挡结构分析、车辆线控换挡系统典型结构分析，分别如图 7.1～图 7.3 所示。

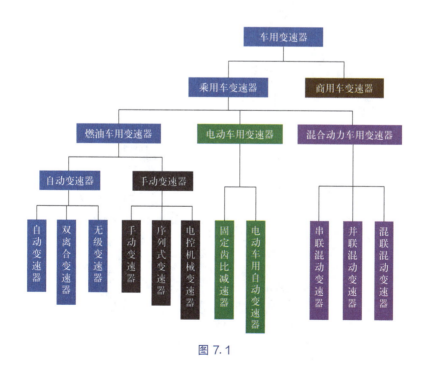

图 7.1

图 7.1 线控换挡分类、布置及电机的结构分析

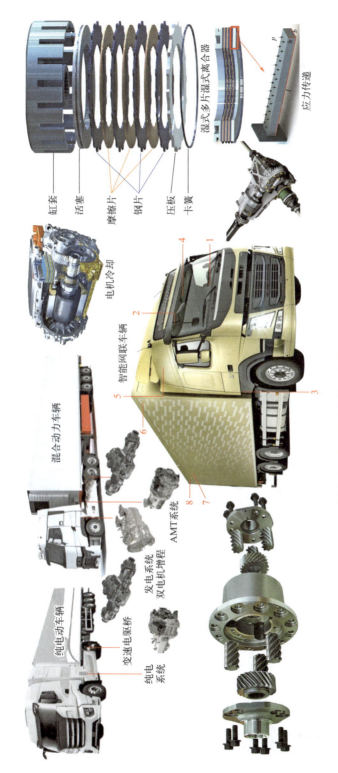

图 7.2 车辆线控换挡系统典型结构分析

1—前视摄像头；2—驾驶员位摄像头；3—油箱位监控摄像头；4—左侧监控摄像头；
5—右侧监控摄像头；6—车厢内后视摄像头；7—车厢内前视摄像头；8—车尾后视摄像头

第 7 章 线控换挡技术

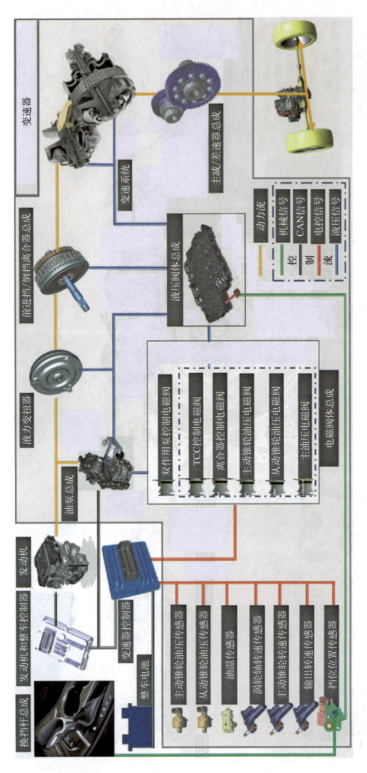

图 7.3 车辆线控换挡系统典型结构分析

7.2 线控换挡系统的控制逻辑

在 ICV 平台上,更多的高频电气系统被引入,如车载充电机、车载直流变压器(DC/DC)、驱动电机控制器等,这些高频源从电气辐射和空间辐射带来了区别于以往的干扰源,也同时成为更敏感的被动端,因而对参与整车的电子控制器的整体电气、电磁兼容性有了更高的要求。根据台架试验及实车测试,自动变速器及其控制系统能够实现预期的信号采集与换挡功能,为后续离合器到离合器控制(clutch-to-clutch shift)、加速踏板映射规律研究,提供了仿真对象基础与试验基础。线控换挡系统(shift by wire,SBW)是指取消了传统换挡系统的机械传动结构,仅通过电子控制实现车辆换挡的系统,为 ICV 实现速度控制提供良好的硬件基础。SBW 由换挡操纵机构、换挡 ECU、换挡执行模块、驻车控制 ECU 和挡位指示器等组成。基于 SBW 的智能高效逻辑思路如图 7.4 所示。采用线控系统控制变速器的换挡,由各部件协同实现,有效防止了人为误操作。若 ECU 检测到不正确的操作,会将挡位控制在安全的范围内,并且提醒驾驶员注意。SBW 的动力传输系统如图 7.5 所示。

图 7.4

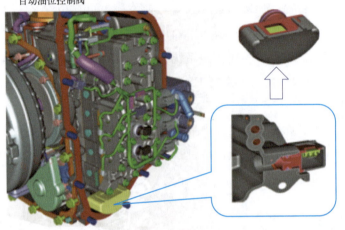

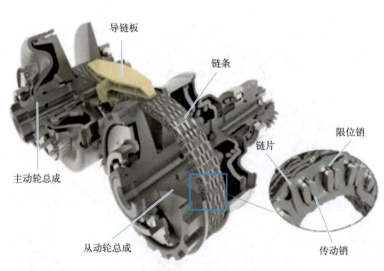

图 7.4 基于 SBW 的智能高效逻辑思路

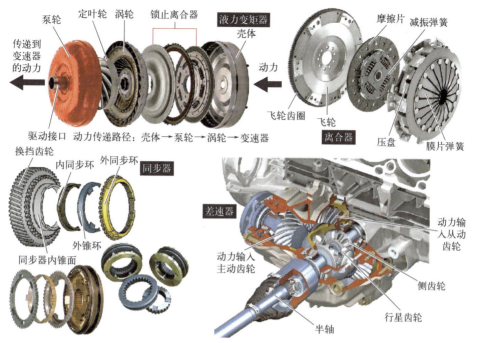

图 7.5 SBW 的动力传输系统

7.3 基于 SBW 的动力不中断技术及控制器设计

设计动力不中断的变速器，并进行元件选型、结构建模、传感器布置、执行机构设计、电子控制器设计与验证等工作。变速器采取单行星排实现不同传动比挡位，通过摩擦元件实现对多自由度的行星排，进行自由度约束，从而实现换挡。执行机构方面，采用有刷电机结合滚珠丝杆的方案，实现对摩擦元件的结合状态控制，通过角度传感器对执行机构位置进行反馈。同时布置了输出轴传感器对变速器输出转速进行测量。在当前新能源车型的整车电子电气系统发展中，整车电气化程度提升，更多的系统通过电子控制器进行测量或控制，因而整车系统对电子控制器的可靠性程度提出更高要求，以确保在诸多控制器互相耦合的电气、通信系统中各控制器的抗扰、降扰的性能。同时，考虑执行机构在变速器壳体上的布置空间需求，对电机及控制器分别设计，方便机构布置的同时，也降低对电机转矩的需求，进而削减变速器控制器的电流设计需求，对控制器元件选型、电磁兼容设计、热扩散设计都起到优化作用。充分分析执行机构结构型式和布置，围绕上述功能需求及性能要求，考虑 SBW 的整体动力系统分类及结构，设计控制器电路框架及电机控制器实物,如图 7.6 所示。设计与验证变速器、执行机构及变速器执行机构关键参数,开发变速器系统硬件,如图 7.7 所示。

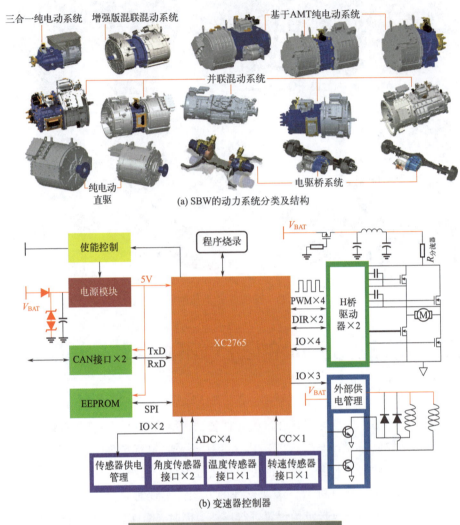

(c) 控制器实物

图 7.6 基于 SBW 的动力系统、控制器及控制器实物

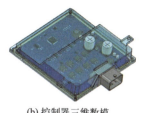

图 7.7 变速器及控制器设计

针对 ICV 变速器进行整体结构设计，根据多挡变速器对车辆动力性和经济性提升的原理，对变速器两挡速比进行了优化。设计了基于电机和电磁离合器的执行机构方案，利用电磁离合器实现对固定挡位的锁止功能，避免电机长时间堵转的压力，提高控制器寿命。试制功能样机，并装配到试验平台车辆上，为后续控制方法验证提供试验基础。设计用于该变速器的电子控制器，针对较为敏感的电源电路，进行电磁兼容性的理论设计及仿真分析，对供电信号、通信信号、接地信号，均设计相应的抗扰电路。认证多项电磁兼容性能，为后续控制方法开发奠定基础。

7.4 基于 SBW 的整车动力学建模

7.4.1 动力系统模型

根据目标车型的相关参数，借助 Matlab/Simulink 建立动力保持型三挡 AMT 仿真模型，主要内容包括动力系统模型（含动力电池模块和驱动电机模块）、TCU 模型、传动系统模型和车身模型。动力系统包括动力电池、电源变换和驱动电机等模块。驱动电机模块根据动力电池提供的电压值，并依据转矩参考指令值，将动力输出给变速器的输入部件太阳轮。动力系统模型如图 7.8 所示。

7.4.2 传动系统及车身模型

动力保持型三挡 AMT 中，传动系统包括行星齿轮系统、平行轴齿轮、离合器、制动器等，行星齿轮系统的太阳轮 S 端与驱动电机相连，作为动力输入部件，行星齿轮系统的行星架端与主减速器相连，作为一挡和三挡的动力输出部件；同时，太阳轮通过二挡离合器与二挡平行轴齿轮连接，作为二挡的动力输入，二挡平行轴齿轮的输出与主减速器连接，作为二挡的动力输出。制动器的制动带固定端与制动器箱体固连，制动鼓与行星齿轮系统的齿圈固连，二挡离合器连接太阳轮与二挡主动齿轮，三挡离合器连接齿圈与太阳轮。此外，为获得变速器工作过程中的相关数据，设置相应的速度传感器、转矩传感器和相对位移传感器。传动系统模型如图 7.9 所示。车身模型包括轮胎和车身等。结合目标车型的参数，对整车质量、车轮直径和迎风面积等进行设定。由于制动带仅在一挡时工作，为研究制动带的动态性能，需要仿真降挡工况，为此采用阶跃变化的道路坡度，设置行驶阻力，以达到降挡目的，同时对空气阻力予以忽略，建立车身模型，如图 7.10 所示。

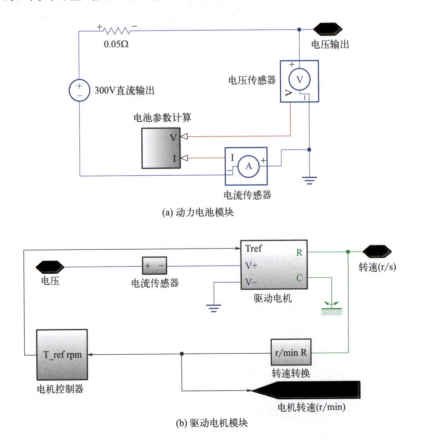

(a) 动力电池模块

(b) 驱动电机模块

① 右侧盲区智能摄像头
② 行人声光提示器
③ 货箱状态智能分析仪
④ 驾驶员驾驶状态智能摄像头DSM
⑤ 驾驶员互动对内显示屏
⑥ 主动安全视频记录仪一体机
⑦ 执法互动对外显示屏
⑧ 前方路况监控摄像头
⑨ 驾驶室监控摄像头
⑩ 车厢尾部监控摄像头

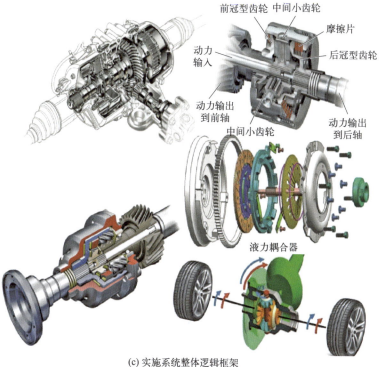

(c) 实施系统整体逻辑框架

图 7.8 动力系统模型

第 7 章 线控换挡技术　　239

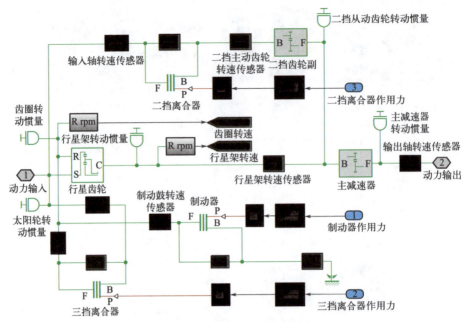

图 7.9 基于 SBW 的传动系统模型

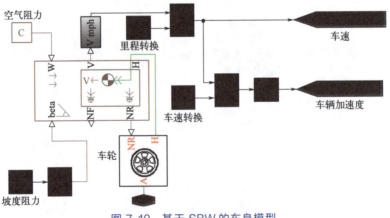

图 7.10 基于 SBW 的车身模型

7.5 动力保持型三挡 AMT 安装前后纯电动客车的加速过程仿真

结合目标车型，建立安装动力保持型三挡 AMT 的整车模型，如图 7.11 所示。为了对比动力保持型三挡 AMT 安装前后纯电动客车的加速性能，建立安装主减速器的整车仿真模型，由于不涉及换挡，因此没有设置坡度阻力，除此之外其余参数与安装动力保持型三挡 AMT 的仿真模型相同。未安装变速器的纯电动客车加速过程如图 7.12 所示，是指只安装主减速器的纯电动客车将加速踏板全踩下时的加速过程，图中三条曲线分别是电机功率、车速、电机转矩随时间的变化规律。从图 7.12 可以看出，纯电动客车从静止开始加速至 50km/h，所需要的时间约为 15s。当驱动电机转速低于额定转速时，电机工作在恒转矩模式；当驱动电机转速大于额定转速时，电机进入恒功率模式。从图 7.12 还可以看出，未安装变速器的纯电动客车进入电机恒功率区的时间是 6.5s。电机工作在恒转矩区时，转速相对较低，电机的功率也较小，电机功率利用率不高，因而车辆加速能力不强。如果不安装变速器，只能通过增大主减速比来提高车辆的加速能力，但较大的减速比会降低车辆的最高车速，导致车辆的最高车速无法满足设计要求。因此，对于只安装主减速器的纯电动客车，在驱动电机参数一定的情况下，如果提高车辆的车速，选用较小的减速比，会导致车辆加速能力的降低；如果提升车辆的加速能力，选择较大的减速比，又会导致车辆无法满足最高车速的要求。所以，只安装固定速比的主减速器无法同时兼顾加速能力和车速的要求。

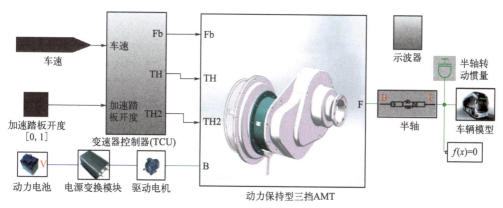

图 7.11 动力保持型三挡 AMT 的整车模型

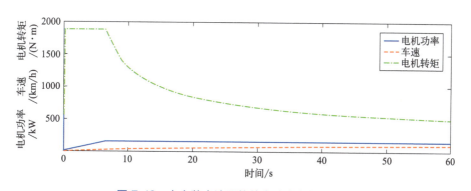

图 7.12 未安装变速器的纯电动客车加速过程

对于安装动力保持型三挡 AMT 的纯电动客车，将加速踏板全踩下时，车辆的加速及减速过程如图 7.13 所示，图中三条曲线分别是电机功率、车速、电机转矩随时间的变化规律。从图 7.13 可以看出，纯电动客车从静止开始加速至 50km/h，所需要的时间约为 13s，电机进入恒功率区的时间为 2s，优于未安装变速器的车辆。

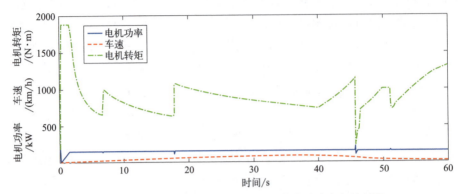

图 7.13　安装动力保持型三挡 AMT 的纯电动客车加速过程

对安装动力保持型三挡 AMT 的纯电动客车，分析换挡过程，实现动力保持的可行性。动力保持型三挡 AMT 换挡过程分析：安装动力保持型三挡 AMT 的纯电动客车从静止开始起步，踩下加速踏板，车辆持续加速并换挡，40s 时，坡度阻力开始起作用，车辆持续减速并换挡，整个过程中太阳轮、齿圈、行星架和二挡主动齿轮的转速变化，如图 7.14 所示。加减速过程中的挡位变化如图 7.15 所示。

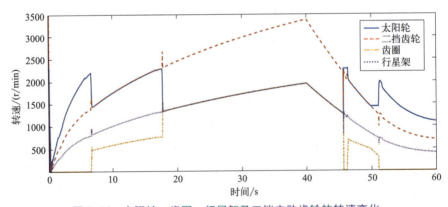

图 7.14　太阳轮、齿圈、行星架及二挡主动齿轮的转速变化

加速阶段，开始时变速器工作于一挡，踩下加速踏板，驱动电机带动太阳轮转速不断升高，此时齿圈由制动器制动，速度为 0，行星架随着太阳轮转速的升高而升高，车速也因此持续升高，由于二挡主动齿轮与从动齿轮常啮合，受行星架和中

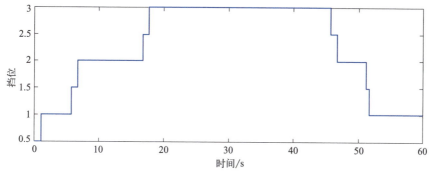

图 7.15 加减速过程中的挡位变化

间轴的影响，因此以一定转速空转；当车速到达二挡升挡点时，二挡离合器由分离开始接合，制动器由制动开始分离，变速器工作于二挡，电机转速迅速降低，齿圈、行星架与太阳轮之间无约束，但由于行星架通过中间轴与二挡从动齿轮相连，所以齿圈和行星架仍以一定转速旋转，由于二挡离合器接合，二挡主动齿轮与太阳轮同步旋转，因此车速随着太阳轮转速的升高而不断升高；当车速继续升高，到达三挡升挡点时，二挡离合器分离，三挡离合器接合，变速器工作于三挡，太阳轮、齿圈和行星架成为一个整体而同步旋转，随着驱动电机转速不断升高，整个行星齿轮系统整体转速也不断升高，车速也相应增大。

减速阶段，车速继续升高，变速器达到最高挡位，大约 40s 时，程序设定的坡度阻力开始起作用，车辆开始减速。当车速降低到二挡降挡点时，二挡离合器由分离开始接合，三挡离合器由接合开始分离，变速器处于二挡，齿圈、行星架与太阳轮之间无约束，但由于行星架通过中间轴与二挡从动齿轮相连，所以齿圈和行星架仍以一定转速旋转，二挡主动齿轮与太阳轮同步旋转，太阳轮在换挡瞬间转速上升，换挡结束后转速下降，随着太阳轮转速的下降车速也不断降低；当车速降低到一挡降挡点时，二挡离合器由接合开始分离，制动器由分离开始接合并制动齿圈，变速器处于一挡，太阳轮在换挡瞬间转速上升，换挡结束后转速下降，随着太阳轮转速的下降行星架转速也不断下降，车速也随之不断降低，由于二挡主动齿轮与从动齿轮常啮合，受行星架和中间轴的影响，因此以一定转速空转。制动器、离合器力矩变化，车辆加减速过程中，制动器、二挡离合器、三挡离合器等换挡执行机构的力矩变化，如图 7.16 所示。

一挡升二挡过程中，首先是转矩相阶段，制动器制动转矩越来越小，二挡离合器转矩越来越大，转矩相阶段终了，制动器完全松开，制动转矩降低为 0，二挡离合器继续滑摩，惯性相开始；惯性相阶段，二挡离合器继续滑摩，在滑摩过程中，太阳轮和二挡主动齿轮速度差逐渐减小，至惯性相终了，两者完成同步，换挡过程

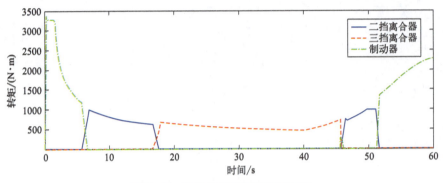

图 7.16 换挡执行机构的转矩变化

结束。二挡升三挡时，转矩相阶段二挡离合器逐渐分离，其所传递的转矩越来越小，三挡离合器逐渐接合，其所传递的转矩越来越大，至转矩相终了，二挡离合器完全分离，其所传递的转矩降为 0，三挡离合器继续滑摩，惯性相开始；惯性相阶段，随着三挡离合器的继续滑摩，太阳轮和齿圈之间的速度差逐渐减小，至惯性相终了，两者完成同步，太阳轮、齿圈、行星架成为一个整体旋转，换挡过程结束。三挡降二挡时，惯性相阶段三挡离合器开始滑摩，太阳轮与齿圈转速差越来越大，三挡离合器所传递的转矩越来越小，二挡离合器保持分离；转矩相阶段，三挡离合器的正压力进一步降低，三挡离合器所传递的转矩继续减小，直至三挡离合器完全分离，其所传递的转矩降为 0，二挡离合器逐渐接合，其所传递的转矩越来越大，太阳轮和二挡主动齿轮之间的转速差越来越小，至转矩相终了，太阳轮和二挡主动齿轮完成同步，换挡过程结束。二挡降一挡过程中，首先是惯性相阶段，二挡离合器正压力减小，其所传递的转矩越来越小，二挡离合器开始滑摩，太阳轮和二挡主动齿轮之间的转速差越来越大，制动器保持分离；转矩相阶段，制动器开始接合，并且制动转矩越来越大，制动器逐渐制动齿圈直至齿圈静止，二挡离合器转矩进一步减小直至降为 0，换挡过程结束。换挡过程中的动力保持分析：整个加减速过程中安装动力保持型三挡 AMT 的纯电动客车电机输入转矩与主减速器输出转矩仿真曲线如图 7.17 所示，从图中看出，无论变速器处于哪个挡位，无论处于哪个换挡阶段，主减速器输出转矩始终大于 0，从而实现换挡过程中的动力保持。

如图 7.18 所示是目标车型加减速过程中制动器、二挡离合器、三挡离合器主从动部件之间的转速差变化曲线。显然，制动器主从部件是指齿圈与制动带，二挡离合器主从动部件是指太阳轮与二挡主动齿轮，三挡离合器主从动部件是指太阳轮与齿圈。

借助 Matlab/Simulink 建立动力保持型 AMT 整车仿真模型，包括 TCU 模型、传动系统模型、动力系统模型、车身模型等单元，从加速时间、电机进入恒功率区

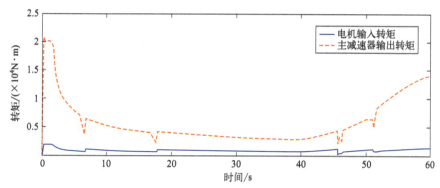

图 7.17　整个加减速过程中安装动力保持型三挡 AMT 的纯电动客车电机输入转矩与主减速器输出转矩仿真曲线

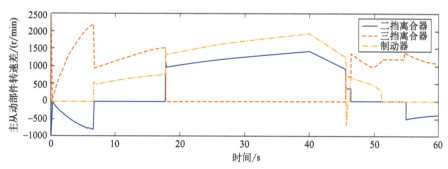

图 7.18　换挡执行机构主从动部件之间的转速差变化曲线

的时间等方面，对安装动力保持型 AMT 和未安装变速器的纯电动客车加速性能做了分析对比。利用建立的动力保持型 AMT 仿真模型，对纯电动客车加速、减速全过程做了仿真计算，分析各挡位工作时变速器各部件的转速变化，以及换挡过程中离合器、制动器转矩变化，得出变速器输入转矩和输出转矩曲线，结合换挡时的动力学方程，分析换挡过程动力保持可行性。

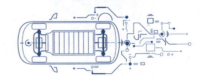

第 8 章
线控传感技术

8.1 线控传感的基本概念

ICV 不仅将持续重塑汽车行业生态面貌，也将引领交通建设、能源系统及城市形态等深度变革。目前，应用于 ICV 的雷达有超声波雷达、激光雷达和毫米波雷达等。后两者虽属后起之秀，但近年来，其在 ICV 中发挥作用日益凸显。超声波虽也有频率和波长，但不同于人们熟悉的应用于通信领域的电磁波。超声波是声波，是机械波，其传播要有传播介质，不能在真空中传播，超声波的传播速度与声波一样，在空气中约为 340m/s，频率高于 20kHz，在空气中波长短于 2cm，因为频率超出人耳朵听觉范围，所以被称为超声波。而超声波应用于测距和定位的原理，就是蝙蝠在夜间飞行定位的原理，蝙蝠以脉冲形式发出超声波，通过接收反射的回波进行回声定位，这种回波定位的原理，激光、毫米波及超声波都适用，目前统称雷达。ICV 的传感探测的原理及逻辑布置，ICV 传感探测广度及深度，ICV 传感的特性分析与数据建模比较，分别如图 8.1～图 8.3 所示。

超声波发射器发出超声波，超声波遇到障碍物会返回，超声波传感器正是根据发射波和回波之间的时间差来测定发射点到障碍物的实际距离。但超声波传感器怕脏污，应始终保持表面干净。因为，当其被异物附着时，超声波喇叭震动会发生异常。如超声波喇叭上附着霜、冰、雪及泥等异物时，可能会影响超声波的正常功能。

例如，超声波传感器的工作原理基于声波的传播和回声原理。超声波传感器会发射出高频率声波（通常在 20～65kHz 之间），这些声波传播到周围的环境中。当声波遇到物体时，它们会被反射回传感器。超声波传感器测量发射声波和反射声波之间的时间延迟（往返时间）。通过声波在空气中的传播速度，传感器可准确计算

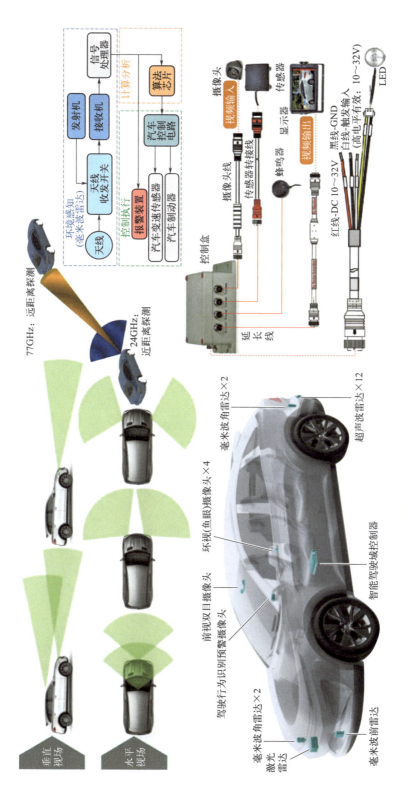

图 8.1 ICV 的传感探测的原理及逻辑布置

第 8 章 线控传感技术　　247

出物体到传感器的距离。不同类型的超声波传感器,用于不同的应用:**单发射单接收(1S1R)超声波传感器**有一个发射器和一个接收器,用于测量距离。在停车或泊车时,超声波传感器可以提供准确的距离测量,以确保车辆停在正确的位置。超声波传感器还可用于在低速驾驶时检测前方的障碍物,帮助车辆避免碰撞。在某些ICV中,超声波传感器可以与其他传感器(如摄像头和雷达)结合使用,以提供全面的环境感知。超声波传感器还可用于帮助车辆平稳地停车和起步,尤其是在拥挤的交通情况下。

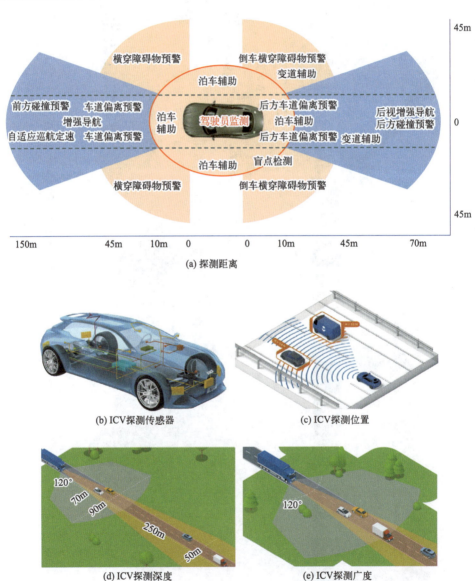

图 8.2 ICV 传感探测的广度及深度

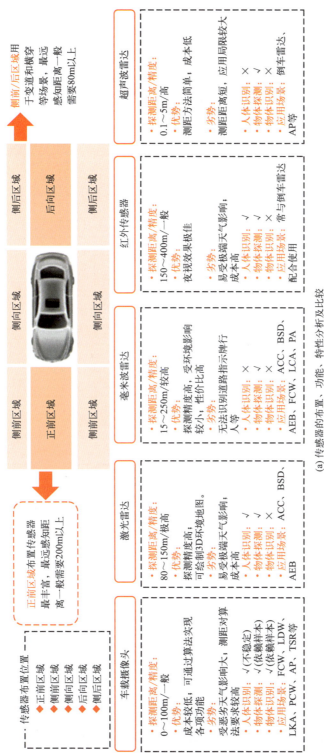

(a) 传感器的布置、功能、特性分析及比较

图 8.3

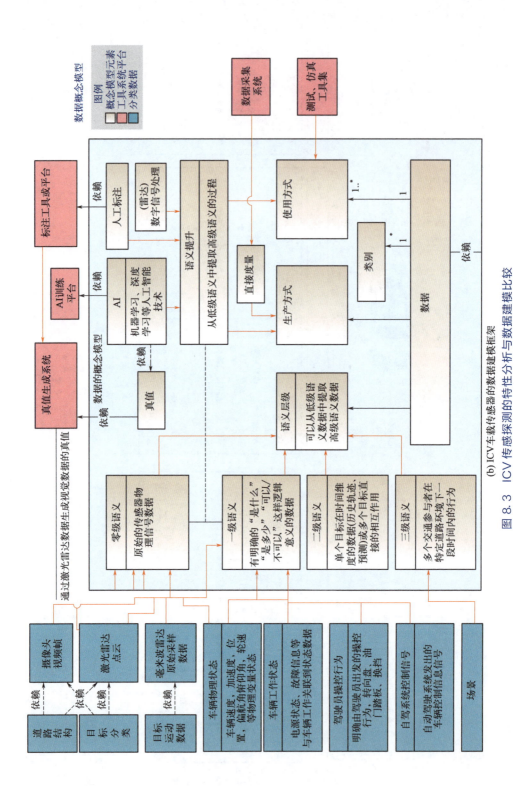

(b) ICV车载传感器的数据分析与数据建模框架

图8.3 ICV传感探测的特性分析与数据建模比较

8.2 超声波技术

超声波技术成熟，成本低，超声波雷达适合应用自动泊车场景，以及在驾驶过程中的短距离感测，而这些应用是 ICV 落地的应用场景，即"刚需"，尤其是自动泊车。超声波技术适合应用于车辆行驶过程中的横向距离感测，这也是超声波在高级驾驶辅助中的典型应用。自动泊车系统配置多个超声波雷达，包括安装于 ICV 前后的超声波雷达（utrasonic parking assistant，UPA）和安装于 ICV 两侧的超声波雷达（automatic parking assistant，APA）。UPA 的频率为 58kHz，频率较高，精度高，感测距离较短；APA 的频率为 40kHz，频率较低，精度一般，但感测距离较长，约能超 3m。以自动泊车为例，汽车在低速巡航时，用超声波感知周围环境，寻找空车位，且自动泊入车位。另外横向感测应用于车辆行驶过程，提醒驾驶员在平行车道中的车辆间的距离，如图 8.4 所示。

图 8.4 自动泊车的技术沿革

超声波能被不同材质的障碍物反射，并接收和放大，障碍物反射的超声波脉冲，将超声波脉冲转换成数字信号。因此，超声波被广泛应用于汽车，为驾驶员安全出行提供辅助。超声波频段人耳无法听到。超声波雷达由超声波喇叭、用于处理影像及计时的芯片等零件组成。单发射多接收（1S 多 R）超声波传感器包含发射器和接收器等，可提高距离测量的准确性和稳定性。多发射多接收（多 S 多 R）超声波传感器包括多个发射器和多个接收器等，可用于检测多个方向的障碍物。超声波传感器在 ICV 中具有多种作用，包括超声波传感器通常用于近距离感知，如停车、泊车和低速驾驶。超声波传感器可检测车辆周围的障碍物，以帮助避免碰撞，如图 8.5 所示。

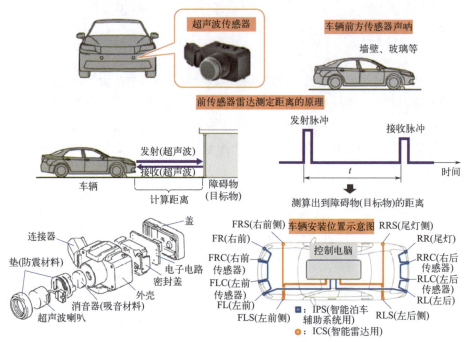

图 8.5 基于超声波雷达的 ICV 的传感原理

虽然超声波传感器用于近距离感知,但在低速驾驶和精确定位方面具有重要作用。通过将超声波传感器与其他传感器技术整合,ICV 能够在各种交通和停车场景中更加智能地操作。2023 年,100+TOPS 算力芯片量产上车。2025 年,芯片算力将提升至 500TOPS,而到 2030 年,将会迎来 1000TOPS 算力的芯片,ICV 芯片算力发展沿革如图 8.6 所示。

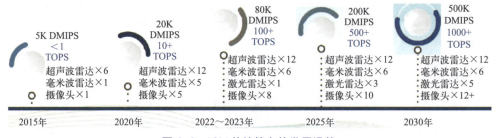

图 8.6 ICV 芯片算力的发展沿革

8.3 激光雷达技术

激光雷达(light detection and ranging,LiDAR)被比喻为 ICV 车辆的"眼睛",形象地解释了激光雷达起到的作用,即 ICV 看的能力。激光雷达作为三维传感器，是车辆"大脑中枢"前期做出判断的基础数据参考来源，车辆"大脑"将数据转换为有用信息，再发出指令。所以，激光雷达是实现ICV产业化落地的"最后一公里"中的重要环节，甚至可能影响ICV产业化落地的具体实现。激光雷达用于ICV，能协助ICV认知场景及路面环境等，自主规划行驶行为。激光雷达通过从激光器中高速发送光脉冲，这些光脉冲从物体上反射回来，并被传感器接收。车载电脑以此创建周围环境3D地图，激光雷达应用于ICV，包含自适应巡航控制（ACC）、前车碰撞警示（FCW）及自动紧急制动（AEB）等。虽然目前该技术还不成熟，但运用激光雷达却成为ICV中逐渐加速应用的方式。激光雷达是以发射激光束探测目标的位置、速度等为特征量的雷达。通过向目标发射探测信号（激光），然后将接收到的从目标反射回来的信号（目标回波），与发射信号进行比较，从而获得目标的距离、方位、速度等相关信息。针对测量距离的远近，激光雷达可分为非扫描式（FLASH）激光雷达和扫描式激光雷达等，如表8.1所示。

表8.1 典型激光雷达感知预警的分析及比较

类型	距离	示意图
FLASH激光雷达	近距离	可以判定与最近的物体之间的距离，无法判定方向
扫描式激光雷达	远距离	立体地测量距离

对光的有效吸收是人类捕获光能、利用光能的重要基础。人们对材料吸光能力的追求和研究有很长的历史。例如，寒冷的冬天人们会选择穿厚重的深色衣服来增强对太阳光的吸收来御寒，微波实验室通常采用多孔聚氨酯吸波海绵作为微波频段的吸波材料。对吸收系数为1的假想物体——黑体的研究，直接导致量子物理的出现。吸波材料普遍存在着，吸收系数比较低、材料的体积较大或制备过程昂贵烦琐等缺点，使得这些材料无法广泛应用于目前的车载光学芯片等。那么，利用轻薄的普通材料实现光学完美吸收，成为现代光学的挑战之一。

近年随着非厄米光学领域兴起，基于反激光（激光的时间反演逆过程）的**相干完美吸收**（coherent perfect absorption，CPA）为解决该挑战提供可行方案。通过相干完美吸收实现材料对多模式入射光完美吸收的设计思路和方案，从理论、仿真和实验等方面对该方案进行验证。该方案能对全角度、多模式的入射光实现完美吸收，且该方案对材料本身厚度、吸收率无严格要求，用来实现材料的完美吸收，将该方案称为"**光学陷阱**"。该方案为提高激光效率、设计新型光学器件等开辟新思路，如图 8.7 所示。

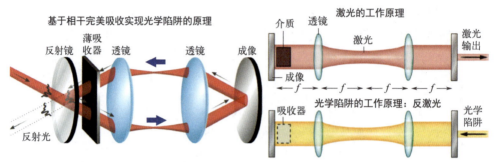

图 8.7　基于相干完美吸收实现光学陷阱的原理与激光的比较

当光从空气中入射到材料界面上时会发生光反射和透射、如果材料足够厚，那么透射光线会完全在材料中耗散、被材料吸收。为增加材料对光的吸收，就要减少界面处的反射，让光尽量完全透射。诸如相机镜头上增透膜、阻抗匹配等方法被提出，以减少光反射。尽量减少光反射是实现完美吸波的挑战之一。但即便实现光在界面处的完全透射，若材料厚度较薄，而且材料光学损耗不大，大量光线依然会从材料中透射出去。自然界中，几乎所有材料都存在光学损耗，但光学损耗大小不定。在集成化、小型化光学研究背景下，尽量将光学元器件体积和厚度轻量化，这是完美吸波材料的再次挑战。要实现对光的完美吸收，就要同时解决这些挑战：既要实现介质零反射，也要实现光在有限厚度介质中的完全损耗。

针对该问题，人们提出基于激光的逆过程——相干完美吸收，实现 100% 的完美吸收。如图 8.7 所示，相干完美吸收指的是激光的工作过程从时间维度的逆过程。由于光学所遵循的麦克斯韦方程具有时间反演不变特性，即如果一个光学现象存在，那么它的时间反演效应也一定存在。激光的工作原理如图 8.7 所示。在这些元件组成的简并光学腔中，初始光线被两端的全反射镜和半反射镜来回反射和透射，光线始终遵循相同的轨迹，从而保持所有光模式在腔中循环。光线在光腔中每循环一次，光线就会被增益介质放大两次。经过循环往复的增益放大，射出的光束就会成为方向性很好、强度很高的激光。虽然这种设计最初是为了放大激光器中的光，但它的逆过程——反激光可用于实现光的完美吸收。具体来说，就是把激光中的增益介质换成损耗介质,把激光中出射光变成了入射光。当光线从半反射镜一侧入射时,是会有一部分光反射,一部分光透射。

为了实现零反射,人们巧妙地通过调整两个发射镜之间的距离为 $4f$(f 为棱镜的焦距),使得透射光线经过光腔循环之后射出的光线,与原反射光线产生相消干涉,从而使反射光线消失。当光路在反激光(光学陷阱)的光腔中循环往复时,每经过损耗介质一次,就将衰减一次。这样,即使损耗介质是厚度很薄、损耗较低的普通材料,理论上也可以实现 100% 的完美吸收。该工作中将两棱镜引入相干完美吸收,实现对多模式、全角度的完美吸收,拓展相干完美吸收的适用范围,推动相干完美吸收的应用。该方法对时变、全角度、多模式光束,均具有大于 95% 的吸收率,而且吸收率对实验样品的缺陷具有极高的鲁棒性和稳定性。这种全角度、多模式的相干完美吸收不仅为现代光学的能量转化效率提升开辟了全新的思路,而且有望增强光与物质的相互作用、推动非厄米光学的发展。

激光雷达的工作基于光的传播和反射原理。激光雷达通过发射非可见激光束(通常是红外激光)来测量物体。激光束以非常高的速度传播。光线反射:激光束遇到物体后会被反射回激光雷达。测量时间延迟:激光雷达测量发射激光束和反射激光束之间的时间延迟(往返时间)。计算距离:通过光的速度(光速)以及往返时间,激光雷达可以准确计算物体到雷达的距离。激光束扫描:激光雷达通常会以旋转或者以其他方式扫描激光束,从而生成物体的三维点云图,包含了物体的位置和形状。不同类型的激光雷达具有不同的工作原理和性能特点。机械式激光雷达:通过机械装置旋转激光传感器来扫描周围环境,这种类型通常拥有较高的分辨率和测量精度。固态激光雷达:采用固定的传感器头,使用电子控制来改变激光束的方向,它们通常更紧凑、更耐用,但分辨率可能较低。多光束激光雷达:这种类型的激光雷达同时发射多个激光束,以加快扫描速度和提高点云密度。固态光学雷达:这种新兴的技术不使用机械部件,而是依靠微光学元件来扫描激光束,具有更小的体积和更快的响应速度。

激光雷达在 ICV 中具有关键作用包括:高精度的距离测量,使车辆能够准确地感知周围环境中的障碍物、其他车辆和道路结构;三维环境感知,通过生成三维点云地图,激光雷达使车辆能够了解周围环境的三维结构,有助于识别物体并进行路径规划;低光和恶劣天气下的稳定性,激光雷达不受光照条件的限制,因此在夜间、雨雪和浓雾等恶劣天气下表现出色;障碍物检测和避免,激光雷达能够检测和跟踪障碍物的位置和运动,帮助车辆规划避障路径;数据融合,激光雷达数据通常与其他传感器数据(如摄像头和雷达)结合使用,以提供全面的环境感知,如图 8.8 所示。

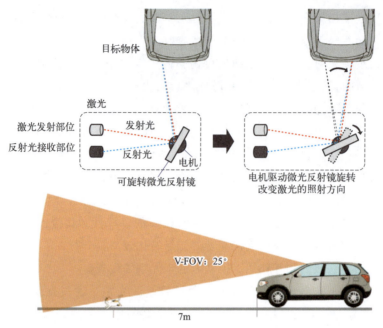

图 8.8 激光雷达在 ICV 上的应用技术思路

8.4 毫米波雷达技术

毫米波雷达特点：精准度高，抗干扰能力强，探测距离远，呈广角探测，探测范围广，全天候工作，雨雪、雾霾及沙尘暴等恶劣天气均能开启并正常使用；穿透能力强，安装时采用可内嵌结构，不影响车辆整体外观。因此，毫米波雷达技术更适用于汽车防撞领域。ICV 所需的激光雷达、毫米波雷达、超声波传感器和摄像头传感器的原理、功能及区别如表 8.2 和表 8.3 所示。

表 8.2 车载雷达的功能及特性比较

项目	毫米波雷达	激光雷达	摄像头	超声波	红外
远距离能力	优	优	一般	差	良
分辨率	高	高	高	低	低
误报率	低	较低	较低	较低	较高
温度适应性	优	优	优	一般	良
黑暗适应性	优	优	一般	优	优
天气适应性	优	一般	一般	一般	一般
灰尘潮湿	优	一般	一般	良	一般

续表

项目	毫米波雷达	激光雷达	摄像头	超声波	红外
硬件成本	低	高	低	低	低
信号处理复杂度	低	高	高	低	低

表 8.3 车载毫米波雷达功能比较

项目	24GHz 毫米波雷达	77GHz 毫米波雷达
距离	短/中距离	长距离
功能	BSD(blind spot detection,盲点探测系统):10m LCA(lane change assist,变道辅助系统):70m PA(parking assist,泊车辅助系统):5m RCTA(rear cross traffic alert,警示系统):70m S&G(stop&go,自动跟车):70m	ACC(adaptive cruise control,自适应巡航系统)150～200m FCW(forward collison warning,安全车距预警系统):70m

随着 ICV 在市场上逐渐推进，毫米波雷达市场也迎来春天。毫米波实质上就是电磁波。毫米波的频段较特殊，其频率高于无线电，低于可见光和红外线，频率大致范围是 10～200GHz，这是一个适合车载领域的频段。目前，较常见的车载毫米波雷达频段如下。

① 24～24.25GHz，目前应用于汽车的盲点监测、变道辅助。雷达安装在车辆的后保险杠内，用于监测车辆后方两侧的车道是否有车、可否进行变道。这个频段也有缺点，频率较低，带宽较窄，只有 250MHz。

② 77GHz，这个频段的频率较高，带宽 800MHz。这个频段的雷达性能要好于 24GHz 的雷达，装配在车辆前保险杠上，探测与前车的距离以及前车的速度，实现的是紧急制动、自动跟车等主动安全功能。前两者性能比较，如表 8.2 所示。

③ 79～81GHz，这个频段特点是带宽较宽，要比 77GHz 的高出 3 倍以上，这也使其具备更高的分辨率，达到 5cm，如表 8.3 所示。

车载毫米波雷达技术沿革如图 8.9 所示。

毫米波雷达是通过毫米波段的电波测量距离、相对距离、方向等的雷达传感器。在驾驶过程中向前方发射毫米波段的电波，若前方有车辆，则可收到反射回来的回波。通过分析检测到的反射波频率变化等，检测前方及对面是否有车辆、与前方及对面车辆间的距离、相对速度和方向等。ICV 上搭载的毫米波雷达使用两个波段，毫米波雷达使用的是 76GHz 波段的电波。传统车辆使用的是 24GHz 波段的电波（准毫米波）。毫米波雷达由天线板、通信及电源模块等构成。车载雷达波的典型波段及频率的比较如图 8.10 所示。

激光雷达和毫米波雷达的区别：激光雷达是通过发射激光束来探测周遭环境的，车载激光雷达普遍采用多个激光发射器和接收器，建立三维点云图，达到实时

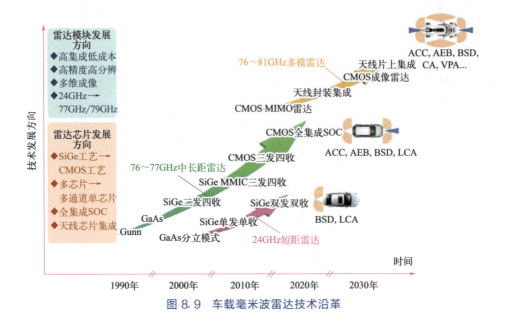

图 8.9 车载毫米波雷达技术沿革

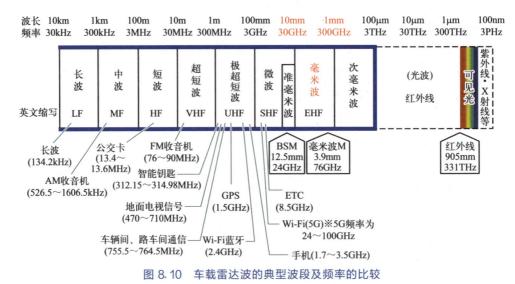

图 8.10 车载雷达波的典型波段及频率的比较

环境感知的目的。激光雷达的优势：探测范围更广，探测精度更高。激光雷达的缺点：在雨、雪、雾等极端天气下性能较差；采集数据量过大；价格昂贵。从技术上讲，目前传统激光雷达技术已成熟，而固态和混合固态激光雷达尚处于起步阶段，因此，当前在 ICV 汽车使用的激光雷达，多以机械式激光雷达为主。毫米波雷达缺点较直观，探测距离受到频段损耗的直接制约，也无法感知行人，且对周边所有障碍物无法进行精准建模。激光雷达和毫米波雷达的技术思路比较如图 8.11 所示。

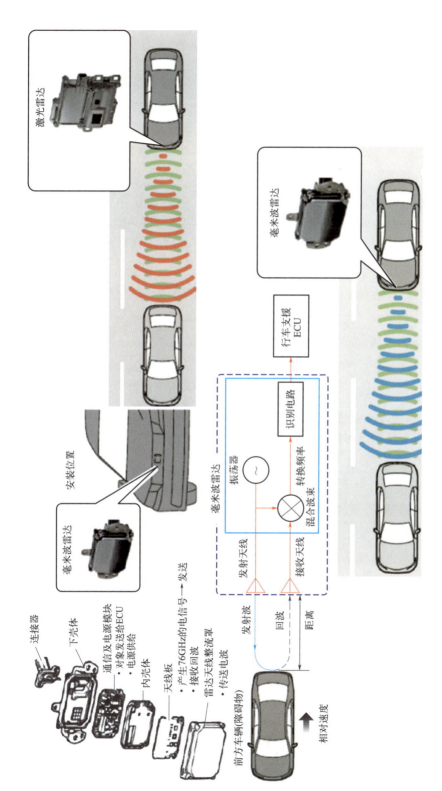

图 8.11 激光雷达与毫米波雷达的技术思路比较

8.5　ICV车载摄像头技术

车载摄像头是 ICV 的视觉传感器。由镜头采集图像并通过摄像头内的感光组件及控制组件对图像进行处理，然后转化为可供电脑做进一步处理的数字信号，实现对车辆周边的路况感知，包括前向碰撞预警、车道偏移报警、行人检测等功能。传感技术都有其优点与局限性，ICV 不会依赖一种传感技术实现其功能。多数厂商都是将多种传感技术结合，以确保 ICV 在范围、分辨率和鲁棒性等方面获得可靠数据。虽然目前传感方案还无法提供足够数据来实现全面功能，但已可以降低驾驶员人为错误。构建 V2X 智慧路口所需要的硬件，包括交通摄像机、边缘计算主机、信号机及采集卡等设备。摄像机提供感知视频数据，对交通目标进行跟踪；信号机对路口红绿灯信号进行控制管理；采集卡对信号机红绿灯控制信号进行采集，提供给边缘计算主机；边缘计算主机对传感器数据进行融合处理，通过 RSU 将 V2X 报文播发给车辆。这些设备互相配合实现车辆、路端与云端的高效协同。摄像机的硬件组成如下。**光学镜头**由光学透镜组合而成，被摄对象经过光学镜头的折射后，在感受器上成像。镜头是决定光学成像质量的重要组件，决定了进光和透光能力。镜头分为变焦镜头和定焦镜头，V2X 场景两种都有选用，一般 8～32mm 的变焦即可满足要求，定焦镜头一般常用 8mm、12mm 两种规格。**感受器**用于捕捉图像信号，将光信号转换为 ISP 可以处理的电信号。感受器靶面大小是一个重要参数，衡量了感光能力的大小，V2X 场景建议选用 1/1.8in（1in＝2.54cm，后同）及以上靶面的感受器。**图像信号处理**（image signal processing，ISP）是相机系统中关键组成部分，负责接收和处理感光芯片传感器的原始信号数据。ISP 在很大程度上决定了摄像机的成像质量。**补光灯**通过补光能力来加持摄像机低照度能力，在 V2X 场景下，不能无限制提高补光灯亮度，需要尽量减少光污染，采用环保补光。**通信单元**用于与计算机或者其他设备进行通信，可以通过网络进行传输，需要注意的是 V2X 应用对时延非常敏感，需要满足从开始成像到完成传输全链路的所有时延要求。**存储单元**用于存储摄像机操作系统的 Flash、缓存程序的 DRAM 和存储监控数据的 TF 卡。**供电单元**为摄像机提供工作电压和电流，保证设备的正常运行。摄像机硬件架构如图 8.12 所示。

随城市光污染问题逐渐加重，针对交通相机补光装置的要求也越来越严格，未来的技术趋势就是既要提高成像效果，又要减少补光灯亮度甚至实现无补光下的成像，彻底解决摄像机本身带来的光污染问题。除了选用更好的镜头、成像更好的传

图 8.12 摄像机硬件架构

感器外,还可以在软件方面进行提升。这主要依赖 ISP 的处理能力,随着 AI 技术的发展,利用算力进行图像的深度学习、智能调优,图像突破了传统的 ISP 的极限,让用户可以获得更清晰的图像。未来摄像机 ISP 的算力会越来越强,拍摄距离也将越来越远,低照度效果也会越来越好。摄像头传感器通过获取摄像头拍摄的车辆周边的实景画面,从中抽取场景特征信息、调整显像浓度,对画面进行预处理。根据预处理结果,更容易辨别对象的特征及形状、颜色等信息,从而提高检测速度。摄像头传感器的基本原理如图 8.13 所示。

摄像头传感器,顾名思义就是通过摄像头拍摄车辆周边场景,并以此来识别车辆、行人、行车线等的传感器。从拍摄到的影像可以检测出车辆及车灯、行车道的白线及标识、行人及自行车等。单镜头摄像头识别的是平面影像,而多镜头立体摄像头内置 2 个摄像头,除了可以识别立体物体外,还可以测算到目标物体的距离。**目标物体处理流程**:图像传感器通过图像处理识别对象物体,根据驾驶辅助 ECU 检测到的信息进行内容识别、判断、控制车辆。**检测车道**:从经过处理的图像上抽取边缘画面(亮度变化大的区域),从边缘画面中找出行车线标记(车道两侧的实线及虚线,直道显示为直线),通过行车线标记测定车道。基于行车信息,获取车道中央位置、车辆行进方向及测算距离,识别、判断、控制车辆。

检测图像中的各类线条(如直线、圆、抛物线、椭圆等),并以一定的函数关系进行描述,应用于影像分析、模式识别等很多领域。**检测道路标识**:从经过处理的图像上抽取对应的候补点，寻找由各点分布构成的直线、曲线、平面等任意图形，按照特定的模板推定标识。通过标识信息进行判断并控制车辆。**检测行人**：人物图像由于体型、姿势、衣着等因素影响较难识别。车辆在酷热等环境下停放后，图像传感器的温度会变得很高，可能影响识别功能，甚至过热停机（温度降低后，将正常工作）。

摄像头是基于光学原理的传感器，其工作原理基于以下过程。光学透镜：摄像头的前部有一个透镜，它负责捕捉光线并将其聚焦在摄像头传感器上。图像传感器：图像传感器是摄像头的核心组成部分，通常是一块芯片，它包含许多小的光敏元件，称为像素，每个像素负责测量特定区域的光强度。光线捕捉：当光线穿过透镜并照射到图像传感器上时，像素将测量光线的强度，不同强度的光线创建了图像中不同部分的亮度和颜色。数据处理：通过测量每个像素的光强度，图像传感器将光学信息转换为数字图像数据。这些数据可以表示为像素阵列。在 ICV 领域，有几种不同类型的摄像头，用于不同的用途。单目摄像头：只有一个透镜和一个图像传感器，它们通常用于捕捉前方的道路图像，但缺乏深度感知能力。立体摄像头：由两个摄像头组成，模拟人类的双眼视觉。这种摄像头能够提供深度信息，有助于识别距离和三维结构。鱼眼摄像头：使用广角透镜捕捉大范围的图像，适用于全景感知和环境监测。红外摄像头：能够捕捉红外光谱范围的图像，用于夜间和低光环境下的感知。多镜头立体摄像头：融合多个摄像头拍摄的图像，从而获得视觉差，并计算纵深数据，因此可立体识别目标物体的大小及形状。当摄像头前方视野模糊时，图像传感器将停止工作。另外，除雾和降温也不可少。为确保摄像头视野，图像传感器和镜片密封玻璃（前置摄像头）间配备镜头加热器。通过监控车外温度，镜头加热器加热除雾。

摄像头在 ICV 中扮演了关键的角色，具体作用如下。视觉感知：摄像头用于捕捉车辆周围的视觉信息，包括道路、车辆、行人、道路标志和交通信号等，这些信息对于实时感知和决策至关重要。对象识别：通过计算机视觉技术，摄像头可以帮助 ICV 识别和分类各种对象，如其他车辆、行人和障碍物，这有助于规划安全的驾驶路径。车道保持：摄像头可以监测车辆在道路上的位置，帮助 ICV 维持车辆在正确的车道上行驶。交通信号识别：摄像头可以检测和识别交通信号、标志和路牌，以确保车辆遵循交通规则。目标跟踪：摄像头可以跟踪其他车辆和行人的运动，以预测它们的行为并采取适当的驾驶决策，如图 8.14 所示。摄像头在 ICV 中起到关键的感知作用，使车辆能够了解周围环境并做出智能决策。通过不断改进图像处理算法和传感器技术，摄像头在 ICV 系统中的作用将变得越来越重要，如图 8.15 所示。

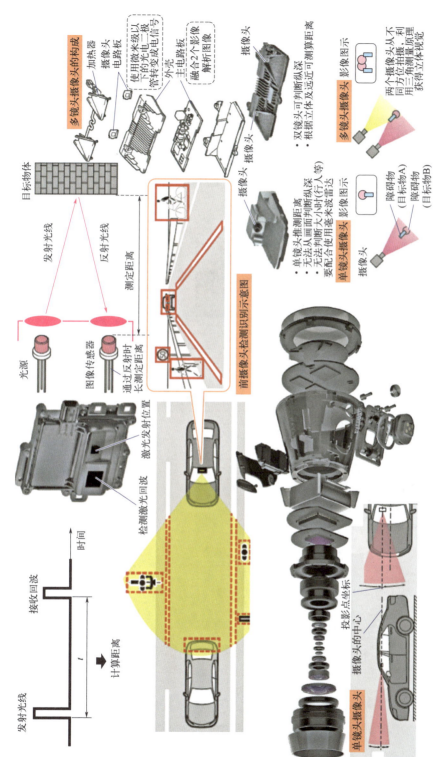

图 8.13 摄像头传感器的基本原理

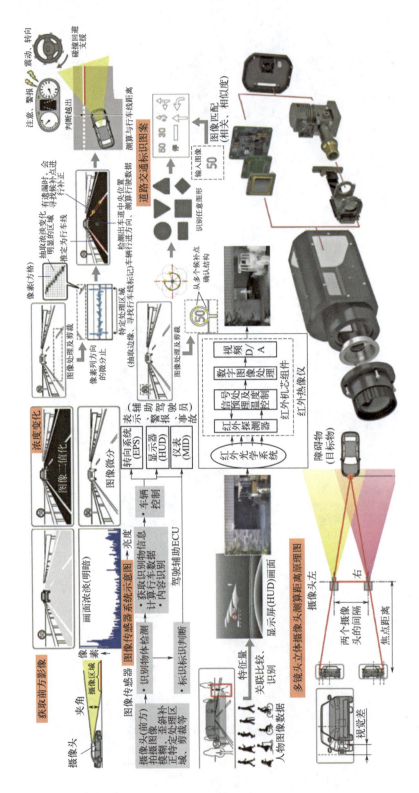

图 8.14 摄像头传感器功能的整体逻辑框架

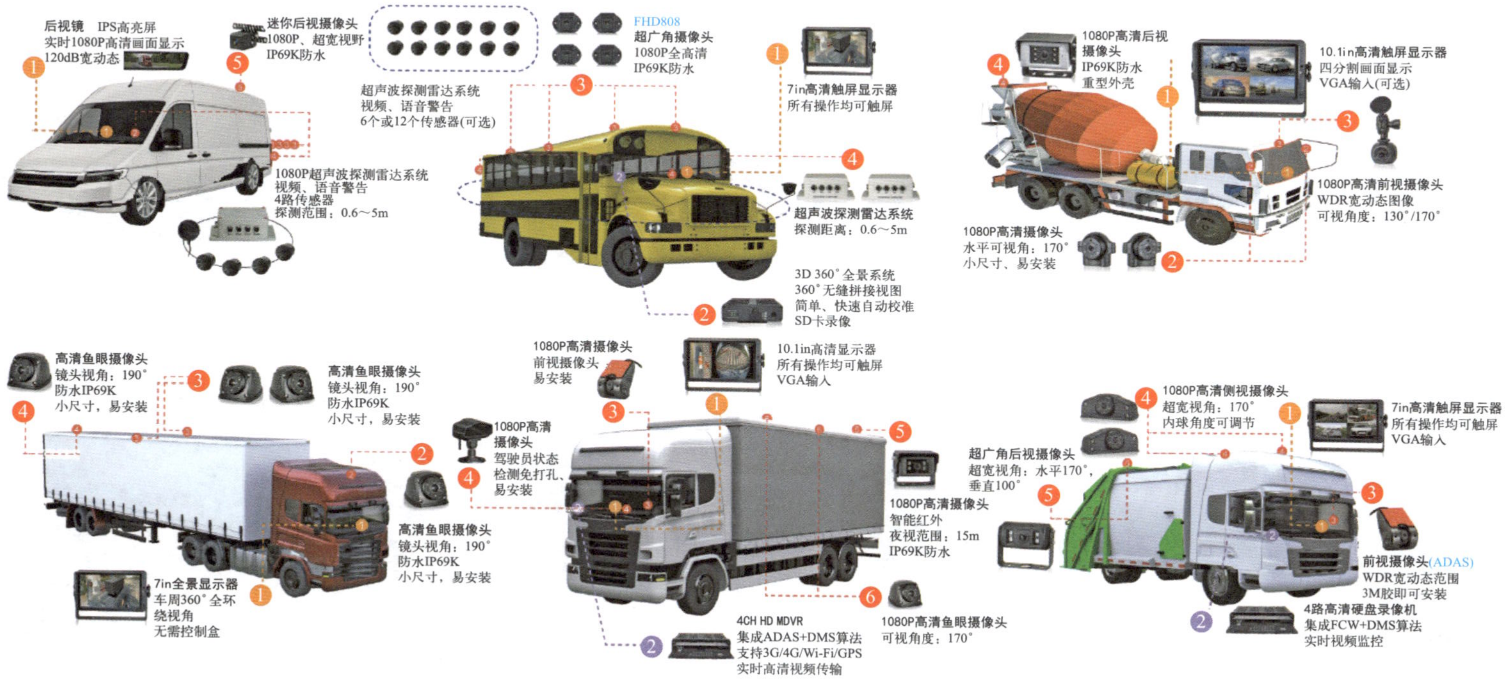

后视镜 IPS高亮屏
实时1080P高清画面显示
120dB宽动态
迷你后视摄像头
1080P、超宽视野
IP69K防水
超声波探测雷达系统
视频、语音警告
6个或12个传感器(可选)
1080P超声波探测雷达系统
视频、语音警告
4路传感器
探测范围：0.6～5m
FHD808
超广角摄像头
1080P全高清
IP69K防水
7in高清触屏显示器
所有操作均可触屏
超声波探测雷达系统
探测距离：0.6～5m
3D 360°全景系统
360°无缝拼接视图
简单、快速自动校准
SD卡录像
1080P高清后视
摄像头
IP69K防水
重型外壳
10.1in高清触屏显示器
四分割画面显示
VGA输入(可选)
1080P高清前视摄像头
WDR宽动态图像
可视角度：130°/170°
1080P高清摄像头
水平可视角：170°
小尺寸、易安装
高清鱼眼摄像头
镜头视角：190°
防水IP69K
小尺寸，易安装
高清鱼眼摄像头
镜头视角：190°
防水IP69K
小尺寸，易安装
高清鱼眼摄像头
镜头视角：190°
防水IP69K
小尺寸，易安装
7in全景显示器
车周360°全环
绕视角
无需控制盒
1080P高清
摄像头
驾驶员状态
检测免打孔、
易安装
1080P高清摄像头
前视摄像头
易安装
10.1in高清显示器
所有操作均可触屏
VGA输入
1080P高清摄像头
智能红外
夜视范围：15m
IP69K防水
1080P高清鱼眼摄像头
可视角度：170°
4CH HD MDVR
集成ADAS+DMS算法
支持3G/4G/Wi-Fi/GPS
实时高清视频传输
1080P高清侧视摄像头
超宽视角：170°
内球角度可调节
7in高清触屏显示器
所有操作均可触屏
VGA输入
超广角后视摄像头
超宽视角：水平170°,
垂直100°
前视摄像头(ADAS)
WDR宽动态范围
3M胶即可安装
4路高清硬盘录像机
集成FCW+DMS算法
实时视频监控

图 8.15

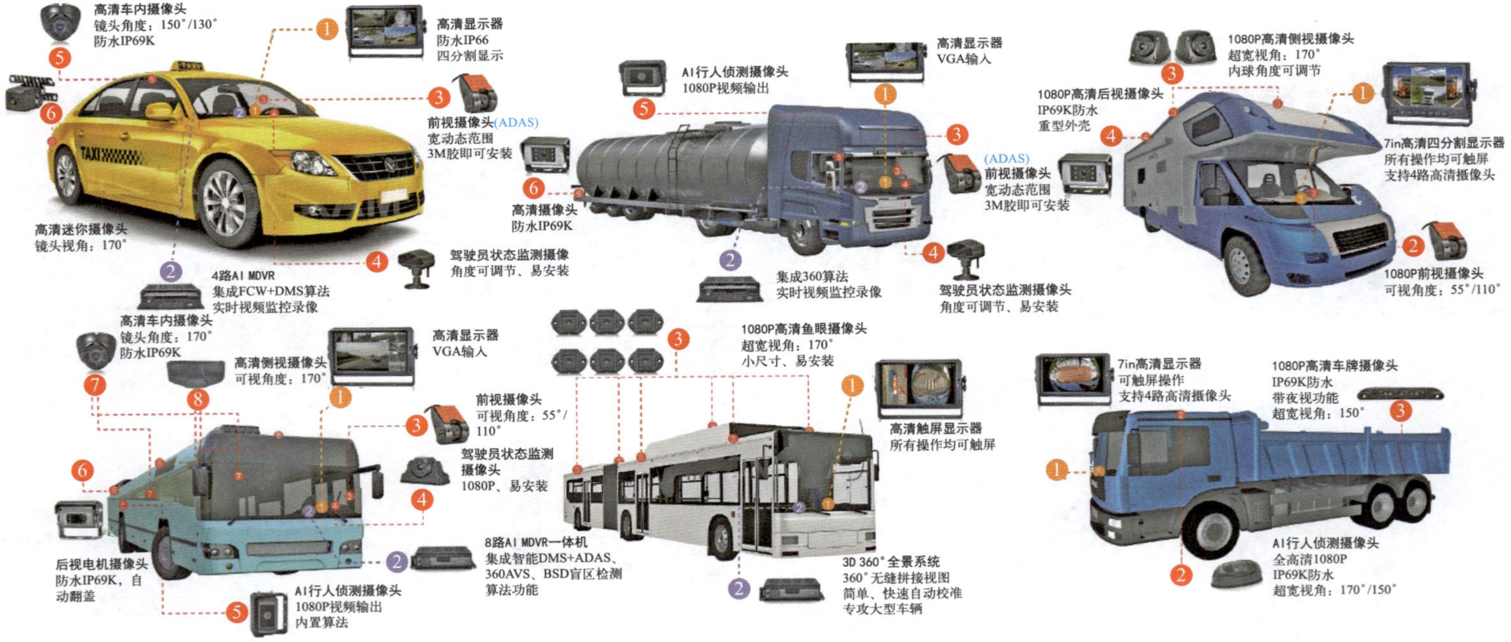

图 8.15 基于摄像传感的典型车辆智能结构分析

8.6　基于机器学习算法的热成像方法

在漆黑的环境中是否能改变感知？在夜晚是否能带来白天那种情景感知能力？基于人工智能-机器学习在处理热成像方面的突破，解决热成像中存在的"重影"问题。通过使用人工智能-机器学习算法处理热成像扫描，人们用高光谱热雷达（heat-assisted detection and ranging，HADAR）方法，即基于机器学习算法的热成像方法，来进行热辅助探测与测距，可能会改变 ICV 汽车领域。什么是"重影"问题？"重影"问题，即热成像图像失去纹理的问题。来自激光雷达数据的点云也会出现"重影"问题，尽管出现原因不同，而且一般程度较轻。用灯泡的例子来描述这个问题。如果灯泡上有一些文字或纹理，灯泡亮着的时候，由于灯泡本身发出大量光，无法阅读上面内容，但如关闭灯泡，所看到的就是从灯泡反射出来并进入眼睛的辐射。消除外部辐射的问题，就是消除来自环境与物体或材料相互作用的辐射问题，这对于只显示所讨论对象纹理的最终图像至关重要。当然，在 ICV 自动导航应用中，这种准确性是至关重要的。因为在现实世界中，一直无法关闭来自物体的辐射。因此，需要找到智能方法来分离两种辐射，一是物体固有辐射，二是落在物体上，并进入摄像机的所有其他辐射。TeX-Net 算法的"TeX"代表温度、辐射率和纹理，这些属性是感知这些场景所需的。通过解释机器学习技术可获取周围环境的信息，并收集热成像图像。但它会在约 100 个不同的光谱波段收集热成像图像，从这些图像中，使用数据库来估计材料辐射率，目前正在开发数据库用于此目的。尝试估计不同的材料，并尝试利用光谱辐射和材料数据库来分离固有辐射与外部辐射。具有嵌入其中的热物理学机器视觉算法，用于分离固有辐射和外部辐射。即使在夜晚，实际上也可得到相当高质量的图像。该图像实际上是代表热辐射数据的图像，而不会发出任何传感器信号，这是一种完全被动的方法。虽然传统摄像机通常在三个频率（红、蓝和绿）上工作，但由于红外光谱范围对于肉眼是不可见的，没有理由选择三个频率。如果只选择三个频率，会丧失信息，因此尽可能收集多个波段的信息，然后需将这些发现呈现出来。受点云作为激光雷达数据表示的启发，找到了一种将这三个属性（温度、辐射率和纹理）可视化的方法。将数据映射到新格式（包含色调、饱和度和明度），得到准确且丰富多彩的场景图像。例如，当人们看小草时，其远远看起来也像小草，但是，当温度变化时，近看小草，其可能有不同的纹理，但颜色表示始终是绿色，因为辐射率是固定的，辐射率固定了颜色。只有色调会随温度变化而改变，因此，这种表示非常有用。目前，工作都处于概念验证和实验领域，还有一些需要克服的障碍，才能使它成为实际的现实世界工具。夜视工作光传感原理如图 8.16 所示。

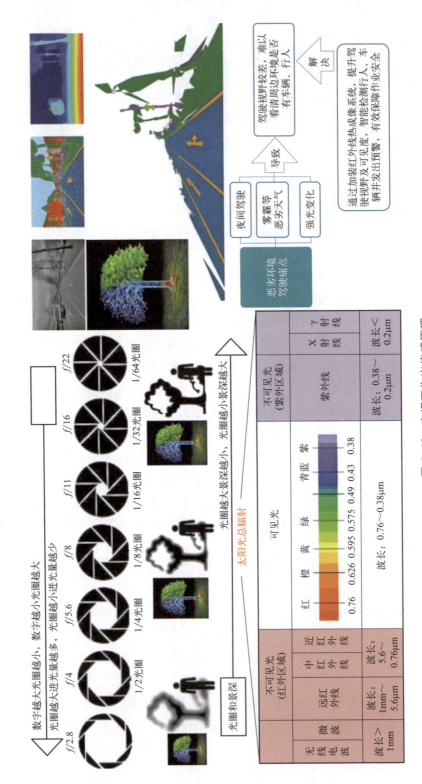

图 8.16 夜视工作光传感原理

人类视觉系统强大的信息处理能力在很大程度上依赖视网膜和大脑视觉皮层所形成的分层结构,如图 8.17 所示。人类对外界信息形成视觉认知需要经历以下基本过程:携带外部世界信息的光首先投射在眼球底部的视网膜上,视网膜上的光感受器会将光信号转化为电信号,传递给视网膜中的其他细胞实现对信息的初步整合加工,整合后的信号将由视网膜神经节细胞通过视神经传递给大脑;进入大脑的视觉信息会被大脑中不同的视觉皮层进行深层次加工处理,传递给高级脑区形成视觉认知。为实现对人类视觉系统结构和功能的逼真模拟,通过采用"原子乐高"的方式搭建,可重构视网膜传感器和忆阻器交叉阵列进行集成,可实现全模拟域的视觉信息传递和处理。人类视觉系统主要由视网膜和大脑皮层视觉中枢组成,类脑视觉系统由可重构视网膜传感器和忆阻器交叉阵列所构成,如图 8.17 所示。基于 HADAR 的类脑视觉系统的增强现实分析如图 8.18 所示。

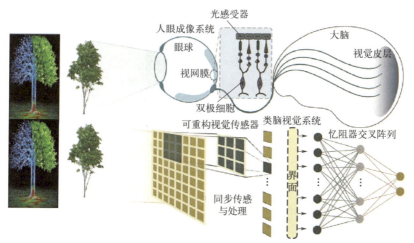

图 8.17　人类视觉系统和类脑视觉的原理思路比较

图 8.18　基于 HADAR 的类脑视觉系统的增强现实分析(使用前与使用后比较)

用于 HADAR 的扫描仪约有微波炉大小，目标是将其缩小到能放在一个人手掌中的尺寸。在这些设备中取消冷却的需求之前，是不可能实现的。此外，与尺寸问题有关的是，需要实现实时处理，特别是对于 ICV 应用。目前，处理时间大约是几分钟，具体取决于场景的复杂性及是否有已知的地面真实数据。这又与尺寸有关，因为需要能将计算嵌入同一单元中才能使其工作。这些问题在如此新颖和实验性的工作中是可预料的，最好的选择是与低成本、稀疏的激光雷达一起使用。对于一些点，使用激光雷达真的能够重构场景，就像高分辨率激光雷达所做的那样，但还有额外的优势，即有许多语义信息，例如温度、辐射率等，这是迈向下一代热成像技术的一种方式。通过克服传统解决方案中的"重影"问题，该方法在基准测试中有优势，不仅能像白天一样看清环境的纹理和深度，还能感知到颜色、热视觉以外的各种物理信息，有益于机器感知，该方法尤其对于智能网联车辆比较重要。

目前机器感知是利用无处不在的热信号来重现环境信息。但是它有一个明显缺点，就是产生"重影效应（ghosting effect）"，即由于物体和环境在不断发射热辐射，导致三个物理属性，即温度（T，物理状态）、发射率（e，材料指纹）和纹理（X，表面几何形状）混合在光子流中出现的一种现象（仅限于夜视情况）。这种现象造成环境/物体的纹理缺失，如图 8.19 所示。只有当灯泡关闭时，人们才能看到灯泡上的几何纹理，一旦灯泡发光就完全消失，而黑体辐射不可能被"关闭"，也就意味着人们得到的热图像总是缺乏纹理，不能看到一个完全真实的夜视世界。

高光谱热雷达（HADAR）方法以热光子流为输入，记录高光谱成像热立方体，通过影像分解来解决重影效应这一挑战。这是一种新颖的传感范式，与现有的微波雷达（radar）、激光雷达（LiDAR）、声呐（sonar）等有着根本性不同。微波雷达、激光雷达与声呐都是主动式传感，它们会主动向环境发射信号。HADAR 是被动式传感，会和相机一样"默默"地接收信号。HADAR 利用机器学习，生动地从杂乱的热信号中恢复纹理，并使人工智能算法能够达到目的。目前，传统或热视觉办法很难做到。

HADAR 方法带来高精度：第一行显示，基于原始热图像的测距方法，由于重影导致精度很差；第二行则显示，与热测距相比，HADAR 中恢复的纹理和增强精度约达 100 倍，如图 8.19 所示的场景中，黑色汽车、人及纸板是检测物体，即一辆汽车，一个人，一个纸板。那么，不同的技术能看到什么？用光学成像技术，将该检测物体错误地识别为两个人和一辆汽车；而用激光雷达点云技术，将该检测物体错误地识别为两个人，还把汽车给丢了；只有用 HADAR 技术才能够带来全面的理解，将该检测物体准确识别为一个人、一辆车、一个纸板，如图 8.19 所示。充分证明 HADAR 在夜间总体视觉能力优于目前先进的热测距方法，其立体视觉更是和白天测试能力基本处于一个水平，即 HADAR 在黑暗中看到环境纹理和深度，就像白天一样。夜间，HADAR 具体测试纹理如图 8.19 所示。基于 HADAR 原理的 ICV 逻辑思路如图 8.20 所示。

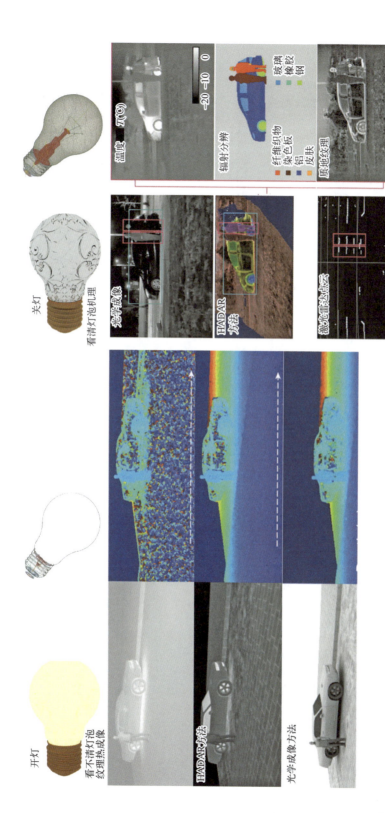

图 8.19 HADAR 工作原理

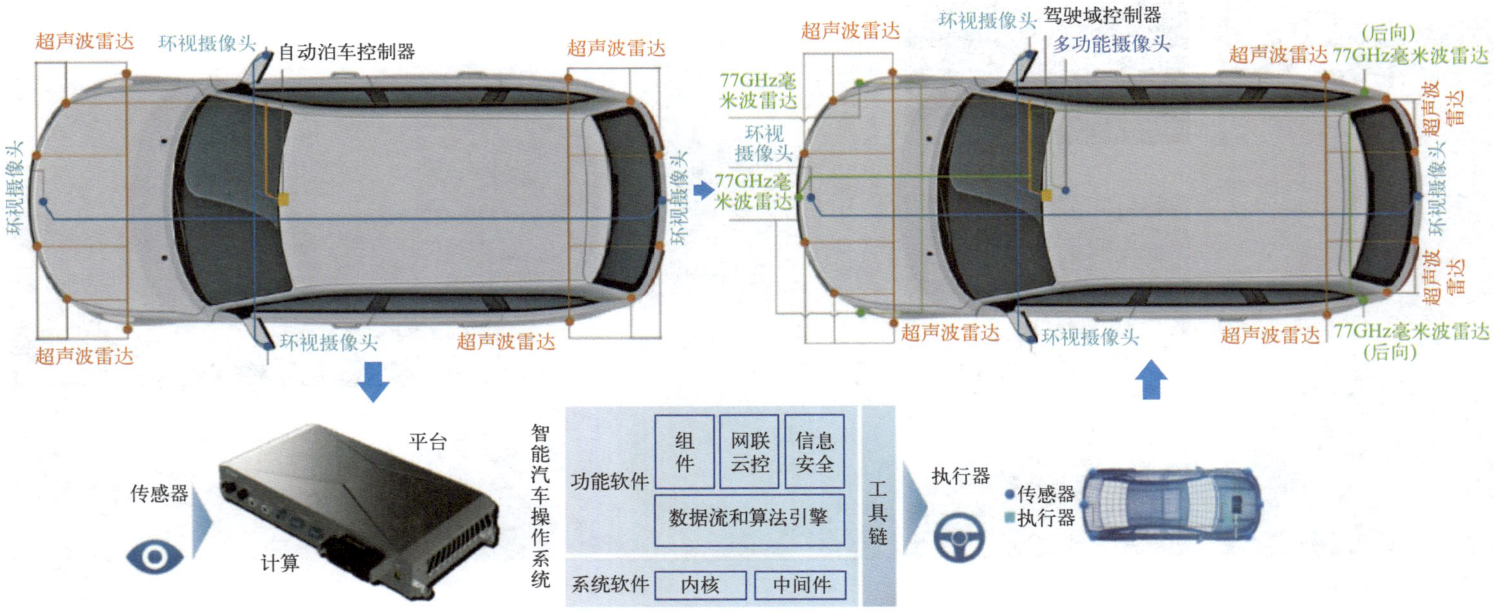

图 8.20 基于 HADAR 原理的 ICV 逻辑思路

8.7　基于ICV传感的专用芯片设计

传感专用芯片设计开发是一项复杂和精密的任务，需要经过多个阶段和无数次的测试与优化。随着科技的飞速发展，芯片已经成为生活中不可或缺的部分。从电脑到手机，从汽车到飞机，甚至是身上衣物，都离不开芯片身影。芯片是微小型电子器件，它由数以亿计的晶体管组成，可通过控制电流来实现各种复杂的功能。芯片设计和开发涉及多个学科的知识，如电子工程、计算机科学、物理、化学等。在该过程中，需要运用计算机辅助设计（CAD）、计算机辅助制造（CAM）及电子设计自动化（EDA）等技术。

开始设计时，需要进行一系列前期研究工作。首先，需要进行市场调研，了解当前市场需求等情况。这一步目的是确定产品市场潜力和前景，为后续设计工作提供依据。市场调研的内容包括市场规模、市场需求、用户感受等方面。通过分析市场调研的数据，可以初步确定产品规格和性能指标。其次，进行技术评估和风险分析。技术评估是评估当前技术可行性和难点。在该过程中，需要了解相关领域技术发展趋势和最新研究成果，选择合适技术方案。风险分析则是分析在设计和制造过程中可能出现的问题和风险，并提出相应的解决方案。然后，制定项目计划和时间表。项目计划是整个芯片设计开发的指导文件，它包括各个阶段任务、时间、人员等方面的安排。时间表则是将项目计划分解成具体的任务和时间节点，以便于对整个项目进行监控和管理。

在设计之初，需要明确设计理念。设计理念是整个芯片设计的灵魂，指导着后续的图纸设计、芯片测试等环节。设计理念应该与产品需求相匹配，并且要具备创新性和可实现性。如对于一款芯片，设计理念可以是低功耗、高性能、安全性等方面。在明确了设计理念之后，需要进行图纸设计。图纸设计包括逻辑设计、物理设计和版图设计。逻辑设计主要是将芯片的功能描述转化为逻辑电路图。逻辑电路图是一种描述电路逻辑关系的图形表示方法，它包括了各种逻辑门、触发器等基本元素。物理设计主要是将逻辑电路图转化为具体的物理版图。物理版图是一种描述电路中各个元件之间连接关系的图形表示方法，它包括了导线、电阻及电容等元件。版图设计则是将物理版图转化为实际制造所需的版图。版图设计需要考虑制造工艺的要求和实际制造中的问题，确保制造出的芯片符合设计要求。在完成版图设计后，需要进行流片测试。流片测试是将设计好的版图制作成实际芯片的过程。在这个过程中，需要对每一片芯片进行测试，确保其功能和性能符合设计要求。测试的内容包括功能测试、性能测试、可靠性测试等。流片测试是芯片设计开发中非常重要的一步，它不仅涉及芯片的功能和性能，还直接关系到芯片的成本和后续开发的时间表。在完成流片测试后，需要进行晶圆切割。晶圆切割是将整个晶圆按照芯片尺寸分割成一个个小芯片的过程。在这个过程中，需要保证切割的精度和速度，

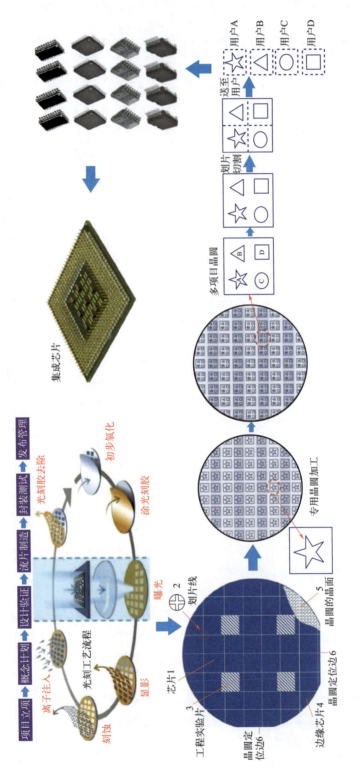

图 8.21 传感芯片的设计流程

避免对芯片造成损伤。晶圆切割前需要对晶圆进行清洗和干燥处理，以确保其表面的洁净度和干燥度。同时，还需要使用特殊的切割刀具和切割工艺，以确保切割的质量和效率。在完成晶圆切割后，需要进行封装。封装是将芯片封装在保护壳内的过程，以保护芯片免受外界环境的干扰和损伤。封装的种类包括金属封装、陶瓷封装、塑料封装等。封装的过程包括芯片粘贴、引脚焊接、壳体密封等步骤。封装的目的是将芯片与外界环境隔离，以保护其内部的电路和元件不受外界干扰和损伤。同时，封装还可以增加芯片的机械强度和可靠性，使其能够适应各种实际应用环境。

在完成封装后，需要进行测试。测试的内容包括芯片的功能测试、性能测试、环境适应性测试等。测试的方法包括电学测试、光学测试及物理测试等。测试的设备包括测试机、显微镜及温度箱等。测试的目的是确保每个芯片都符合设计要求，并且可满足实际应用的需求。芯片设计开发的全流程，包括前期研究、设计流程和后期制造。前期研究包括市场调研、技术评估和风险分析，旨在了解市场需求情况，选择合适的技术方案，并预测可能出现的问题和风险。设计流程包括设计理念、图纸设计和流片测试等，其中逻辑设计、物理设计和版图设计都是关键环节。后期制造包括晶圆切割、封装和测试，每个环节都需要严格控制质量和效率，如图8.21所示。芯片设计开发是复杂而精密的任务，需要多学科知识和专业工具的支持，以确保产品的质量和性能符合设计要求。

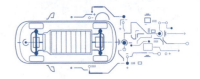

附录

附录 A 名词缩写与解释

A1. 自动紧急制动（autonomous emergency braking, AEB）

　　AEB 是指车辆在非自适应巡航的情况下正常行驶，如车辆遇到突发危险情况或与前车及行人距离小于安全距离时主动进行刹车（但具备这种功能的车辆并不一定能将车辆完全刹停），避免或减少追尾等碰撞事故的发生，从而提高行车安全性的一种技术（附录 A 图 1）。AEB 由两个系统组成，包括车辆碰撞迫近制动（CIB）系统和动态制动支持（DBS）系统，其中 CIB 系统会在追尾以及驾驶员未采取任何行动的情况下紧急制动车辆，而 DBS 在驾驶员没有施加足够的制动时会给予帮助，避免碰撞。AEB 是车辆主动安全技术，其测距模块包括毫米波雷达、摄像头等，可提供前方道路安全、准确、实时的图像和路况信息。AEB 系统采用毫米波雷达测出与前车或者障碍物的距离，然后利用数据分析模块将测出的距离与警报距离、安全距离进行比较，小于警报距离时就进行警报提示，而小于安全距离时即使在驾驶员没有来得及踩制动踏板的情况下，AEB 系统也会启动，使汽车自动制动，从而为安全出行保驾护航。

附录 A 图 1　自动紧急制动

附录 A 图 2　自适应巡航控制

A2. 自适应巡航控制（adaptive cruise control, ACC）

ACC 是在定速巡航装置的基础上发展而来的，区别在于定速巡航只能限定速度，转向盘和刹车还需要驾驶员控制，它能够较好地帮助驾驶员协调转向盘和刹车，除可依照驾驶员所设置速度行驶外，还会利用雷达、激光及立体摄影机侦测与前车间的距离，当距离过近时会主动减速，自动调节车速以保持与前方车辆的安全距离（附录 A 图 2）。当前车加速或离开时，它会再自动加速至原先所设置的速度。ACC 技术被认为是 ICV 的关键组成部分，因为它能通过保持车辆之间的最佳间隔、减少驾驶员错误来影响驾驶员的安全性和便利性以及增加道路容量。但如今的 ACC 仍有缺点，比如很难跟车转弯，尤其是急弯，这一方面是由于雷达探测自身的局限性，另一方面则是路口没有车道线，其车道保持功能也无法起作用。对于缓拐（如下匝道岔路口）和弯道（如高速小弯），ACC 可以完成小幅度的拐弯，但对于稍大的弯，车辆就有可能判断错误而出现短暂急加速或急减速的情况。ACC 是智能化的自动控制系统，在车辆行驶过程中，安装在车辆前部的车距传感器（雷达/摄像头）持续扫描车辆前方道路，同时轮速传感器采集车速信号。当与前车之间的距离过小时，ACC 控制单元可以通过与制动防抱系统、发动机控制系统协调动作，使车轮适当制动，并使发动机的输出功率下降，以使车辆与前方车辆始终保持安全距离。

A3. 车道偏移报警（lane departure warning, LDW）

LDW 是通过感知道路标识线来预测车辆偏离车道并向驾驶员发出警示的系统（附录 A 图 3）。通过安装在车内挡风玻璃上的摄像头，LDW 采集分析行车道路线，当车辆偏离车道时（不打转向灯），系统提前 0.5～1s 发出警报，辅助驾驶员纠正方向，主动避免汽车发生侧撞、侧翻等交通事故。LDW 系统工作过程如下：当车辆越过路标（白色行车道标线）而没有启动转向指示灯时，前保险杠后的红外传感器能够检测这个动作，并且触发 ECU，根据偏离车道的方向，通过驾驶员座椅的左侧或者右侧的震动来对驾驶员进行警示。这可使驾驶员马上采取行动，回到原行车道上。LDW 由抬头显示器（HUD）、摄像头、控制器及传感器等组成，当车道偏离系统开启时，摄像头会时刻采集行驶车道的标识线，通过图像处理获得汽车在

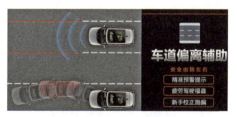

附录 A 图 3　车道偏移辅助

当前车道中的位置参数，当检测到汽车偏离车道时，传感器会及时收集车辆数据和驾驶员的操作状态，之后由控制器发出警报信号，为驾驶员提供更多的反应时间。如果驾驶员打开转向灯，正常进行变线行驶，那么车道偏离预警系统不会做出任何提示。

A4. 紧急车道保持（emergent lane keeping，ELK）

ELK可通过摄像头和雷达收集实时路面数据，对车道、对向来车和后向来车进行检测。在60~120km/h的速度下，当驾驶员驾驶车辆无意识偏离车道时，系统将自动控制转向盘采取紧急车道回正的措施。除此之外还有"车道居中辅助"，其原理是通过前风挡玻璃上的摄像头识别车道分界线，辅助驾驶员将车辆控制在当前车道中央区域行驶。若车辆偏离当前车道，则发出声光报警，以提示驾驶员安全驾驶。智能过弯功能则是通过摄像头和雷达等传感器的共同作用，精准测算前方弯道曲率，从而帮助车辆在过弯时提前减速，并在出弯后，安全回速。

A5. 交通拥堵辅助（traffic jam assit，TJA）

TJA让车辆保持预先设定的安全距离，而车道中央保持辅助功能能够帮助驾驶员将车辆保持在各自车道中间。在某些情况下（如车速缓慢、交通繁忙及缺少车道标线），可按照前车的轨迹确定驾驶路线，适合经常在城市拥堵的路况下行驶的车主。

A6. 变道辅助（lane change assistance，LCA）

LCA通过雷达传感器来监控本车侧后方的区域，在一定范围内探测到邻近车道上其他的车辆当前位置、行驶速度、行驶方向（附录A图4）。如果一辆车处于视角盲区位置或以很快的速度从后面接近本车，那么车外后视镜上的警告信号就会一直亮着来提醒驾驶员。如果此时驾驶员操纵了转向灯，那么车外后视镜上的警告信号就会闪烁，提醒驾驶员有撞车的危险。准毫米波雷达探测距离远（8~10m），穿透雾、烟、灰尘的能力强，具有全天候（大雨天除外）全天时的特点，反应快，能监测移动物体的速度，以区分车道栏杆、隧道墙壁与即将从侧向超车的车辆之间的差别。有了这个特性，毫米波雷达盲点监测系统可以在行驶中主动监测左右两侧后方超车的车辆，并主动提示驾驶员侧后方有无来车。

附录A图4　变道辅助

A7. 自适应灯光控制（adaptive light control，ALC）

ALC 一般体现在如下方面：阴雨天气，地面的积水会将行驶车辆打在地面上的光线反射至对面会车驾驶员的眼睛中，使其目眩，进而可能造成交通事故。因此前灯发出特殊光型，减弱地面可能对会车产生眩光的区域的光强。转弯道路，传统前灯的光线因为和车辆行驶方向保持着一致，所以不可避免地存在照明的暗区。一旦在弯道上存在障碍物，较易因为驾驶员对其准备不足，引发交通事故。因此车辆在进入弯道时，产生旋转的光型，给弯道以足够的照明。车辆在高速公路上行驶，因为具有更高的车速，所以需要前照灯比乡村道路照得更远，照得更宽。而传统的前照灯存在着高速公路上照明不足的问题，因此采用更为宽广的光型解决这一问题。

A8. 远光自动控制（intelligent headlight control，IHC）

IHC 考虑迎面开来的车与前方同向行驶的车。对于迎面开来的车，在一定距离时，如 800～1000m，识别出其前向大灯，就将远光灯改为近光灯，等交会过后，恢复远光灯。对于前方同向行驶的车，识别其尾灯，在接近一定距离时，将远光灯改为近光灯，同理，也可以由近光灯改为远光灯。

A9. 交通标志识别（traffic sign recognition，TSR）

TSR 能识别路上的交通标志牌，如限速标志，包括固定或非固定的 LED 标志（附录 A 图 5）。这些信息还可以与导航地图信息相融合，提供更精确的信息。TSR 主要通过安装在车辆上的摄像机采集道路上的交通标识信息，传送到图像处理模块进行标识检测和识别，并根据识别结果做出不同的应对措施。TSR 可以及时地向驾驶员传递重要的交通信息（例如限速、禁止超车等），并指导驾驶员做出合理的反应，从而减轻驾驶压力，缓解城市交通压力，有利于道路交通安全。因此，精确高效且实时的交通标识识别是未来驾驶的趋势所在。

附录 A 图 5　交通标志识别

A10. 驾驶员疲劳探测（driver drowsiness detection，DDD）

DDD 是基于驾驶员生理反应特征的驾驶员疲劳监测预警系统，本质上是在行驶过程中捕捉并分析驾驶员的生物行为信息，比如眼睛、脸部、心脏及脑电活动等。当前较多被采用的疲劳检测手段是驾驶员驾车行为分析，即通过记录和解析驾驶员转动转向盘、踩刹车等行为特征，判别驾驶员是否疲劳，但是这种方式受驾驶员驾驶习惯影响极大。另一大类别的检测方法是：通过图像分析手段，对驾驶员脸部与眼睛特征进行疲劳评估。人在疲劳的时候，会有比较典型的面部表情或动作特征，如较长的眨眼持续时间、较慢的眼睑运动、点头及打哈欠等。基于摄像头的驾驶员监测方案，挖掘人在疲劳状态下的表情特征，然后将这些定性的表情特征量化，提取出面部特征点及特征指标作为判断依据，再结合实验数据，总结出基于这些参数的识别方法，输入获取到的状态数据，进行识别和判断。

A11. 前车防撞预警（forward collision warning，FCW）

FCW 利用雷达、图像等进行监测，对本车行驶轨迹内的障碍车辆进行预警，在正确识别有效目标的基础上，结合本车当前行驶状况与有效目标运动情况进行决策分析，以适时适当的方式提醒驾驶员采取规避措施。FCW 通过毫米波雷达和摄像头，监测前方车辆，判断本车与前车之间的距离、方位及相对速度，当存在潜在碰撞危险时，提醒驾驶员。

A12. 后车防撞预警（rear collision warning，RCW）

预警后方车辆（行驶速度比本车快）将会和本车可能碰撞，RCW 可能点亮危险报警灯，通知后方车辆驾驶员。RCW 根据相对速度及距离，计算出碰撞时间，若时间短于预估碰撞时间门槛值，则开启双闪警示后方车辆，仪表提示驾驶员，后方车辆距离较近。

A13. 车道保持辅助系统（lane keeping assist system，LKA）

当车辆无意中偏离车道时，LKA 会让系统施加轻微的转向盘扭矩来帮助驾驶员将车辆保持在当前车道中。LKA 应用于结构化道路，如在高速公路和路面条件较好（车道线清晰）的公路上行驶，当车速达到门槛值或以上才开始运行。

A14. 智能车速控制（intelligent speed adaptation，ISA）

为确保车速不超过安全或合法的限值，ISA 在超速情况下，预警驾驶员或自动降低速度。ISA 既可通过定位获取车辆所在道路限速信息，也可通过识别路边的标志牌进行限速，甚至可依据地点（学校、路口、医院、交通标志灯处）和时间不同限速。

A15. 车联网系统

车联网系统把汽车连起来，组成网络。通过传感器、摄像头及图像处理等装置，车辆可完成自身环境和状态信息的采集；通过互联网技术，车辆可将各种信息传输汇聚到处理器；通过计算机技术，这些车辆信息被分析和处理，计算出不同车辆的最佳路线、及时汇报路况和安排信号灯周期（附录 A 图 6）。目前，车联网是 5G 极其重要的应用场景，也是有可能井喷 5G 需求的场景。别的物联网需求，较难形成车联网这样的规模和体量。

A16. 车距检测警告（headway monitoring warning, HMW）

HMW 不间断地监测与前方车辆的距离，并根据与前方车辆的接近程度提供三种级别的车距监测警报。但 HMW 对车距的表现形式并不是"距离"，而是"时间"，本车在多长时间之后会和前车发生碰撞，也就是两车的车距除以两车的相对速度。

A17. 开门预警（doors open warning, DOW）

DOW 在停车状态即将开启车门时，监测车辆后方可能危及安全的状况，并通过声音或光学方式给予报警，从而避免可能发生的安全事故。系统检测的对象包括自行车、电瓶车、三轮车、摩托车等非机动车，卡车、轿车、大巴等机动车，行人及其他移动的可能危及交通安全的对象，有效避免一些开门事故。

A18. 后方十字路口交通预警（rear crossing traffic alert, RCTA）

RCTA 用于倒车时告知侧方及后方来车。倒车出库时，识别并报警来自左右的车辆，辅助倒车，其所用雷达基础设施与车辆盲点检测（BSD）相同，有助于避免在倒出停车位时发生事故。该系统基于多个短距雷达，每个雷达监控 120°角的范围。如果高级驾驶员辅助系统检测到即将发生碰撞，将响起警报，且会在车内后视镜中亮起 LED 灯，以提醒驾驶员，还可能自动启用制动系统。与之相对，也有前方十字路口交通警示（front crossing traffic alert，FCTA），其区别在于探测从后方变为前方，方便驾驶员在行驶中注意横向来车，增加反应时间。

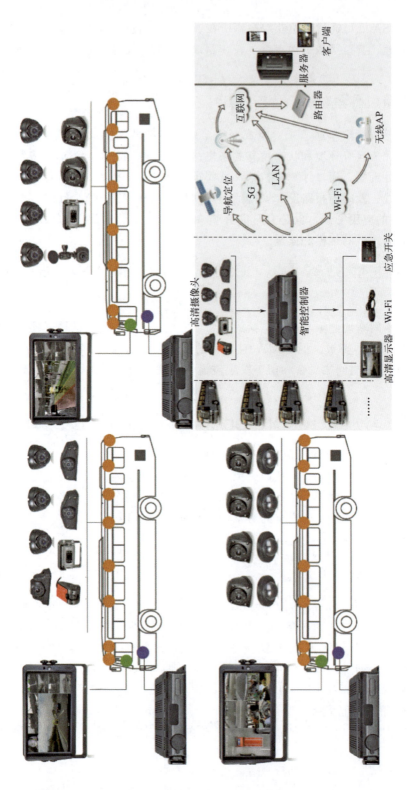

附录A图6 车联网系统

A19. 碰撞避免系统（collision avoidance system，CAS）

CAS 能自动探测前方障碍物，测算出发生碰撞的可能性（附录 A 图 7）。若 CAS 判断碰撞的可能性很大，则会发出警报声。该系统通过自动调节系列安全系统，例如预碰撞刹车辅助系统、紧急转向辅助系统及动态系统等，尽量避免碰撞。若该系统判断碰撞不可避免，则会预先收紧前座安全带、启动制动，最大限度地减轻损伤。

附录 A 图 7　碰撞避免系统

A20. 行人检测系统（pedestrian detection system，PDS）

PDS 利用计算机视觉技术判断图像或者视频序列中是否存在行人，并给予精确定位（附录 A 图 8）。该技术可与行人跟踪、行人重识别等技术结合，应用于人工智能系统、车辆辅助驾驶系统、智能机器人、智能视频监控、人体行为分析及智能交通等领域。PDS 要区分出走路的和静止的人，并给出行人的位置和速度，如果行人在车辆行驶路线上，能给出重点提示及碰撞时间。现实中，人有走、跑、带着东西、推车等形态和动作，PDS 都能处理这些状况，特别是人群检测，为避免重大事故，PDS 要给出额外提醒。检测人行道、行人的动作和姿势，对汽车行驶的安全也有重要意义。

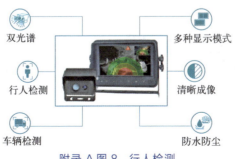

附录 A 图 8　行人检测

A21. 夜视（night vision，NV）

NV 是源自应急、紧急或突发用途的汽车驾驶辅助系统（附录 A 图 9）。在 NV 的帮助下，驾驶员在夜间或弱光线下的驾驶过程中将获得更高的预见能力，它能针对潜在危险向驾驶员提供更加全面准确的信息或发出早期警告。夜视系统的原理是将人们肉眼看不见的红外线转化成可见光。温度绝对零度以上的物体都要辐射能量，当温度约为 800℃时，辐射为可见光，这就是为什么铁烧红了，人能看到亮光。人是看不见红外线的，到了晚上，没有可见光，但是仍在辐射红外线，人和周围的树木的温度不同，辐射的红外线波长也不同。因为辐射的红外线很弱，所以转化成的可见光也很弱。夜视系统能使驾驶员辨别出距离 200m 左右路旁身着浅色衣服的试验假人，比氙气大灯提早 40m 左右。而在行人身着黑色衣服时，可提早 100m 左右。这意味着采用夜视辅助系统，可以将夜间行车安全性提高。同时，由于对于潜在危险信息的充分掌握，也能使驾驶员在夜间驾驶过程中的心理压力大为缓解，进而使驾驶过程更加舒适放松。NV 利用红外线技术，能将黑暗变得如同白昼，使驾驶员在黑夜里看得更远、更清楚。NV 结构包括红外线摄像机及挡风玻璃上的光显示系统等。

A22. 电动汽车声音提醒（electric vehicle warning-sounds，EVW）

EVW 是提醒行人电动汽车存在的系统，在低速行驶时触发（附录 A 图 10）。因为在全电动模式下，运行的车辆比传统内燃机车辆产生的噪声更少，会让行人及骑自行车者等更难以意识到电动汽车的存在。提醒声可以是低速时自动触发或驾驶员触发（如喇叭但不太紧急）。在声音类型上，从明显的人工声音到模仿发动机声音或轮胎在砾石上移动的声音等。

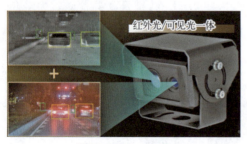

附录 A 图 9　夜视

附录 A 图 10　声音提醒

A23. 全景影像（surround view monitor，SVM）

SVM 需至少 4 个摄像头，能看到车辆四周的所有状况。技术上需要对摄像头进行标定，对图像进行配准、拼接，车辆自身的虚拟实现，模拟车辆状态等。SVM 价值在于，当车辆行驶在前方左右有障碍物的狭窄小巷，或者在狭窄停车位的停车场，能快速准确地发现车辆附近难以被观察到的情况，实现精准的驾驶控制，尤其是对驾驶新手，可提高驾驶安全性和减少事故等。

A24. 增强现实导航（augmented reality navigation, AR NAVI）

AR NAVI 就是普通导航仪与摄像头的结合，不仅可以用前向摄像头将车前的路况录下来，而且可以根据导航地图的信息，在视频上标出虚拟线路箭头，显示导航相关信息（附录 A 图 11）。AR 导航和传统导航的区别是：AR 导航的地图场景是摄像头捕捉后的真实场景，而传统导航的地图场景是虚拟渲染出来的。

附录 A 图 11　增强现实导航

A25. 智能泊车辅助（intelligent parking assist，IPA）

IPA 通过安装在车身上的摄像头、超声波传感器以及红外传感器，探测停车位置，绘制停车地图，并实时动态规划泊车路径，将汽车指引或者直接操控转向盘驶入停车位置（附录 A 图 12）。

附录 A 图 12　智能泊车辅助

A26. 下坡辅助控制（down-hill assist control，DAC）

DAC能避免制动系统负荷过大，减轻驾驶员负担。在低速打开开关的条件下，不踩加速踏板和制动踏板，下坡辅助控制系统可以自动把车速控制在适当水平。DAC的出现能使车辆以恒定低速行驶，防止车轮锁死，同时可以降低车辆在坑洼路面下坡时产生震动，确保行驶的稳定性与提高驾乘舒适性。

A27. 抬头显示（head-up display，HUD）

HUD把汽车行驶过程中仪表显示的重要信息（如车速、导航等）投射到前风挡玻璃上，不仅能够帮助对速度判断缺乏经验的新手控制自己的车速，避免在许多的限速路段中因超速而违章，更重要的是它能够使驾驶员在大视野不转移的条件下，瞬间读数，始终头脑清醒地保持最佳观察状态（附录A图13）。

A28. 盲区监测（blind spot detection，BSD）

BSD通过车辆周围排布的超声波雷达、毫米波雷达、红外雷达等传感器以及盲点探测器等设施，由计算机进行控制，在超车、倒车、换道、大雾、雨天等易发生危险的情况下随时以声、光（侧视镜上的小灯闪烁）形式向驾驶员提供汽车周围必要的信息，并可自动采取措施，有效防止事故发生（附录A图14）。

附录A图13　抬头显示

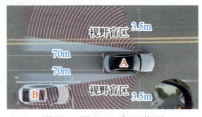

附录A图14　盲区监测

A29. 注意力检测（driver monitoring，DM）或疲劳驾驶检测（driver-fatigue monitor，DM）

DM运用感应器来检测驾驶员的注意力，驾驶员看向马路前方，且在此同时有危急情况被检测到，系统就用闪光和刺耳声音来警示（附录A图15）。如果驾驶员没做出任何回应，那么车辆会自动制动。

A30. 全景影像监测（around view monitoring，AVM）

AVM由安装在车身前后左右的四个超广角鱼眼摄像头组成，同时采集车辆四

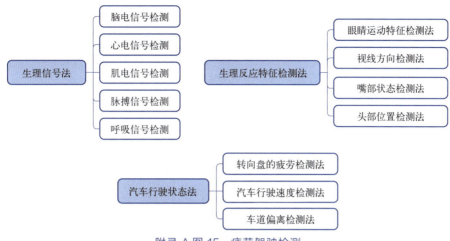

附录 A 图 15　疲劳驾驶检测

周的影像，经过图像处理单元畸变还原→视角转化→图像拼接→图像增强，最终形成一幅车辆四周无缝隙的 360°全景俯视图。在显示全景图的同时，也可以显示任何一方的单视图，并配合标尺线准确地定位障碍物的位置和距离。

A31. 智能大灯控制（adaptive front lights，AFL）

AFL 安装在车上，根据道路的形状来改变大灯的方向。另外一些智能大灯控制系统能够根据车速和道路环境来改变大灯的强度。

A32. 远近光灯辅助 (high beam assist, HBA)

HBA 是自动切换车辆远近光的系统。在夜间行驶状况下，当逆向车辆接近或者靠近同向车辆时，HBA 自动辅助将远光灯切换为近光灯，并在车辆远离时切换回原始状态。HBA 对经常在夜间驾驶车辆的驾驶员来说具有显著的实际效用。

A33. 交通信号灯识别系统 (traffic light recognition, TLR)

TLR 识别交通信号灯，并提前通知驾驶员前方信号灯状况。另外，TLR 也可和车辆巡航系统或者影像存储系统结合使用，更有效地帮助驾驶。

A34. 车与 X（vehicle to X, vehicle to everything, V2X）

随着 5G 的全面启动，工程技术正在向"万物互联"的方向发展。物联网技术也将迎来前所未有的历史机遇。嵌入式和单片机技术是物联网技术的重要组成部分，也将进入发展快车道。车联网就是通过车内网、车载移动互联网和车际网，实现智能动态信息服务、车辆智能化控制和智能交通管理。把车与人、车与路、车与基础设施、车与网络、车与云通过网络连接在一起。

A35. 车与车（vehicle to vehicle，V2V）

V2V通信是指为了防止事故发生，通过专设的网络发送车辆位置和速度信息给另外的车辆。另外的车辆收到信息后就能降低事故的风险，车辆本身就会采取相应的措施来配合另外的车辆和谐行驶，比如制动减速。

A36. 车与人（vehicle to pedestrian，V2P）

无论是行人身上的手机、可穿戴设备，还是路旁基础设施上的联网设备，都可以作为"P"。通过V与P之间的通信，车辆可以实时知道行人的状态，从而避免发生交通事故（附录A图16）。

A37. 车与路（Vehicle to road，V2R）

车与路之间的通信指的是车辆通过传感器识别道路标识，如限速标识、转弯标识等（附录A图17）。有了车路通信技术，实现智能网联车辆将更加容易。

附录A图16　车与人（V2P）

附录A图17　车与路（V2R）

A38. 车与基础设施（vehicle to infrastructure，V2I）

V2I中的I不是指电信基础设施，而是指车辆行驶过程中遇到的所有基础设施，这包括红绿灯、公交车站、电线杆、大楼、立交桥及隧道等建筑及设施。比如在雾天，车联网仍然可以和前方的红绿灯进行通信，从而使车辆驾驶员可以提前知道红绿灯的状态，以便采取相应的措施。

附录 B ICV 的特性

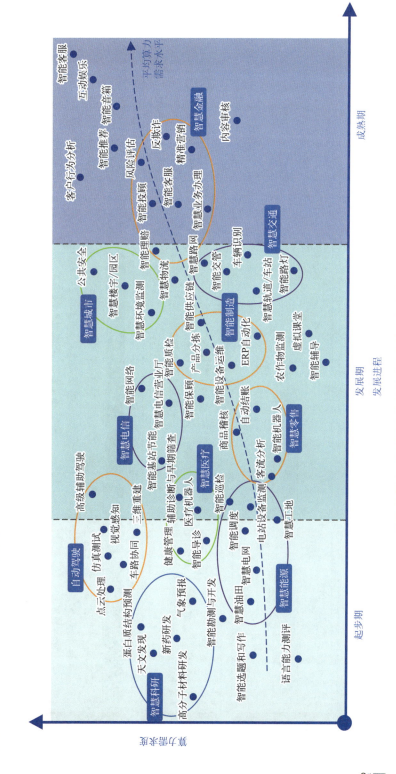

附录 B 图 1 智能系统和智慧系统的算力需求度的发展沿革

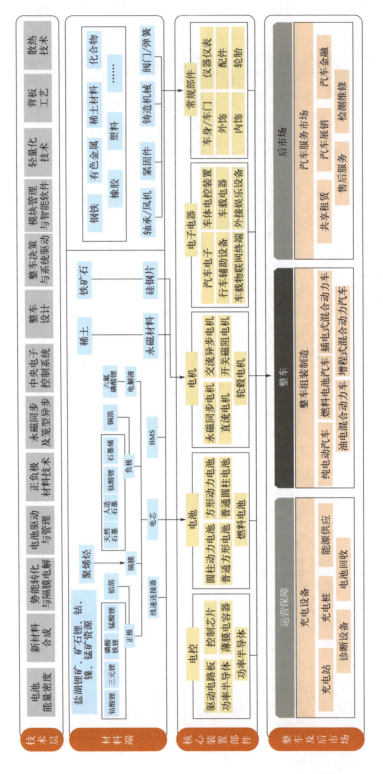

附录 B 图 2 ICV 全产业链的前后市场架构的分析

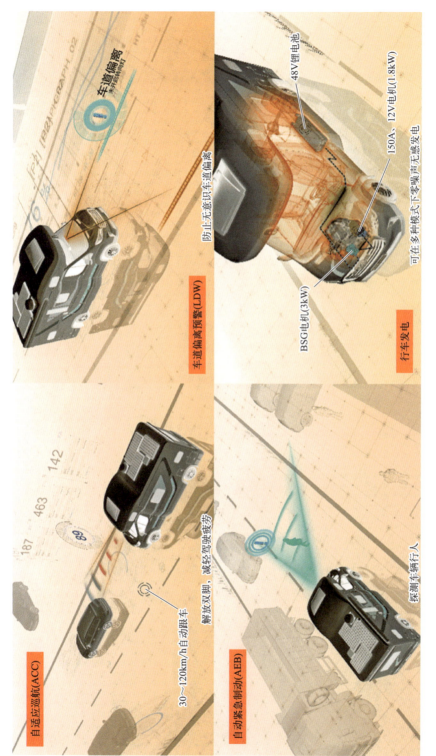

附录 B 图 3 ICV 的智能网联的典型场景应用模式

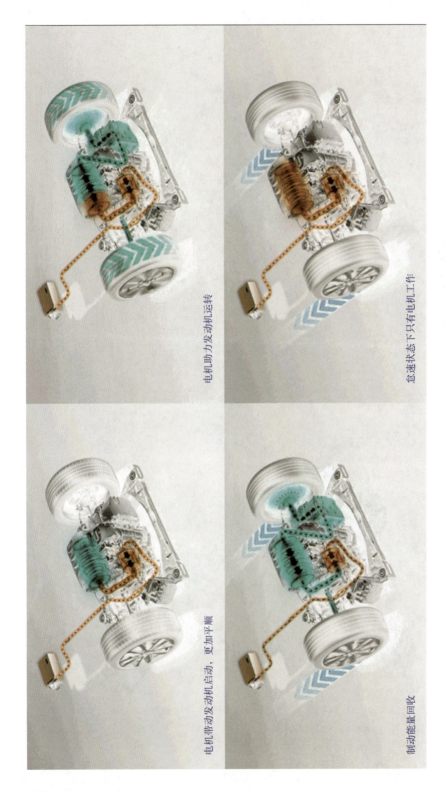

附录 B 图 4　ICV 电机的典型工作状态模式分析

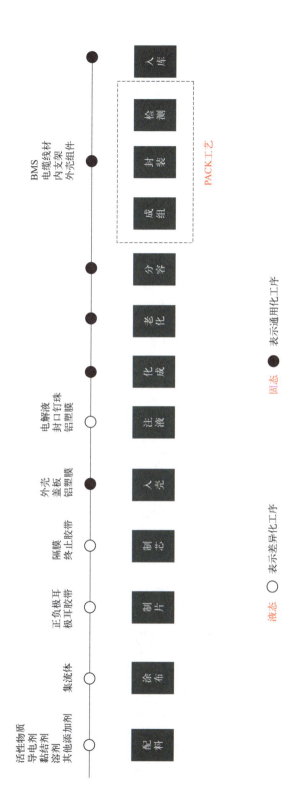

附录B图5 动力锂电池的工艺流程

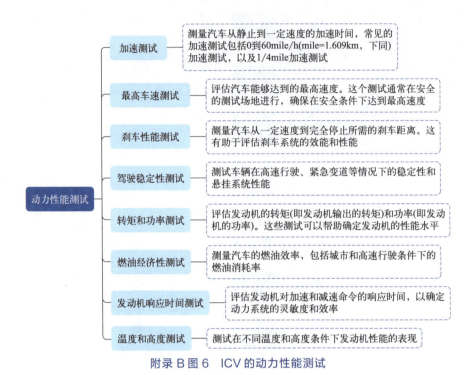

附录 B 图 6　ICV 的动力性能测试

附录 B 图 7　ICV 的经济性能测试

制动性能测试

- **刹车距离测试**：测试汽车从一定速度到完全停止所需的距离。这通常包括不同速度下的刹车距离测试，例如从 60mile/h 到零的刹车距离
- **制动稳定性测试**：评估汽车在刹车时的稳定性，包括防止打滑、侧滑或失控等情况。这有助于确保刹车系统在各种路况下都能可靠工作
- **热稳定性测试**：测试刹车系统在连续高负荷刹车后的性能，以评估刹车系统的冷却效果和长期使用稳定性
- **防抱死刹车系统(ABS)测试**：评估 ABS 的性能，确保它在紧急刹车时能够保持车辆的稳定性，防止车轮抱死
- **刹车踏板感觉测试**：评估刹车踏板的感觉和反馈，确保驾驶员可以准确掌握刹车力度
- **刹车系统材料和组件的耐久性测试**：测试制动盘、刹车片等刹车部件的耐久性和性能，以确保它们在长期使用中不会出现过度磨损或故障
- **不同路面条件下的测试**：测试在不同路面条件(如干燥、湿滑、雪地、冰面等)下的刹车性能，以确保刹车系统适应各种驾驶环境
- **刹车液体温度测试**：评估刹车液体在刹车过程中的温度变化，确保液体不会过热影响刹车性能

附录 B 图 8　ICV 的制动性能测试

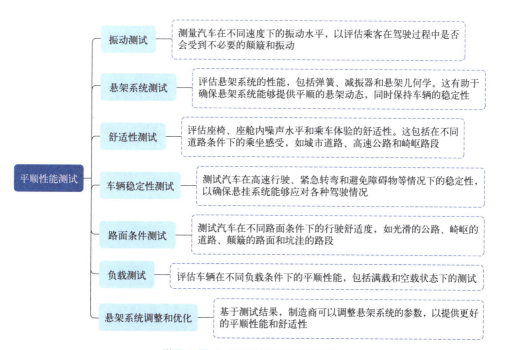

附录 B 图 9　ICV 的平顺性能测试

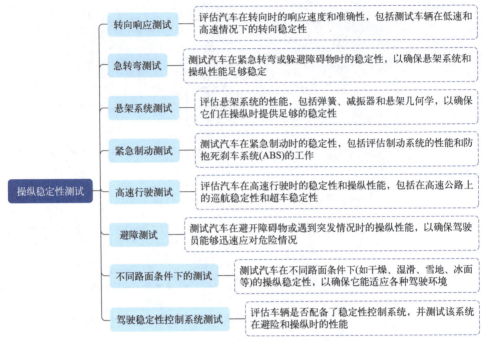

附录 B 图 10　ICV 的操纵稳定性测试

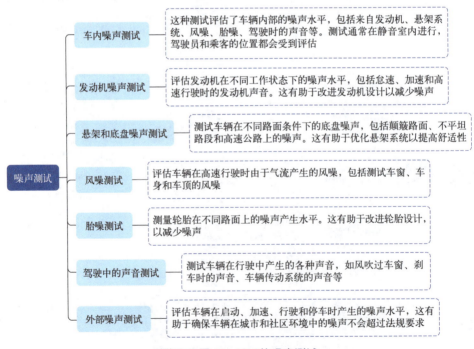

附录 B 图 11　ICV 的噪声测试

附录 B 图 12　ICV 的排放测试

附录 B 图 13　ICV 的传感解耦逻辑架构

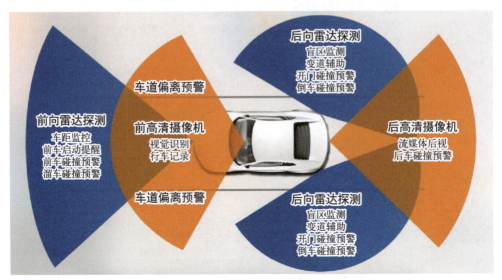

附录 B 图 14　ICV 的典型传感系统布置

附录 B 图 15　ICV 的典型感知-决策-执行架构

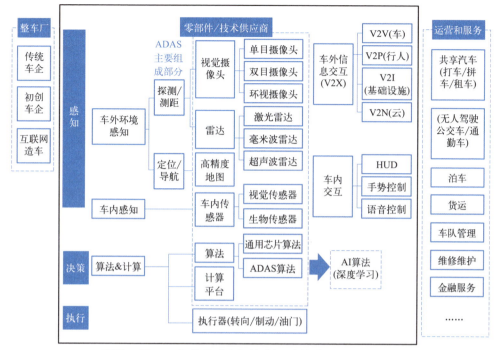

附录B图16　智能网联车辆的感知-决策-执行的逻辑架构

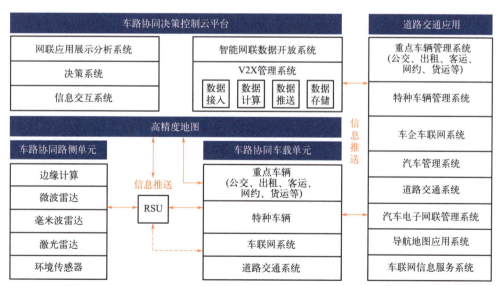

附录B图17　ICV的车路协同决策控制云平台

附录 299

附录B表1 ICV的智能驾驶分级

自动驾驶分级		名称	定义	驾驶操作	周边监控	接管	应用场景
NHTSA	SAE						
L0	L0	人工驾驶	由人类驾驶员全权驾驶汽车	人类驾驶员	人类驾驶员	人类驾驶员	无
L1	L1	辅助驾驶	车辆对转向盘和加减速中的一项操作提供驾驶,人类驾驶员负责其余的驾驶动作	人类驾驶员和车辆	人类驾驶员	人类驾驶员	限定场景
L2	L2	部分自动驾驶	车辆对转向和加减速的多项操作提供驾驶,人类驾驶员负责其余的驾驶动作	车辆	人类驾驶员	人类驾驶员	限定场景
L3	L3	条件自动驾驶	由车辆完成绝大部分操作,人类驾驶员需保持注意力集中,以备不时之需	车辆	车辆	人类驾驶员	限定场景
L4	L4	高度自动驾驶	由车辆完成所有驾驶操作,人类驾驶员无须保持注意力,但限定道路和环境条件	车辆	车辆	车辆	限定场景
L4	L5	完全自动驾驶	由车辆完成所有驾驶操作,人类驾驶员无须保持注意力	车辆	车辆	车辆	所有场景

附录B表2 ICV的网络技术指标

技术指标名称	技术指标含义	4G要求	5G要求	性能提升情况
用户体验速率	真实网络环境下,用户可获得的最低传输速率	0.01Gbit/s	0.1~1Gbit/s	10~100倍
用户峰值速率	单个用户可获得的最高传输速率	1Gbit/s	20Gbit/s	20倍
移动性	获得指定的服务质量,收发双方向获得的最大相对移动速度	350km/h	500km/h	提升30%
时延	数据从源节点到目的节点的时间间隔	20~30ms	低至1ms	数十倍
连接数密度	单位面积内的连接数量总和	10万台设备/每平方千米	100万台设备/每平方千米	10倍
能量效率	单位能量所能传输的比特数	1倍	100倍	100倍
频谱效率	单位带宽数据的传输速率	1倍	3倍	3倍
流量密度	单位面积内的总流量	(0.1~0.5)Tbit/s/每平方千米	10~50Tbit/s/每平方千米	数百倍

附录 B 表 3　ICV 的甲醇版混合动力系统

甲醇版 GAPF 技术参数		混合动力系统图示
燃料	甲醇	
电压平台/V	400/600	
系统净重/kg	180	
工作模式	定点功率跟随	
最大持续电功率(4200r/min)/kW	60	
最低燃油消耗率/[g/(kW·h)]	512	
最大噪声值(4000r/min)/dB(A)	92	
绝缘等级	H	
防护等级	IP67	
排放水平	国Ⅳ/国Ⅵ	

附录 B 表 4　ICV 的汽油版混合动力系统

汽油版 GAPF 技术参数		混合动力系统图示
燃料	汽油	
电压平台/V	400/600	
系统净重/kg	160	
工作模式	定点功率跟随	
最大持续电功率(4000r/min)/kW	60	
最低燃油消耗率/[g/(kW·h)]	235	
最大噪声值(4000r/min)/dB(A)	90	
绝缘等级	H	
防护等级	IP67	
排放水平	国Ⅳ/国Ⅵ	

附录 B 表 5　ICV 的柴油版混合动力系统

柴油版 GAPF 技术参数		混合动力系统图示
燃料	柴油	
电压平台/V	600	
系统净重/kg	830	
工作模式	定点功率跟随	
最大持续电功率(1900r/min)/kW	150	
最低燃油消耗率/[g/(kW·h)]	208	
最大噪声值(1900r/min)/dB(A)	93	
绝缘等级	H	
防护等级	IP67	
排放水平	国Ⅵ	

附录 B 表 6 ICV 转向系统沿革及特性

类别		组成	主要特点	优缺点
机械转向(MS)系统		所有的传力件都是机械的，主要由转向操纵机构、转向器和转向传动机构三大部分构成	利用人力驱动各种机械结构，通过将人力放大、变向等步骤来操纵轮胎的转动	优点：结构简单、可靠、造价低廉、操作费力、驾驶员负担较重、稳定性、精确性、安全性无法保证
助力转向系统	机械液压助力转向(HPS)系统	由转向器、液压转向泵、油管、流量控制阀、传动皮带、储油罐等部件构成	兼用驾驶员体力和发动机动力为转向能源，转向器是其核心部件，它的作用是放大驾驶员传递的力并改变力的传递方向，液压转向泵由发动机驱动	优点：成本低廉、安全可靠性高、操控性高、转向动力充沛。缺点：能耗比较高，比 MS 油耗增加 3%～5%，后期保养维护成本较高
	电子液压助力转向(EHPS)系统	在机械结构上增加了电动机，新增电控系统包括车速传感器、电磁阀、电子控制单元(ECU)等	转向油泵由电动机驱动，并加装电控系统，使得转向辅助动力的大小不仅与转向角度有关，而且与车速相关	优点：能耗低、反应较灵敏。缺点：稳定性不如 HPS，制造、维护成本较高
	电动助力转向(EPS)系统	在机械转向机构的基础上，增加了电子控制单元(ECU)、助力电机、信号传感器等	通过电子控制电动机产生辅助动力，彻底摆脱了油液加压助力方式，可在不同车速下提供不同的助力	优点：结构精简、重量轻、占用空间少，反应灵敏、辅助力度有限，提升了操控性能和安全性。缺点：辅助力度有限，难以在大型车辆上使用、成本较高
线控转向(SBW)系统		转向盘模块、前轮转向模块、主电子控制器、自动防故障系统	取消转向盘和转向轮之间的机械连接，没有机械连接的转向管柱，提高车辆的碰撞安全性；转向盘转角和转向力矩可以独立设计	优点：占用空间少，提高安全性，支持高级别智能驾驶。缺点：需高功率的反馈电机和转向电机，算法较复杂，成本提升

附录 B 表 7　ICV 制动功能特性比较

基本制动辅助		外部制动功能	
basic brake assist, BBA	基础制动助力功能	automatic warning brake, AWB	自动预警制动
various braking modes, VBM	多种制动模式	automatic brake pre-fill, ABP	制动预填充
electronic parking brake, EPB	电子驻车功能	autonomous emergency brake, AEB	自动紧急制动
controlled deceleration parking, CDP	动态减速功能	automatic parking assist, APA	自动泊车辅助
soft stop, SST	舒适性制动	adaptive cruise control, ACC	自适应巡航控制
emergency signal system, ESS	紧急制动灯	traffic jam assist, TJA	交通拥堵功能
高级制动功能		主动安全功能	
hill-start hold control, HHC	斜坡启动辅助	antilock braking system, ABS	防抱死制动功能
automatic vehicle hold, AVH	自动驻车功能	electronic braking force distribution, EBD	电子制动力分配
cooperative regenerative brake system, CRBS	协调式制动能量回收功能	traction control system, TCS	牵引力控制
hill descent control, HDC	陡坡缓降功能	vehicle dynamic control, VDC	车辆稳定性控制
hydraulic brake assist, HBA	液压制动辅助	roll movement intervention, RMI	主动防侧翻
brake disk wiping, BDW	制动盘擦拭		
post impact braking, PIB	碰撞后制动辅助		

附录 B 表 8　ICV 制动需求分析及功能描述

车辆需求	制动需求	描述
基本功能	减速制动	制动系统最基本的功能是实现制动减速停车
	失效备份	关乎安全的系统需要有较好的失效备份方案,较高的容错性能,较好的可靠性
车辆稳定性	制动防抱死	要求车辆在中低附着路面上转向可控,制动力较大
	驱动防滑	要求车辆具有较好、较均衡的附着能力
	车辆稳定控制	要求车辆按照驾驶员期望的转向轨迹进行,防止失稳
能量优化	制动能量回收	将全部或者一部分制动能量回收,实现能量有效利用
	制动力分配	合理分配左右制动轮或者前后制动轮的制动力,充分利用路面条件以实现能量最优化的利用
电动汽车	不依赖真空源	纯电动汽车取消发动机,要求制动系统摆脱真空源
	四轮独立可调	实现制动力最优分配,能量合理利用
	尺寸小、重量轻	简化底盘布置,提高电池空间利用率,提升电池效率

续表

车辆需求	制动需求	描述
智能汽车	主动制动	自适应巡航或者紧急制动功能要求制动系统可以主动调节主动压力,以实现制动减速度的稳定控制
	踏板感觉可调	不同驾驶风格的驾驶员实现踏板感觉可调节

附录 C 基于线控技术的 ICV 氢能系统

氢燃料电池发动机和氢燃料电池是不相同的两种技术路线,前者属于内燃机,后者则是燃料电池。燃料电池的基本原理是通过贵金属催化氢气与空气中的氧气在膜电极总成中发生电化学反应,从而产生电能;而氢燃料发动机则是需要燃烧氢气来获得动力的。汽车用氢燃料发动机和氢燃料电池是两种使用氢气作为能源的不同技术,它们各自具有一些优势和劣势。

氢燃料发动机的优势如下。高能量密度:氢气具有很高的能量密度,使得氢燃料发动机能够提供高功率和长续航里程,与传统燃油发动机相媲美。快速加注:充氢比充电更快,通常只需几分钟即可完成,这意味着氢燃料汽车在加注方面具有与传统汽车相似的便利性。零排放:氢燃料发动机的排放物是水蒸气,有助于减少空气污染和温室气体排放。

氢燃料电池的优势如下。高效能源转换:氢燃料电池具有更高的能源转换效率,相比内燃机,它们可以更有效地将氢气转化为电能,节约能源。与内燃机相比,氢燃料电池汽车通常更安静,因为它们没有爆炸式燃烧过程,只有电化学反应。长续航里程:氢燃料电池汽车通常具有较长的续航里程,因为它们的电池系统可以存储更多能量。与氢燃料发动机一样,氢燃料电池汽车也会排放水蒸气,减少污染。

需要注意的是,这两种技术都有挑战和限制,例如,氢气生产和储存的问题,以及缺乏氢燃料基础设施等。因此,选择哪种技术取决于多种因素,包括可用基础设施、成本、能源来源和应用需求等。未来随着技术发展和基础设施改善,基于氢燃料的车辆,可能会在汽车市场上扮演更重要角色。氢能技术全产业链的总体架构如附录 C 图 1 所示。

燃料电池和锂电池是两种不同类型的电池技术,它们在不同的应用场景和需求下都有各自的优势。选择使用哪种电池技术取决于特定的用途和性能需求。燃料电池的优势如下。高续航里程:燃料电池通常具有较长的续航里程,适合需要长时间运行的应用,如电动公交车和长途卡车。快速加注:充氢比充电更快,这对需要快速加注的应用来说是一个重要优势,如出租车和商用车辆。零排放:燃料电池汽车

附录C图1 氢能技术全产业链的总体架构

排放水蒸气，有助于提高空气质量和减少温室气体排放。锂电池通常具有更高的能量密度，使其适合于轻型汽车、电动自行车和移动设备等需要高能量密度的应用。

锂电池可以轻松适应各种形状和大小的应用，因此在小型电子设备和ICV中广泛使用。锂电池充电基础设施相对较成熟，广泛分布，因此锂电池技术更容易在不同地区和用途中获得支持。综合考虑，如果需要长续航里程和快速加注的特性，以及对零排放的需求，燃料电池可能是更好的选择。然而，如果应用需要高能量密度、较小的规模或已有成熟的充电基础设施，那么锂电池可能更合适。此外，一些应用可能会使用两者的混合系统，以充分利用它们各自优势。未来，随着技术不断发展，这些优势和劣势可能会有所改变，取决于创新和市场需求。

燃料电池是一种将化学能直接转化为电能的装置，其基本构成包括以下主要组件。阳极（氢气电极）：阳极是燃料电池的一个极，通常由催化剂层、氢气扩散层和氢气供应层组成。氢气被供应到阳极，并在催化剂的作用下发生氧化反应，将氢分子分解成氢离子（H^+）和电子（e）。阴极（氧气电极）：阴极是燃料电池的另一个极，通常由催化剂层和氧气供应层组成。氧气从外部供应到阴极，并在催化剂的作用下与氢离子和电子结合，产生水蒸气。电解质膜：电解质膜是阳极和阴极之间的隔离层，通常由聚合物材料制成。这个薄膜允许质子（氢离子）通过，但阻止电子的流动，从而使电子必须通过外部电路来连接阳极和阴极。催化剂：阳极和阴极都包含催化剂层，通常使用贵金属（如铂）作为催化剂。ICV 车载质子交换膜燃料电池催化剂架构，如附录 C 图 2 所示。以加速氢气和氧气的反应速率，促进质子传输。电流收集器：阳极和阴极都有电流收集器，用于收集从催化反应中产生的电子，并将它们导向外部电路，以实现电流的流动。

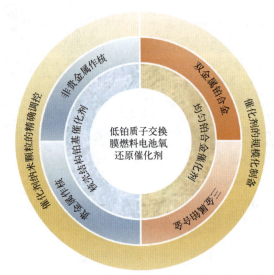

附录 C 图 2　ICV 车载质子交换膜燃料电池催化剂架构

由于燃料电池在工作时会产生热量，因此需要冷却系统来控制温度，防止过热。氢气供应系统：对于燃料电池汽车等应用，需要一个氢气供应系统，将氢气输送到阳极。空气供应系统：燃料电池通常需要从外部获取氧气，因此配备了空气供应系统，将氧气输送到阴极。这些组件协同工作，使得在燃料电池中氢气和氧气之间发生氧化还原反应，产生电能，同时生成水蒸气。这种化学能转换为电能的过程使燃料电池成为清洁、高效的能源转换技术，适用于各种应用，包括汽车、电力站和便携式电源。燃料电池本身不储存能量，它们是将化学能（存储在氢气和氧气中）直接转化为电能的装置，而不是像电池那样存储电能。

燃料电池的工作原理是在氢气与氧气之间的氧化还原反应中产生电能。储存能量的任务通常由燃料电池系统之外的其他部分来完成,这些部分如下。氢气存储:在使用氢气作为燃料的燃料电池汽车中,氢气通常以气态或液态形式存储在专门的氢气储罐中,这些储罐是用于存储氢气的设备。氧气供应:氧气通常从外部大气中获得,而不是通过储存来提供给燃料电池。燃料供应系统:除了氢气,某些类型的燃料电池还需要供应其他燃料,如甲醇或天然气。电能管理系统:燃料电池系统通常包括电能管理部分,用于控制和调整电能的分配和输出,以满足需求。虽然燃料电池本身不储存能量,但与电池不同,它们具有优势,例如长时间运行和快速加注。这使燃料电池在需要长时间运行的应用中具有优势,如电动公交车和长途卡车。氢燃料电池电堆系统及氢燃料电池车辆系统整车结构,如附录C图3所示。

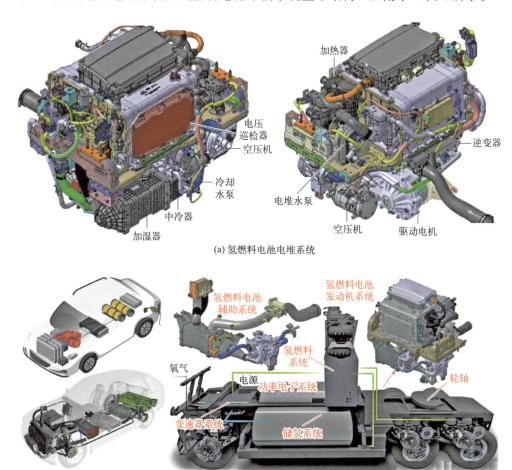

附录 C 图 3　氢燃料电池电堆系统及氢燃料电池车辆系统整车结构

燃料电池汽车的氢安全性是指燃料电池汽车运行过程中涉氢部分的安全性。燃料电池汽车中涉氢部分,包括燃料电池系统和车载储氢系统等。在设计层级,包含零件级、系统级和整车级等氢安全设计要求。考虑燃料电池动力系统的工作原理、车载高压储氢系统安全要求和氢气自身逸散特性等，燃料电池整车集成设计关注空间隔离、通风设计和结构强度。空间隔离：在制定整车布置策略时，将涉氢燃料电池系统、储氢系统与供氢管路和乘员舱隔离。

　　涉氢部件须与整车热源、高压电器件接插件等预留足够设计间距及空间，设置在燃料电池系统及车载储氢系统的底部。考虑通风设计目的是，当发生潜在氢气泄漏时，泄漏氢气能及时扩散，使其达不到氢气燃爆点，以确保整车氢安全。不应将燃料电池、储氢系统及供氢管路布置在相对封闭的空间中，要保证空间的通风性，用整车迎风和自然气流确保将潜在的氢气及时带走。同时，考虑到氢气密度较小的逸散特性，避免在相关涉氢部件的顶部留有聚集空间而造成氢气聚集。尾排气口和储氢系统过压泄放口位置的布置要尽量靠近车辆边缘，使其排放的气体可以直接排向车外，不产生聚集。燃料电池和车载储氢系统在开发环节应满足整车在振动、冲击及疲劳载荷下的结构强度要求。在整车结构设计中，强化对车载储氢系统的防护，通过整车的正面、侧面及追尾等碰撞结构设计，确保在发生碰撞时，车载储氢系统及高压管路结构的完整。氢泄漏传感器的合理布置可以更快、更有效地检测到整车氢气泄漏，触发后续的安全保护机制。合理位置选择依赖对潜在漏点氢气逸散仿真，模拟在泄漏情况下的氢气逸散和聚集状态，通过扩散方向、聚集位置和浓度等，确定传感器的布置位置。

　　车载储氢系统的潜在泄漏点可能有瓶阀、减压器和高压管路接口位置等。根据对潜在氢气泄漏点的氢气逸散仿真，定位发生氢气泄漏时氢气可能扩散的路径、聚集位置和浓度点，有针对性地进行相应的通风设计和氢传感器的位置设计。需要根据燃料电池系统和车载储氢系统在整车的布置形式和漏点分布，确定氢传感器的数量和位置，确保能够在短时间内感知到发生氢气泄漏，将信号发送给氢系统管理控制器，支持后续氢安全控制策略。氢燃料电池汽车系统典型部件架构及氢燃料电池汽车全产业链系统架构等如附录C图4和附录C图5所示。

　　氢燃料电池电堆的结构分析如附录C图6所示。燃料电池进排气结构如附录C图7所示。燃料电池进排气实验装置如附录C图8所示。燃料电池电堆进排气及冷却结构分析如附录C图9所示。

　　催化层的合理设计也将有助于提高催化剂的利用率，为电化学反应提供适宜的反应环境。以阴极氧还原反应为例，$O_2+4e+4H^+ \longrightarrow 2H_2O$ 反应涉及的物种包括气态的 O_2、液态的 H_2O 以及通过固态结构传导的质子和电子，需要构筑有效的"三相界面"，使 O_2、质子和电子同时相遇发生氧还原反应。同时，生成的液态水要迅速离开以避免阻碍反应的持续进行。有特殊形貌和结构的新型铂基催化剂，在三电极体系中有较 Pt/C 活性高数倍乃至数十倍的氧还原活性，但是其在 MEA 中

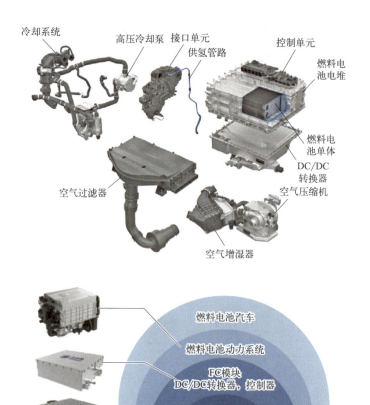

附录 C 图 4　氢燃料电池汽车系统典型部件架构

活性提升有限，如何在膜电极上发挥出来是一个重要的课题。一方面，传统三电极体系辅以旋转圆盘技术作为一种快速评价催化剂氧还原动力学性能的方式，简化了催化剂的评价工序，缩短了评价时间，提高了催化剂的筛选效率；另一方面，传统三电极体系与膜电极在工作温度、工作介质、催化剂用量及催化层结构、传质等方面有很大区别。如何将三电极体系的测试结果以定量或半定量的方式与膜电极性能对应是一个挑战，也是更有效快速评价催化剂性能、指导催化剂合成的关键。以有序化膜电极为代表的新型膜电极结构有望成为未来高催化剂利用率、低气体传质阻力膜电极的发展方向。燃料电池氢气瓶缠绕复合材料及纤维结构分析如附录 C 图 10 所示。车辆-电网能量管理系统的架构分析如附录 C 图 11 所示。

附录C 图5 氢燃料电池汽车的全产业链系统架构

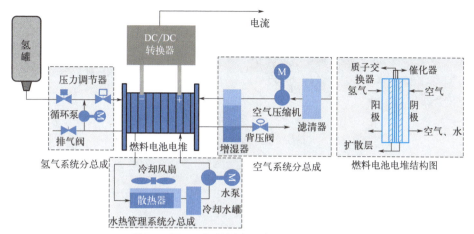

附录 C 图 6 氢燃料电池电堆的结构分析

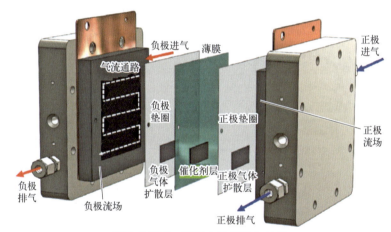

附录 C 图 7 燃料电池进排气结构

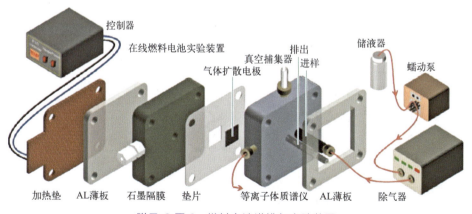

附录 C 图 8 燃料电池进排气实验装置

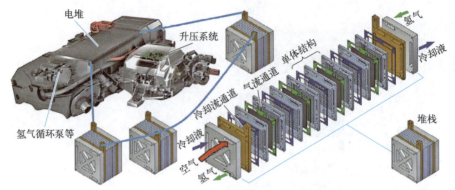

附录C 图9 燃料电池电堆进排气及冷却结构分析

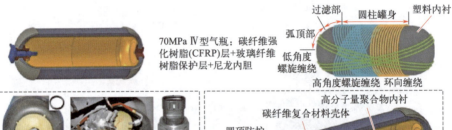

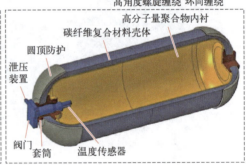

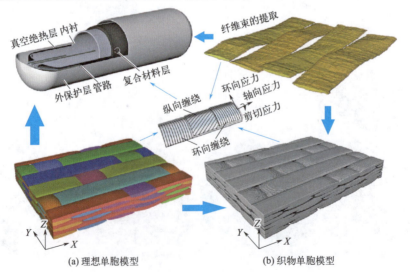

附录C 图10 燃料电池氢气瓶缠绕复合材料及纤维结构分析

(a) 电网及车载能量管理系统的逻辑架构

附录 C 图 11

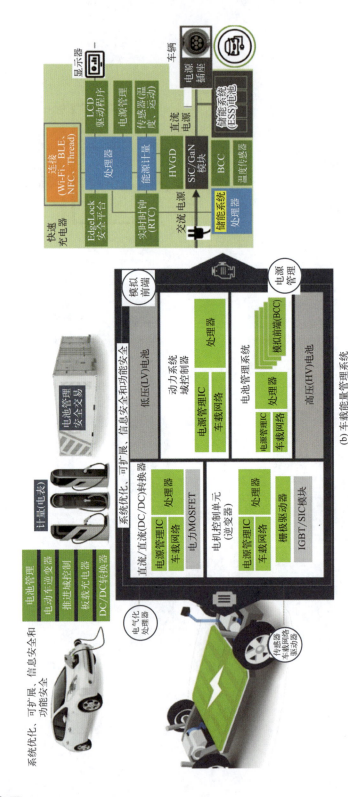

附录 C 图 11 车辆-电网能量管理系统的架构分析

附录 D 基于线控技术的 ICV 固态电池系统

D1. 固态电池关键问题及研发方法

燃油汽车动力源来自内燃机，车用电器对输出功率要求不高，低电压平台即可满足。但是，ICV 一般动力源是动力电池等，需要较大的输入/输出功率，车内电压平台高于燃油车。高压系统包括电池、电机、电控、充电机、高低压转换器（DC/DC）、高压控制盒（PDU）、连接器、线束、电机及电池热管理零部件等。从零部件功能上看：电池是电器的供电单元，PDU 对电池、电路起保护作用；驱动电机及控制器是动力源，将电能转化为机械能；DC/DC 对高低压进行转化，满足车内低电压器件用电需求；OBC 将充电桩的交流电转换成直流电进而通过分线盒给电池充电。采用 800V 高压系统，高压线束规格下降，用量减少，降本减重，在电压翻倍、充电功率增幅不翻倍的情形下，串联增加，高压线束电流变小。SiC 逆变器使得电源频率增加，电机转速增加，相同功率下转矩减小，体积减小。在设计之初，将整车电压定在高压值，电池包内部电芯亦以此为准。动力电池快充性能的掣肘在于负极，一方面石墨材料的层状结构使锂离子只能从端面进入，导致传输路径长；另一方面石墨电极电位低，高倍率快充下，石墨电极的极化增大，电位易降而析锂。提升电池负极快充性能势在必行。ICV 提升带电量，虽能缓解续航问题，但边际效益递减。目前，有的 ICV 换电效率已为约 5min/车，接近燃油车加油时间。但各品牌车型电池规格不同，换电技术的推广依赖车企的换电体系，规模推广的成本及难度较高。根据功率、电压、电流的关系，其他条件保持不变，充电电压或电流其中任一因素提高，即可提高充电效率。高压低电流充电：高压架构使整车具有更高的效率，高压平台推出后，相较于低压平台，工作电流更小，进而节省线束体积、降低电路内阻损耗，变相提升了功率密度和能量使用效率。在功率不变的前提下，高压 ICV 续航里程将增加、充电速度将提升。实际快充技术的普及需与充电桩功率和电池充电倍率同步匹配。车载高压平台架构需要耐压及抗热的功率器件。ICV 电芯-电池组-电池包-BMS-底盘的逻辑结构如附录 D 图 1 所示。

传统锂离子电池包括正极、负极、电解液、隔膜四大组成部分，固态电池将电解液换成固态电解质。固态电池较之传统锂离子电池，关键区别在于电解质由液体变为固体，兼顾安全性、高能量密度等性能。对于固态电池，其生产工艺需要在电极、电解质、界面工程及封装技术等方面进行突破，生产工艺的优化提升，是实现固态电池工程化和商用应用的重要组成部分。与传统液态锂离子电池相比，固态电池的前段工序基本与液态锂离子电池相同。固态电池可以分为聚合物固态电池、硫

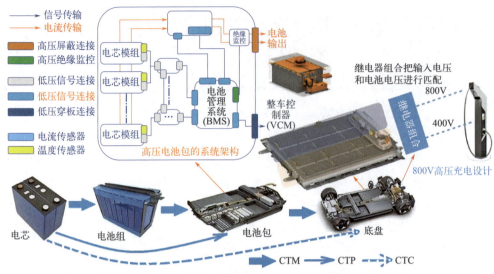

附录 D 图 1　ICV 电芯-电池组-电池包-BMS-底盘的逻辑结构

化物固态电池、氧化物固态电池及薄膜固态电池等不同的电池体系。整个固态电池的生产流程中，电解质成膜工艺是关键工艺。不同的工艺会影响固态电解质膜的厚度和离子电导率，固态电解质膜过厚会降低全固态电池的质量能量密度和体积能量密度，同时也会提高电池的内阻；相反，固态电解质膜过薄，力学性能会变差，有可能引起短路。通过几十年的研究，在材料开发方面，不同类型的固态电解质（聚合物、氧化物、硫化物等）已经能够被成功地制备出来。电解质成膜工艺作为固态电池的核心工艺，可分为干法工艺与湿法工艺两大类。除干法与湿法两种工艺外，还可以通过化学气相沉积、物理气相沉积、电化学气相沉积和真空溅射的气相法制备固态电解质膜。但是气相方法的制备成本较高，只适用于薄膜固态电池。

（1）聚合物固态电池

对于聚合物固态电池制备，均使用涂布的方法制备复合聚合物固态电解质正极层和聚合物固态电解质中间层，层压为聚合物固态电池。容现有产线。对于固态电池，通过高温熔化和返混挤出的过程形成正极与电解质浆料。两种浆料通过一起挤出方式，分别叠加在正极集流体材料上。再将金属锂压制成浆料后涂布在电解质材料的表面，形成集流体-正极材料-固态电解质-锂负极的混合多层电芯。通过辊压法，把多层电芯压实。将制备好的电芯裁剪成固定尺寸，依照不同需求，将电芯依照串并联的方式叠放在一起。对叠放好的电芯进行压实和封装，经过化成和老化工序，制作完成。对于聚合物固态电池生产工艺，其特点在于，通过干法和湿法工艺均可制备复合固态正极和聚合物电解质层，电池组装通过电极与电解质间的卷对卷复合实现；易于制备大电芯，也易于制备出双极内串电芯。

固态电池研发在能量密度、安全性、快速充电能力、价格和寿命等方面已经提升，但固态电池商业化还需解决系列问题：原材料及制造成本，难以轻薄化，会用到部分稀有金属材料；多数 SE 尚未大量生产，尚无稳定的供应链；相关电池制造需要在特定环节中进行，如烧结、真空、干燥房、特定气氛等，增加成本；界面阻抗/倍率性能差，给传统汽车加油比给电池充电所需的时间更短，这阻碍了从内燃机向 ICV 的过渡；缩短充电时间是新电池概念的主要目标，为了实现快速充电，需要高离子电导率；电动汽车易燃性，当用不易燃固体电解质代替易燃液体电解质来促进从液态向固态的过渡时，安全性是重要方面之一；锂金属阳极的高活性有一定的安全隐患；能量密度提升，ICV 面临的挑战是增加储存在 ICV 中的电池能量，以扩大其续航里程；用与锂金属化学相容并合理抵抗枝晶形成的电解质；高电压正极的适配性；长循环稳定性；寿命长的电池有利于各自应用的总拥有成本；固体成分的界面稳定性带来了额外挑战，由于固体材料柔性有限，循环过程中改变体积时，材料间的接触恶化；无机固态电解质及原料还没有量产、没有形成供应链，聚合物电解质还不能直接与高电压正极材料匹配，全固态电池的界面电阻还比较高、低温性能差；没有完全解决循环过程中体积变化的影响，测试时需要较高的外部压力；电极、电芯还没有成熟的量产设备，电芯的电源管理系统集成方案、应用方案不成熟。随市场对电池能量密度、安全性、经济性等方面要求的提升，传统锂离子电池已逐渐不满足需求。采用固体电极和固态电解质且具备更高能量密度及安全性的"固态电池"便应运而生。固态电池有多方面优势，比如固态电解质的结构和密度可以聚集更多带电离子、传导更大电流，而且可以采用金属锂等材料做负极，以提升单位体积的电池容量和续航能力；固态电解质的封存相对简便，能够节省成本，减轻电池体积，更加轻便；固态电解质化学结构稳定，可以减小电池在高温下的化学反应和爆炸风险，电池性能更稳定。固态电池双极板堆积结构分析如附录 D 图 2 所示。

附录 D 图 2　固态电池双极板堆积结构分析

固态电池中电解质问题：开始考虑固态电解质较高的机械强度可阻止锂（钠）枝晶刺穿和短路现象，但近来研究表明锂枝晶仍会刺穿固态电解质造成电池短路，应致力调控锂金属的不均匀沉积并理解相关的基础问题。电极/电解质界面处的组成和结构与材料体相有较大差别，离子阻塞或电子导电的界面产物会对固态电池的性能产生不利影响，对界面本质的理解，有助于选择合适的材料组合而发展新的固态电池。固态电池体系的缺点是离子的传输强烈依赖固体颗粒的致密接触。而这些接触对电化学循环过程中产生的应力非常敏感，应力会导致裂缝的产生，引起界面接触不良。对固态电解质材料的基础性质有深入理解，找到对应的解决办法。掌握固态电解质在多尺度离子传输、电化学稳定性和机械力学以及处理工艺方面的基础科学问题。固态电池面临的挑战：不均匀金属沉积；形成离子阻塞界面；电化学循环过程中接触失效。

（2）硫化物固态电池

对于硫化物固态电池干法工艺，其技术优势包括节省去溶剂工艺制备成本及节约制备周期；无其他物质（溶剂）对电解质的影响；干法电池性能更稳定。但硫化物固态电池干法工艺也存在技术劣势，如制备大容量电池困难；电解质层厚度较厚，阻抗较高；粉末压实需要较高平压压强等。硫化物固态电解质的细观结构对比如附录D图3所示。对于氧化物固态电池制备，电池正极和固态电池电解质材料的制备通过球磨的方式分别进行；使用高频溅射法，将固态电池溅射到正极材料表面；将复合好的正极-电解质材料进行高温烧结；通过电子束蒸发法将负极分布到电解质材料上。固态电池所使用的固态电解质本身需要相对复杂的合成或处理工艺，固态电解质自身的性质及其和电极的理化相容性不但影响着电池材料体系在科

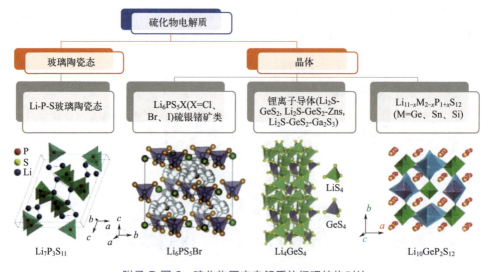

附录 D 图 3　硫化物固态电解质的细观结构对比

学角度的构建，而且影响着其工程化进程。固态电池未来需要继续提升电极和电解质材料的综合性能，设计新型集流体/电极/电解质复合结构，发展新型工艺和装备，逐步推进电池技术提升。

近年来固态电池技术不断创新，给 ICV 领域带来深远影响。固态电池是一种非液态电解质电池，相较于传统的液态电池，它以更高的安全性、更大的能量密度和更长的循环寿命为电动汽车领域带来了划时代的变革。纯电动车的用户常常面临着诸多挑战，例如行驶里程的焦虑、电池的安全问题等。然而，随着固态电池技术的发展和应用，这些问题有望得到根本的解决。首先，固态电池的高能量密度使得电动车可以在单次充电后行驶更远的距离，有效缓解了用户的里程焦虑。其次，固态电池因其固态电解质的特性，具有更高的安全性，大大降低了电池因短路等原因引发火灾的风险。相比于液态电池，固态电池的优势可谓是颠覆性的。它的优势并不多，但却极其关键。具体来说有三个方面：安全性更好、能量密度更高、循环寿命更长。而且，有一点也值得我们关注，那就是固态电池的成本可能比现在的液态电池要低。据估计，这个降幅可能在 $10\%\sim20\%$ 之间。这也意味着，固态电池的推广和应用，可能会降低电动汽车的制造成本，进一步推动电动汽车市场的发展。在过去的几年中，固态电池的出现解决了液态电池必须牺牲安全性来追求更高能源密度的这个矛盾问题。而这一切的奥秘就在于它的固态电解质身上。所谓的固态电池，就是把传统电池中的液态电解质变成固态电解质。听起来似乎很简单，但实现起来却颇具挑战性。固态电池的出现为电动汽车领域带来改变，其优越性让人们对电动汽车市场充满期待。

（3）固态电池特性

传统液态电池由于内部存在液态电解质，一旦出现问题，易引发火灾或爆炸。固态电池的出现，可有效解决该问题。固态电池要素就是固态电解质。与液态电解质相比，固态电解质的特点就是其固态形态，该形态使得电池内部短路的风险降低。在液态电池中，正负极之间需要隔膜来隔离，以防止内部短路。然而，这层隔膜并不是万无一失的，特别是在长时间使用后，可能会被刺穿，导致电池内部短路，甚至可能引发火灾或爆炸。固态电池由于电极被固态电解质隔开，而且固态电解质本身不易燃、无腐蚀、不挥发、不漏液等，即便无隔膜也不易短路，这也是固态电池本征安全性要高于现在的锂离子电池的原因。另外，固态电池内部的电极电子分布更为均匀，减少了锂离子以沉淀方式依附在电极表面形成锂枝晶的可能性。锂枝晶的产生是电池内部短路的一大隐患，固态电池能有效防止其产生，进一步提升了电池的安全性。固态电池的出现，无疑为电动汽车领域带来了一种新的、更安全的电池技术选择，这是一种可能彻底解决液态电池安全隐患的技术。

固态电池的出现，或许能帮助人们找到提高能量密度的新方向。能量密度由电池中正负极材料的比容量和电压差等决定。对于固态电池，其能达到更高能量密度，依靠固态电解质特性及对更高活性负极材料的应用。固态电池及液态电池制备思路、磷酸铁锂电池结构分析、不同种类锂电池单体指标对比，分别如附录D图4～附录D图6所示。

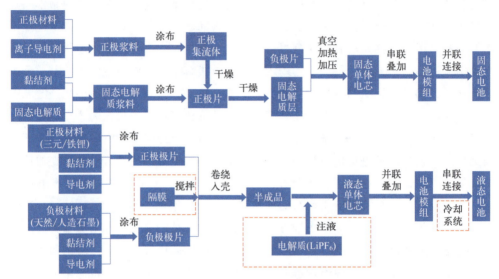

附录D图4　固态电池及液态电池制备思路

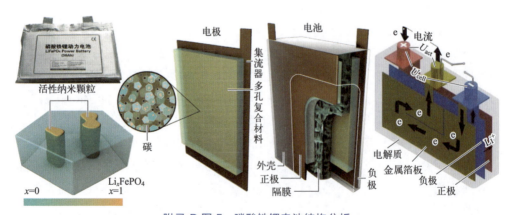

附录D图5　磷酸铁锂电池结构分析

固态电池无须传统单极电极，能提高通电效率。固态电池的电解质化学特性比较稳定，使得可选择一些活性更高的金属来作为负极，例如液态电解质无法使用的锂金属负极。锂金属是一种理想的负极材料，具有高的理论比容量，然而在液态电解质中，锂金属极易与电解质发生剧烈反应，形成锂枝晶，引发内部短路甚至火灾

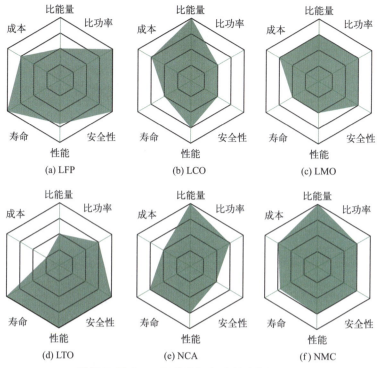

附录 D 图 6 不同种类锂电池单体指标对比

爆炸。锂电池-固态电池结构对比及热失控如附录 D 图 7 所示。而在固态电解质中，该问题得以解决，这就是固态电池实现更高能量密度的原因。固态电解质具有更大电压窗口，目前液态电解液电压窗口不超过 4.5V，即液态电池能量密度有不高的峰值。然而，固态电池因为其电解质的电压窗口更大，可选择不同的正负极材料组合，可达到更高能量密度，使得未来 ICV 将有更长续航能力，由于能量密度提高，电池体积可能减小，这将带来积极影响。

电池的循环寿命是决定电动汽车使用寿命的重要指标。由于液态电解质的化学性能不稳定，液态电池在反复充放电过程中，电极表面容易产生固态电解质界面（SEI）膜，这种膜会阻碍锂离子的传输，导致电池的容量逐渐衰退。同时，液态电池在充放电过程中，电解质的浓度会发生变化，也会导致电池性能下降。相较于液态电池，固态电池的电解质化学性能稳定，不易形成 SEI 膜，同时，在充放电过程中，固态电解质的浓度保持恒定，不会导致电池性能下降。这些特性使得固态电池的循环寿命得以大幅提高，容量衰减率降低。使用寿命得以延长，可减少频繁更换电池的费用，电池的废弃量也会降低，环保节能。固态电池以其在安全性、能量密度和循环寿命上的优势，预示着 ICV 的发展趋势将会对市场产生深远影响。

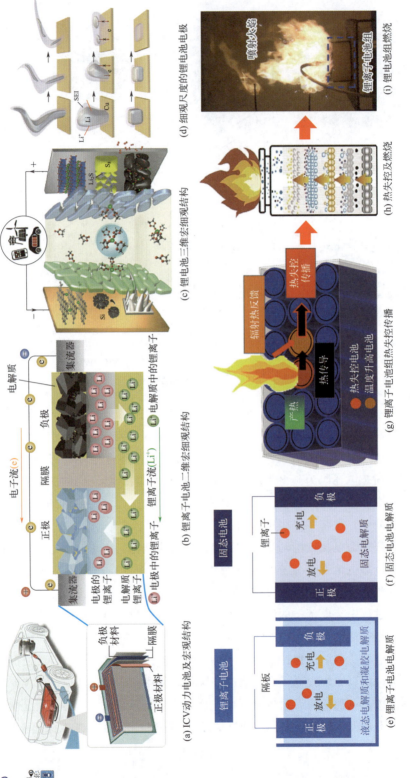

附录 D 图 7 锂电池-固态电池结构对比及热失控

尽管固态电池拥有许多优势，但这并不意味着液态电池将会在短时间内被完全替代。固态电池面临的挑战，是其生产成本和制造工艺问题。一方面，固态电池的生产成本仍相对较高。由于固态电池使用的电解质材料和制造工艺相对复杂，使得其成本难以降低。然而，随着技术的发展和生产规模的扩大，固态电池成本有望逐步降低。另一方面，固态电池的制造工艺也相对复杂。固态电解质虽然在理论上具有众多优点，但在实际制造过程中面临诸多挑战。例如，液态电解质可以很好地把电极包裹起来，贴合度相当好，而固态电解质要做到这一点却相对困难。此外，固态电池的生产过程要求非常精细，对生产设备的要求也较高，这些都是固态电池技术面临的挑战。

（4）电池冷却技术

冷却液的选择是浸没式液冷系统设计的关键，其介电常数、比热容、热导率、密度、黏度，以及与电池材料的兼容性和阻燃性等因素对冷却效率的影响至关重要。常见的浸没式冷却液主要包括电子氟化液、烃类化合物、酯类、硅油类和水基流体等。冷却介电流体指标比较及热失效实验设置如附录D图8所示。电子氟化液具有较好的综合性能，但其密度较高，可能会导致电池模组的重量增加。此外，电子氟化液成本较高，关于电子氟化液对电池寿命性能的影响缺乏充分的研究，其规模应用仍然面临问题。

根据换热模式的不同，全浸没式液冷系统可分为**单相冷却**和**双相冷却**等。双相浸没式冷却是将电池浸泡在具有较低沸点的冷却液中。当电池温度超过此沸点时，产生的热量会导致相邻液体汽化，从而迅速冷却电池。冷凝后的液体随后被循环回原液池，完成冷却循环。过去的研究表明，双相浸没式冷却更有利于均匀化电池模组内的温度，而单相浸没式液冷在调节最高温度方面具有更多优势。根据冷却液的流动模式，浸没式液冷可分为**静态模式**和**强制流动模式**，圆柱形电池模组的热管理性能如附录D图9所示。多数单相浸没式冷却系统使用强制流动，而静态模式的研究相对有限，静态浸没式冷却系统结构简单且成本低廉。

高效可靠的电池热管理系统对保证电池安全运行和延长电池使用寿命至关重要。热管理的目标是将电池温度控制在安全范围内，并提升电池模组的温度均匀性。**空气冷却（风冷）**和**液体冷却（液冷）**是主动式散热策略，而**相变材料（PCM）冷却**和**热管冷却**是常见的被动式热管理手段。尽管主动式散热技术相对成熟且成本低廉，但风扇和泵等设备的引入，增加了系统的复杂性和额外的能耗。热管由于其自身形状的限制，通常用于特定形状的电池组或与其他冷却方式耦合使用。**电池单体**：组成动力电池的最小单元。**电池模组**：由数个电池单体并联焊接在一起；电池单元由数个电池单体或电池组串联在一起构成；每一个电池内部都有一个信息采集系统，来检测每个电池单体或电池组的电压、温度等信息；电池控制单

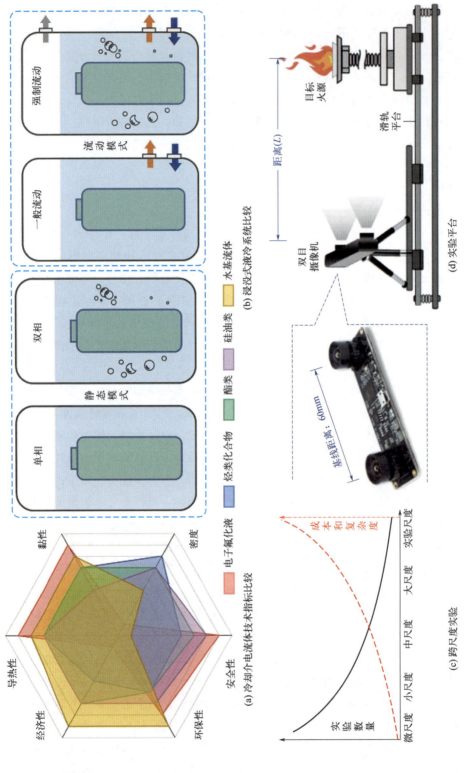

附录 D 图 8 冷却介电流体指标比较及热失效实验设置

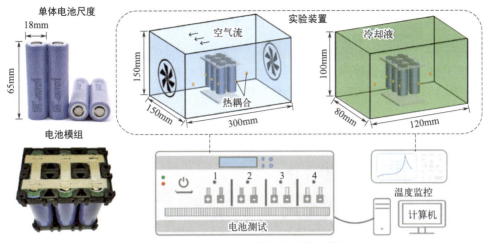

附录 D 图 9　圆柱电池模组的热管理性能

元（BMU）安装在动力电池内部，用来将电池的电压、电流、温度等信息上报给整车控制器（VCU）并根据 VCU 的指令，完成对动力电池的控制。**电池高压分配单元**：安装在动力电池总成的正负极输出端，由高压正极继电器、高压负极继电器、预充继电器、电流传感器和预充电阻等组成。**冷却系统**：对动力电池进行散热，使其处于最佳工作状态。电池热管理思路如附录 D 图 10 所示。

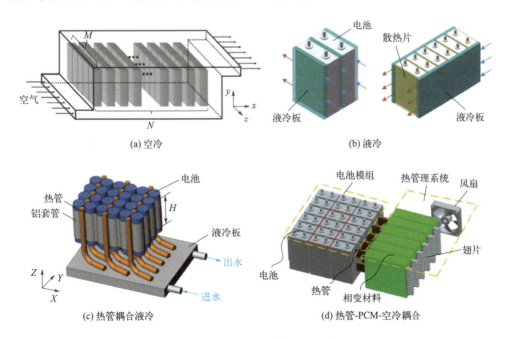

附录 D 图 10　电池热管理思路

基于相变材料的被动式散热技术以低能耗和高可靠性的控温优势获得了广泛的关注。基于相变材料的电池热管理,将相变材料填充到电池单体之间,利用材料的相态变化吸收或释放热量,从而对电池进行温度控制。用于电池热管理的相变材料可分为有机和无机两种类型。常用的有机相变材料包括石蜡、聚乙二醇、脂肪酸等,它们的相变温度随碳链的增长而上升。但由于有机相变材料易燃,开发阻燃型有机相变材料或使用水合盐无机相变材料是当前研究的趋势。基于相变材料的电池热管理技术如附录D图11所示。

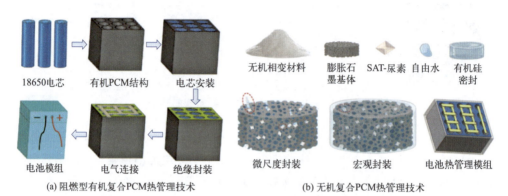

附录 D 图 11　基于相变材料的电池热管理技术

相变材料帮助电池散热的方式是相变吸热,如果所吸收的热量不能及时导出,就会引起相变潜热耗尽,造成热管理系统失效。主被动冷却结合的电池热管理设计应运而生。相变材料和主动式冷却技术具有良好的功能互补性:相变材料结构设计灵活,可更好地贴合电池,从而提升电池模组的均温性;主动式冷却技术提升相变材料二次散热,加强热管理系统的安全性和稳定性。相变材料耦合主动式电池热管理技术如附录D图12所示。

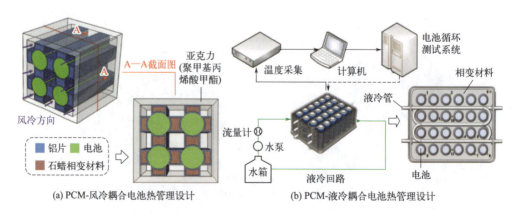

附录 D 图 12　相变材料耦合主动式电池热管理技术

当电池单体发生热失控时,其产生的热量会向周边电池传递,最终可能会引发周边电池的热失控,使电池热灾害进一步升级。常压下电池热失控受电极材料、电池形状、荷电状态、电气连接、热管理方式与环境条件等多因素的影响。对于开路状态的锂离子电池,对比磷酸铁锂(LFP)和镍钴锰酸锂(NCM523)电池在不同环境气压下的热失控传播行为。随着环境压力降低,LFP 电池热失控传播速率上升,而 NCM523 电池的热失控传播的速率下降。因此,大气压力对电池的热失控传播速率的影响复杂,不能简单判断。低压环境下电池模组的热失控传播实验设置如附录 D 图 13 所示。

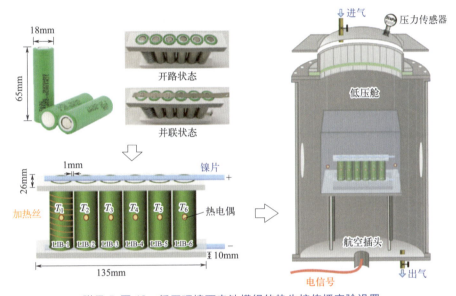

附录 D 图 13 低压环境下电池模组的热失控传播实验设置

(5)电池包/组结构

动力电池一般的结构是电芯-模组-电池包。电芯技术是电池系统的基石,锂电池电芯组装成组的过程称为电池包设计,可以是单个电池,也可以是串并联的电池模组等。电池是一个统称,而电芯、模组、电池包则是电池应用中的不同阶段。在电池包中,为了安全和有效地管理成百上千的单颗电芯,电芯并不是随意放在动力电池的壳里面的,而是按照模块和包进行有序的放置。最小的单元就是电芯,一组电芯可以组成一个模组,而几个模组则可以组成一个锂电池包。电芯指单个含有正、负极的电化学电芯,一般不直接使用。除此之外,电芯的寿命也是最为关键的因素,任何一颗电芯的损坏,都会导致整个电池包的损坏。电池模组可以理解为锂离子电芯经串并联方式组合,加装单体电池监控与管理装置后形成的电芯与电池包的中间产品。其结构必须对电芯起到支撑、固定和保护作用，可以概括成：机械强度、电性能、热性能和故障处理能力。电池包指的是锂电池定制的包装、封装、装配，主要工序分为加工、组装、包装三大部分。当数个模组被电池管理系统和热管理系统共同控制或管理起来时单个电芯是不能使用的，只有将众多电芯组合在一起，再加上保护电路和保护壳，才能直接使用，这就是所谓的电池模组。电池模组是由众多电芯组成的。需要通过严格筛选，将一致性好的电芯按精密设计组装成为模块化的电池模组，并加装单体电池监控与管理装置。电池包/组的逻辑及管理架构分别如附录 D 图 14 和附录 D 图 15 所示。

（6）电池包碰撞安全分析

三元锂电池包具有能量密度高、低温性能好、倍率性能好等特点，但相应的热稳定性更差，需要进行更好的安全防护和热管理，既要满足高能量，又要满足高安全，给电池技术带来挑战。

① 单体电芯三维隔热墙设计。隔热墙技术是三元锂电池热失控的技术，原理是在电池包内，使用超强高分子隔热阻燃材料，将每个电芯分离，在电芯与电芯之间形成高效的阻热阻燃隔热层，并且单独三维立体包裹，如同"琥珀"一样。当某个单体电芯发生热失控时，三维隔热墙的存在可以避免热蔓延到周围其他电芯，进而防止出现连环热失控，同时，每一个电芯底部都与高效液冷系统接触，保证电池包具有稳定的散热能力，而在电芯顶部，还额外布置了可耐高温的隔热阻燃层，保护车内人员安全。

② 电池安全监测和预警模型。在对电池包原有温度和电压预警基础上，搭建了精确的电池安全监测和预警大数据模型，追踪每一辆车、每一块电池的使用数据，并将监测到的数据与云端大数据库实时对比，当系统发现电池监测数据出现异常时，会通过云端 App 推送给车辆的预警系统，提醒用户。

③ 电池包设计。在被动安全上，对电池结构进行五大设计：车身防护、高强框架、压力传递、形变吸能、电池双保险。

a. 车身防护：在车门门槛位置，采用双层结构超高强度热成形钢，位于前后车身内部，防止车辆发生膨胀或侧翻时挤压电池，从而保证电池的完整性。

b. 高强框架：通过高强度铝合金框架、多条加强筋强化其耐撞性，根据测试结果，高强框架可以抵御 20t 力的挤压。

c. 压力传递：在电池包的内部，设计多条纵横加强梁，使得电池包受到外力时层层分解，从而保护内部电芯。

d. 形变吸能：岚图车型对电池包预设了超过 30mm 的形变吸能空间，在电池包受撞击变形时，保护内部电芯。

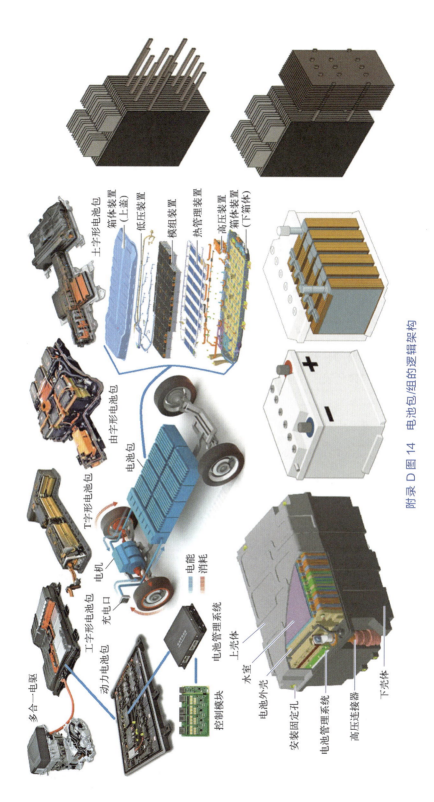

附录 D 图 14 电池包/组的逻辑架构

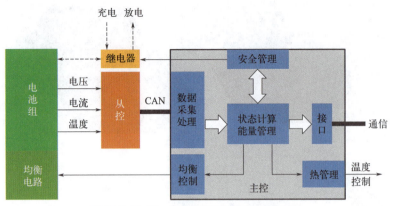

附录 D 图 15　电池包/组系统的管理架构

e. 电池双保险：电芯双极均设置有防爆阀，当电池内部压力增大时，防爆阀被冲开，避免电池爆炸。"电芯-模组-电池包"是从细观到宏观的排序，电芯精巧，用电芯组合成的模组才安全，用模组组合成的电池包也才安全；"电池包-模组-电芯"是从宏观到微观的排序，电池包外壳受损，模组外壳还能继续保护；若模组外壳也受损，电芯本体还有自我保护能力。电池底盘碰撞的安全分析如附录 D 图 16 所示。

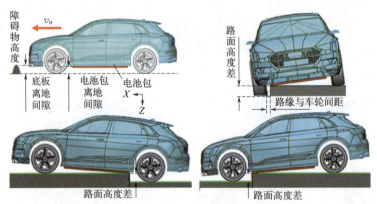

附录 D 图 16　电池包碰撞的安全分析

D2. 钠电和锂电的特性

碳基能源系统通过消耗化石燃料的同时排放二氧化碳并产生经济效益，而二氧化碳是全球变暖主要的贡献因素。向无化石燃料经济转型需要最小化使用碳基能源，同时推广可再生能源系统的利用。因为地壳中锂、钴等资源匮乏，仅靠锂电无法满足快速增长的需求。稀缺的可经济开采的锂储量引发了全球对能源安全的日益关注，同时促使人们开发储量更加丰富的金属离子电池技术。钠电的能量密度与磷酸铁锂电池相当。预计钠电将取代传统的铅酸电池，并在市场上占据相当一部分锂电的份额，包括低速电动车、家庭电网及太阳能电池和风力涡轮机的储能系统。钠电的需求预计将增长，其在大规模储能系统和电动汽车中的作用逐步显现。随着钠电能量密度提高和在商业化新应用中的发现，未来市场对钠电需求可能飙升，前提是解决与钠电相关的安全问题。新型钠离子电池及锂硫电池的特性分别如附录 D 图 17 和附录 D 图 18 所示。

附录 D 图 17　钠离子电池特性分析

钠电缺点与锂电类似，寿命相对较短。由于容量衰减和电池设备过时，钠电将面临与废旧锂电类似的回收挑战，但由于其不含有促进锂电回收的高价值金属（锂和钴），钠电在回收方面存在经济障碍。钠离子电池是替代锂离子电池技术的领先候选者，其工作原理与锂电相同，具有相似的电池设计和材料体系。钠电可以在锂电现有制造基础上进行规模生产，使其成为 ICV 和能源储存系统强有力的备选电源。钠电体系的其他优势包括良好的安全性及多种正极和负极材料体系。正极体系通常不含锂和钴，材料组成较廉价。

具有核壳结构的致密碳壳在循环过程中由于内核硅的体积膨胀容易发生破裂，碳包覆硅碳复合材料脱嵌锂过程形态变化，核壳电池宏细观结构的力学行为及电子

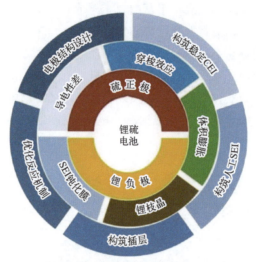

附录 D 图 18 锂硫电池特性分析

特性如附录 D 图 19 所示,将硅重新暴露于电解液中,导致 SEI 膜的不断生成和副反应的发生,造成电池容量的衰减。如果在硅碳核壳结构中间预留孔隙结构,则可更好地吸收硅的体积变化而不发生破裂,从而可大大提高电极材料在循环过程中的结构稳定性。锂电池特性分布如附录 D 图 20 所示。

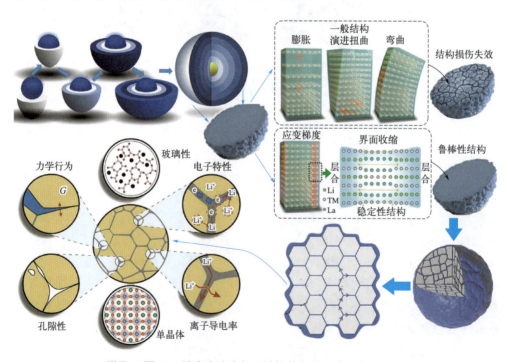

附录 D 图 19 核壳电池宏细观结构的力学行为及电子特性

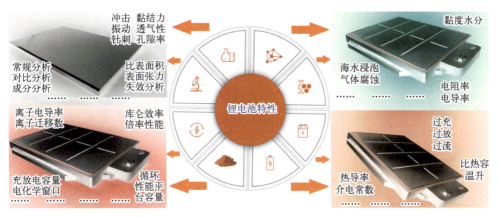

附录 D 图 20　锂电池特性分布

D3. 电池回收策略

电池回收策略必须符合严格的经济和环境标准。电池回收过程对环境的影响取决于电池材料的性质和回收方法的选择。充分发挥电池回收的价值至关重要。回收应该视为电池制造过程的逆过程。电池生产始于处理含有相关元素和化合物的原材料，将其转化为用于生产完整电池的前驱体和组件。每一道工序都凝聚着大量的人力、物力等。随着每个制造阶段的进行，原材料被加工成为完整电池，价值也随之增加。电池及其组成材料的回收策略选择决定了电池回收过程的能源消耗、排放及回收效率等。废旧电池的处理可分为预处理和后处理两个阶段，预处理包括将废旧电池粉碎或精确分离为单独的组件或材料，在后处理阶段对其进一步分离、纯化、利用和提取。预处理方法是对废旧电池进行完全放电，以机械方式将其破碎。正极和负极材料，粉碎成微米或纳米级颗粒。隔膜、外壳和集流体转化为毫米到厘米级的碎片。精准分离回收策略中，电池的各个组件被拆解，然后在必要时分离成它们的组成材料，并从不能直接修复使用或再生的材料中单独提取有价值的元素。因此，外壳、正极、隔膜、负极和电解质可以以相对完整的形式获得。某些组件由多个子部件组成，例如正极包括集流体、活性材料、导电剂和黏结剂等，这些子部件可以进一步分离成单独的材料。现代回收关注正负极材料的再生、转化和浸出。电池容量的衰减原因是：在固态电解质界面中活性材料的损伤、材料界面失效及材料结构损坏。因此在理论上，通过结构修复再生和去除界面杂质，废旧电池正负极材料的电化学性能是可得到恢复的。废旧电池的回收-原料/材料/动力电池的再制造-再生、梯级利用的逻辑思路，充电站的动力电池梯次再生利用的储能系统结构，分别如附录 D 图 21 和附录 D 图 22 所示。

附录 D 图 21　废旧电池的回收-原料/材料/动力电池的再制造-再生、梯级利用的逻辑思路

附录 D 图 22　充电站的动力电池梯次再生利用的储能系统结构

参 考 文 献

[1] 邓戳. 智能网联汽车电子电气架构设计与试验研究 [D]. 长春：吉林大学，2020.

[2] 刘佳熙，丁锋. 面向未来汽车电子电气架构的域控制器平台 [J]. 中国集成电路，2019，28（9）：82-87.

[3] 李阳春. 基于SOME/IP的整车电气通信网络设计研究 [J]. 汽车文摘，2020（8）：32-38.

[4] 谢勇. 新一代汽车电子系统的网络体系结构若干关键技术研究 [D]. 长沙：湖南大学，2013.

[5] 程夕明. 新能源汽车电力电子技术仿真 [M]. 北京：机械工业出版社，2022.

[6] 何举刚. 汽车智能驾驶系统开发与验证 [M]. 北京：机械工业出版社，2021.

[7] 李柏，葛雨明. 智能网联汽车协同决策与规划技术 [M]. 北京：机械工业出版社，2020.

[8] 杨聪，孔祥斌，张宏志，等. 智能座舱开发与实践 [M]. 北京：机械工业出版社，2022.

[9] 周满满. 智能座舱技术对汽车产业链组织结构的影响 [J]. 汽车与配件，2020（3）：44-46.

[10] 薛楠. 新时代智能座舱面面观：更舒适，更懂你的人因工程 [J]. 智能网联汽车，2019（5）：90-93.

[11] Yao P，Wu H Q，Gao B，et al. Fully hardware-implemented memristor convolutional neural network [J]. Nature，2020，577：641-646.

[12] Zhao Y，Yang Y. Pressure control for pneumatic electric braking system of commercial vehicle based on model predictive control [J]. IET Intelligent Transport Systems，2021，15（12）：522-1532.

[13] Chen T，Chen L，Cai Y，et al. Robust sideslip angle observer with regional stability constraint for an uncertain singular intelligent vehicle system [J]. IET Control Theory & Applications，2018，12（13）：1802-1811.

[14] Sun X，Zhang H，Cai Y，et al. Hybrid modeling and predictive control of intelligent vehicle longitudinal velocity considering nonlinear tire dynamics [J]. Nonlinear Dynamics，2019，97（2）：1051-1066.

[15] Hajiloo R，Abroshan M，Khajepour A，et al. Integrated steering and differential braking for emergency collision avoidance in autonomous vehicles [J]. IEEE Transactions on Intelligent Transportation Systems，2021，22（5）：3167-3178.

[16] Meng B，Yang F，Liu J，et al. A survey of brake-by-wire system for intelligent connected electric vehicles [J]. IEEE Access，2020，8：225424-225436.

[17] Sivaraman S，Trivedi M M. Looking at vehicles on the road：Asurvey of vision-based vehicle detection，tracking，and behavior analysis [J]. IEEE Transactions on Intelligent Transportation Systems，2013，14（4）：1773-1795.

[18] Zhao L，Cao Q，Hu Y，et al. Stability control of steer by wire system based on improved ADRC [J]. Proceedings of the Institution of Mechanical Engineers，Part D：Journal of Automobile Engineering，2021，236（10-11）：2283.

[19] Boada B，Boada M，Vargas M N，et al. A robust observer based on H-infinity filtering with parameter uncertainties combined with Neural Networks for estimation of vehicle roll angle [J]. Mechanical Systems and Signal Processing，2018，99：611-623.

[20] 陈家瑞. 汽车构造（上册）[M]. 北京：人民交通出版社，2006.

[21] 余志生. 汽车理论 [M]. 5版. 北京：机械工业出版社，2009.

[22] 王长青. 乘用车中心区操纵稳定性客观评价指标体系研究 [D]. 长春：吉林大学，2012.

[23] 诸静. 模糊控制理论与系统原理 [M]. 北京：机械工业出版社，2005.

［24］ 石冠男．商用车动力学状态识别及稳定性协调控制研究［D］．长春：吉林大学，2018．

［25］ 喻凡．汽车系统动力学［M］．北京：机械工业出版社，2016．

［26］ 陈虹．模型预测控制［M］．北京：科学出版社，2013．

［27］ 史建鹏．汽车仿真技术［M］．北京：机械工业出版社，2021．

［28］ 黄力平．汽车结构的耐久性［M］．北京：机械工业出版社，2020．

［29］ 胡伟，孙勇，朱磊，等．纯电动汽车控制系统集成开发设计［M］．北京：机械工业出版社，2022．

［30］ 刘显臣．汽车底盘振动与噪声［M］．北京：机械工业出版社，2021．

［31］ 朱冰．智能汽车技术［M］．北京：机械工业出版社，2021．

［32］ 凌永成．车载网络技术［M］．2版．北京：机械工业出版社，2022．

［33］ 于京诺．汽车电子控制技术［M］．北京：机械工业出版社，2021．

［34］ 麻友良．汽车电器与电子控制系统［M］．4版．北京：机械工业出版社，2022．

［35］ 付博．永磁同步电动机动态解耦控制技术研究［D］．哈尔滨：哈尔滨工业大学，2010．

［36］ 孙宏ील，梁桂航，孙德林．电动汽车电器与电子技术［M］．北京：机械工业出版社，2022．

［37］ 陈双．基于电控空气悬架的轿车平顺性和操纵稳定性协调控制研究［D］．长春：吉林大学，2012．

［38］ 华鑫朋．高级乘用车电控空气悬架控制系统研究［D］．长沙：湖南大学，2019．

［39］ 杨钫．基于PID控制空气悬架系统的仿真与试验研究［D］．长春：吉林大学，2004．

［40］ 王霄锋．汽车悬架和转向系统设计［M］．北京：清华大学出版社，2015．

［41］ Li X，Li T. Research on vertical stiffness of belted air springs［J］. Vehicle System Dynamics，2013，51（11）：1655-1673.

［42］ 尹航，邹明宇，李雪冰，等．一种车用膜式空气弹簧有效面积的预测方法［J］．复合材料学报，2021，38（12）：4371-4378．

［43］ Quag L G，Sor L M. Air Suspension Dimensionless Analysis and Design Procedure［J］. Vehicle System Dynamics，2001，35（6）：443-475.

［44］ Lee E J H，Kim K J. Modeling of nonlinear complex stiffness of dual-chamber pneumatic spring for precision vibration isolations［J］. Journal of Sound and Vibration，2007，301（3）：909-926.

［45］ Facchinetti A，Mazzola L，Alfi S，et al. Mathematical modelling of the secondary airspring suspension in railway vehicles and its effect on safety and ride comfort［J］. Vehicle System Dynamics，2010，48（sup1）：429-449.

［46］ Liu H，Lee J C. Model development and experimental research on an air spring with auxiliary reservoir［J］. International Journal of Automotive Technology，2011，12（6）：839-847.

［47］ 李美，李仲兴，郭继伟，等．连接管路管径对空气弹簧动刚度特性的影响［J］．汽车工程，2012，34（11）：1005-1009．

［48］ 姚丽华，蔡永周．膜式空气弹簧刚度特性影响因素研究［J］．橡胶工业，2012，59（07）：428-431．

［49］ 丁都都，张晗，樊义祥，等．某车型空气弹簧刚度特性及影响因素仿真分析［J］．汽车实用技术，2022，47（15）：120-123．

［50］ Ma Z，Ji X，Zhang Y，et al. State estimation in roll dynamics for commercial vehicles［J］. Vehicle System Dynamics，2017，55（3）：313-337.

［51］ Kim H，Lee H. Height and leveling control of automotive air suspension system using sliding mode approach［J］. IEEE Transactions on Vehicular Technology，2011，60：2027-2041.

［52］ 周彤．客车电控空气悬架系统参数匹配与控制方法研究［D］．长春：吉林大学，2015．

[53] Sun X, Cai Y, Chen L, et al. Vehicle height and posture control of the electronic air suspension system using the hybrid system approach [J]. Vehicle System Dynamics, 2016, 54 (3): 328-352.

[54] Sun X, Chen L, Wang S, et al. Vehicle height control of electronic air suspension system based on mixed logical dynamical modelling [J]. Science China Technological Sciences, 2015, 58 (11): 1894-1904.

[55] Zhao R, Xie W, Wong P K, et al. Robust ride height control for active air suspension systems with multiple unmodeled dynamics and parametric uncertainties [J]. IEEE Access, 2019, 7: 59185-59199.

[56] Prassad G, Mohan M. A contemporary adaptive air suspension using LQR control for passenger vehicles [J]. ISA Trans, 2019, 93: 244-254.

[57] 孙维超, 张晋华, 潘惠惠. 兼顾平顺性与车高调节的重型车空气悬架控制 [J]. 控制理论与应用, 2022, 39 (6): 1002-1010.

[58] 罗福祎. 商用车悬架控制系统的研制与开发 [D]. 济南: 山东大学, 2007.

[59] Chen Y, Peterson A W, Ahmadian M. Achieving anti-roll bar effect through air management in commercial vehicle pneumatic suspensions [J]. Vehicle System Dynamics, 2019, 57 (12): 1775-1794.

[60] Tchamna R, Lee M, Youn I. Attitude control of full vehicle using variable stiffness suspension control [J]. Optimal Control Applications and Methods, 2015, 36 (6): 936-952.

[61] Grip H F, Imsland L, Johansen T A, et al. Nonlinear vehicle side-slip estimation with friction adaptation [J]. Automatica, 2008, 44 (3): 611-622.

[62] Yoon J, Kim D, Yi K. Design of a rollover index-based vehicle stability control scheme [J]. Vehicle System Dynamics, 2007, 45 (5): 459-475.

[63] 姜玉瑶. 转向盘力矩反馈系统关键问题研究 [D]. 长春: 吉林大学, 2018.

[64] 陶伟男. 线控转向路感模拟研究 [D]. 长春: 吉林大学, 2018.

[65] Scicluna K, Staines C S, Raute R. Space modulation profile modelling for steer-by-wire SMPMSM [J]. The Journal of Engineering, 2019 (17): 4349-4352.

[66] Sun Z, Zheng J, Man Z, et al. Nested adaptive super-twisting sliding mode control design for a vehicle steer-by-wire system [J]. Mechanical Systems and Signal Processing, 2019, 122: 658-672.

[67] Zhao W, Qin X, Wang C. Yaw and lateral stability control for four-wheel steer-by-wire system [J]. IEEE/ASME Transactions on Mechatronics, 2018, 23 (6): 2628-2637.

[68] Hang P, Chen X, Fang S, et al. Robust control for four-wheel-independent-steering electric vehicle with steer-by-wire system [J]. International Journal of Automotive Technology, 2017, 18 (5): 785-797.

[69] Yu S, Li W, Wang W, et al. Nonlinear Control of Active Four Wheel Steer-By-Wire Vehicles [J]. IEEE Access, 2019, 7: 127117-127127.

[70] Lee J, Yi K, Lee D, et al. Haptic control of steer-by-wire systems for tracking of target steering feedback torque [J]. Proceedings of the Institution of Mechanical Engineers, Part D: Journal of Automobile Engineering, 2020, 234 (5): 1389-1401.

[71] Jiang Y, Deng W, Wu J, et al. Study on the stability of the steering torque feedback system considering the time delay and the system characteristics [J]. Proceedings of the Institution of Mechanical Engineers, Part D: Journal of Automobile Engineering, 2018, 232 (5): 707-721.

[72] 罗兰. 基于驾驶员行为辨识的线控转向系统可调节路感反馈研究 [D]. 长春: 吉林大学, 2019.

[73] 郑杭. 驾驶模拟器方向盘力感反馈的研究与实现 [D]. 长春: 吉林大学, 2016.

[74] 黄茫茫. 车辆驾驶模拟器转向模拟系统的研究和开发[D]. 杭州:浙江大学,2012.

[75] Balachandran A, Gerdes J C. Designing steering feel for steer-by-wire vehicles using objective measures [J]. IEEE/ASME Transactions on Mechatronics, 2014, 20 (1): 373-383.

[76] Kim S H, Chu C N. A new manual Steering torque estimation model for steer-by-wire systems [J]. Proceedings of the Institution of Mechanical Engineers, Part D: Journal of Automobile Engineering, 2016, 230 (7): 993-1008.

[77] Gholami A, Majidi M. Development of a neuromuscular driver model with an estimation of steering torque feedback in vehicle steer-by-wire systems [J]. Proceedings of the Institution of Mechanical Engineers, Part K: Journal of Multi-body Dynamics, 2019, 233 (3): 657-667.

[78] Van Ende K T R, Schaare D, Kaste J, et al. Practicability study on the suitability of artificial, neural networks for the approximation of unknown steering torques [J]. Vehicle System Dynamics, 2016, 54 (10): 1362-1383.

[79] 陈倩. 商用车气压制动系统动态特性仿真研究[D]. 长春:吉林大学,2015.

[80] 何起广. 基于AMESim的气压制动系统建模与优化设计[D]. 武汉:华中科技大学,2017.

[81] 李永,宋健. 车辆稳定控制技术[M]. 北京:机械工业出版社,2013.

[82] 白松奇. 商用车气压制动侧倾与横摆稳定性协调控制研究[D]. 长春:吉林大学,2020.

[83] Zhao J, Chen Z, Zhu B, et al. Precise active brake-pressure control for a novel electro-booster brake system [J]. IEEE Transactions on Industrial Electronics, 2019, 67 (6): 4474-4784.

[84] Chen L, Hong W, Cao D. High-precision hydraulic pressure control based on linear pressure-drop modulation in valve critical equilibrium state [J]. IEEE Transactions on Industrial Electronics, 2017, 64 (10): 7984-7993.

[85] Han W, Xiong L, Yu Z. Braking pressure control in electro-hydraulic brake system based on pressure estimation with nonlinearities and uncertainties [J]. Mechanical Systems and Signal Processing, 2019, 131: 703-727.

[86] Han W, Xiong L, Yu Z. A novel pressure control strategy of an electro-hydraulic brake system via fusion of control signals [J]. Proceedings of the Institution of Mechanical Engineers, Part D: Journal of Automobile Engineering, 2019, 233 (13): 3342-3357.

[87] Zheng H, Ma S, Liu Y. Vehicle braking force distribution with electronic pneumatic braking and hierarchical structure for commercial vehicle [J]. Proceedings of the Institution of Mechanical Engineers, 2018, 232 (4): 481-493.

[88] Pi D, Cheng Q, Xie B, et al. A novel pneumatic brake pressure control algorithm for regenerative braking system of electric commercial trucks [J]. IEEE Access, 2019, 7: 83372-83383.

[89] Zhang R, Peng J, Li H, et al. A predictive control method to improve pressure tracking precision and reduce valve switching for pneumatic brake systems [J]. IET Control Theory and Applications, 2021, 15 (10): 1389-1403.

[90] Seo M, Yoo C, Park S S, et al. Development of wheel pressure control algorithm for electronic stability control (ESC) system of commercial trucks [J]. Sensors, 2018, 18 (7): 2317.

[91] Lee N J, Kang C G. Wheel slide protection control using a command map and Smith predictor for the pneumatic brake system of a railway vehicle [J]. Vehicle System Dynamics, 2016, 54 (10): 1491-1510.

［92］ Gautam V, Rajaram V, Subramanian S C. Model-based braking control of a heavy commercial road vehicle equipped with an electropneumatic brake system ［J］. Proceedings of the Institution of Mechanical Engineers, Part D: Journal of Automobile Engineering, 2017, 231 (12): 1693-1708.

［93］ Devika K B, Sridhar N, Patil H, et al. Delay compensated pneumatic brake controller for heavy road vehicle active safety systems ［J］. Proceedings of the Institution of Mechanical Engineers Part C Journal of Mechanical Engineering Science. 2020, 235 (13): 2333-2346.

［94］ Boada B L, Boada M J L, Diaz V. A robust observer based on energy-to-peak filtering in combination with neural networks for parameter varying systems and its application to vehicle roll angle estimation ［J］. Mechatronics, 2018, 50: 196-204.

［95］ Chen B C, Kuo C C. Electronic stability control for electric vehicle with four in-wheel motors ［J］. International Journal of Automotive Technology, 2014, 15 (4): 573-580.

［96］ Yin D, Hu J S. Active approach to Electronic Stability Control for front-wheel drive in-wheel motor electric vehicles ［J］. International Journal of Automotive Technology, 2014, 15 (6): 979-987.

［97］ Zhai L, Sun T, Wang J. Electronic stability control based on motor driving and braking torque distribution for a four in-wheel motor drive electric vehicle ［J］. IEEE Transactions on Vehicular Technology, 2016, 65 (6): 4726-4739.

［98］ Jalali M, Khajepour A, Chen S K, et al. Integrated stability and traction control for electric vehicles using model predictive control ［J］. Control Engineering Practice, 2016, 54: 256-266.

［99］ Ding H, Khajepour A, Huang Y. A novel tripped rollover prevention system for commercial trucks with air suspensions at low speeds ［J］. Proceedings of the Institution of Mechanical Engineers, Part D: Journal of Automobile Engineering, 2017, 232 (11): 1516-1527.

［100］ Ma Z, Sun D. Energy recovery strategy based on ideal braking force distribution for regenerative braking system of a four-wheel drive electric vehicle ［J］. IEEE Access, 2020, 8: 136234-136242.

［101］ Peng Y, Chen J, Ma Y. Observer-based estimation of velocity and tire-road friction coefficient for vehicle control systems ［J］. Nonlinear Dynamics, 2019, 96: 363-387.

［102］ Cheng S, Li L, Yan B, et al. Simultaneous estimation of tire side-slip angle and lateral tire force for vehicle lateral stability control ［J］. Mechanical Systems and Signal Processing, 2019, 132: 168-182.

［103］ Li L, Jia G, Ran X, et al. A variable structure extended Kalman filter for vehicle sideslip angle estimation on a low friction road ［J］. Vehicle System Dynamics, 2014, 52 (2): 280-308.

［104］ Chen L, Chen T, Xu X, et al. Sideslip angle estimation of in-wheel motor drive electric vehicles by cascaded multi-Kalman filters and modified tire model ［J］. Metrology and Measurement Systems, 2019, 26 (1): 185-208.

［105］ Han K, Choi M, Choi S B. Estimation of the tire cornering stiffness as a road surface classification indicator using understeering characteristics ［J］. IEEE Transactions on Vehicular Technology, 2018, 67 (8): 6851-6860.

［106］ Mortazavizadeh S A, Ghaderi A, Ebrahimi M, et al. Recent developments in the vehicle steer-by-wire system ［J］. IEEE Transactions on Transportation Electrification, 2020, 6 (3): 1226-1235.

［107］ Zhu Z, Tian Y, Wang X, et al. Fusion Predictive control based on uncertain algorithm for PMSM of brake-by-wire system ［J］. IEEE Transactions on Transportation Electrification, 2021, 7 (4): 2645-2657.

[108] Abroshan M, Hajiloo R, Hashemi E, et al. Model predictive-based tractor-trailer stabilisation using differential braking with experimental verification [J]. Vehicle system dynamics, 2021, 59 (8): 1190-1213.

[109] Atabay O, Ötkür M, Ereke İ M. Model based predictive engine torque control for improved drivability [J]. Proceedings of the Institution of Mechanical Engineers, Part D: Journal of Automobile Engineering, 2018, 232 (12): 1654-1666.

[110] Tahouni A, Mirzaei M, Najjari B. Novel constrained nonlinear control of vehicle dynamics using integrated active torque vectoring and electronic stability control [J]. IEEE Transactions on Vehicular Technology, 2019, 68 (10): 9564-9572.

[111] Sun T, Gong X, Li B, et al. A novel torque vectoring system for enhancing vehicle stability [J]. International Journal of Vehicle Autonomous Systems, 2019, 14 (3): 278-303.

[112] Hu J, Wang Y, Fujimoto H, et al. Robust yaw stability control for in-wheel motor electric vehicles [J]. IEEE/ASME Transactions on Mechatronics, 2017, 22 (3): 1360-1370.

[113] 黄全安. 汽车自动变速器系统控制器开发平台研究 [D]. 北京: 清华大学, 2011.

[114] 陈红旭. 电机-变速器直连系统换档过程的建模与控制 [D]. 北京: 清华大学, 2015.

[115] 王静. 基于工况辨识的增程式电动城市客车最优能量分配策略 [D]. 北京: 清华大学, 2015.

[116] 程潇骁. 电机变速器耦合系统换档过程动力学建模与控制策略研究 [D]. 北京: 清华大学, 2014.

[117] 方圣楠. 动力保持型机械式自动变速器控制方法研究 [D]. 北京: 清华大学, 2016.

[118] 李磊. 基于扭矩的 AMT 控制方法研究 [D]. 北京: 清华大学, 2011.

[119] Roozegar M, Angeles J. Design, modelling and estimation of a novel modular multi-speed transmission system for electric vehicles [J]. Mechatronics, 2017, 45: 119-129.

[120] Roozegar M, Angeles J. A two-phase control algorithm for gear-shifting in a novel multi-speed transmission for electric vehicles [J]. Mechanical Systems and Signal Processing, 2018, 104: 145-154.

[121] 崔胜民. 智能网联汽车新技术 [M]. 北京: 化学工业出版社, 2019.

[122] 李永, 宋健. 电动车辆能量转换与回收技术 [M]. 2版. 北京: 机械工业出版社, 2021.

[123] 冯屹, 王兆. 自动驾驶测试场景技术发展与应用 [M]. 北京: 机械工业出版社, 2022.

[124] 王泉. 从车联网到自动驾驶: 汽车交通网络化、智能化之路 [M]. 北京: 人民邮电出版社, 2018.

[125] 贺乐厅. 智能运输系统——基于毫米波雷达的车辆防撞技术与实验研究 [D]. 南京: 东南大学, 2003.

[126] 秦孔建, 吴志新, 陈虹. 智能网联汽车测试与评价技术 [M]. 北京: 机械工业出版社, 2022.

[127] 王兆, 杜志彬. 智能网联汽车信息安全测试与评价技术 [M]. 北京: 机械工业出版社, 2022.

[128] Slobodkin, Y, Weinberg G, Hörner H, et al. Massively degenerate coherent perfect absorber for arbitrary wavefronts [J]. Science, 2022, 377: 995-998.

[129] Bao F, Wang X, Sureshbabu S, et al. Heat-assisted detection and ranging [J]. Nature, 2023, 619: 743-748.

[130] 李永, 宋健. 新能源车辆燃料电池-动力系统设计与控制 [M]. 北京: 化学工业出版社, 2023.

[131] 桂长清. 动力电池 [M]. 2版. 北京: 机械工业出版社, 2012.

[132] 刘波澜. 车辆动力总成电控系统标定技术 [M]. 北京: 机械工业出版社, 2022.

[133] Ahmad S, Liu Y, Khan S A, et al. Hybrid battery thermal management by coupling fin intensified phase change material with air cooling [J]. Journal of Energy Storage, 2023, 64: 107167.